职业教育汽车类专业“互联网+”创新教材

汽车底盘电控系统检修

主编　张　蕾
参编　董恩国　高鲜萍
主审　阎文兵

机 械 工 业 出 版 社

本书系统地介绍了电控液力自动变速器、CVT/AMT/DCT、防抱死制动系统、电控驱动防滑系统、车身电子稳定程序、线控制动系统、电控空气悬架系统、电控油气悬架系统、液压式电控动力转向系统、电动式电控动力转向系统、线控转向系统等汽车底盘电控技术，包括各系统的组成、分类、工作原理、检修等内容。

本书配套有任务工单，还有微课等视频资源，可扫书中二维码观看学习。

本书可以作为汽车制造与试验技术专业、汽车工程技术专业、汽车服务工程技术专业及相关专业的教材，也可作为汽车行业的工程技术人员、汽车检测人员及广大汽车驾驶人的参考书。

本书配有电子课件，凡使用本书作为教材的教师均可登录机械工业出版社教育服务网（www.cmpedu.com），以教师身份注册后免费下载。咨询电话：010-88379375。

图书在版编目（CIP）数据

汽车底盘电控系统检修 / 张蕾主编. --北京 ：机械工业出版社，2024.5. --（职业教育汽车类专业“互联网+”创新教材）. -- ISBN 978-7-111-76102-0

Ⅰ. U472.41

中国国家版本馆 CIP 数据核字第 20249TT534 号

机械工业出版社（北京市百万庄大街 22 号　邮政编码 100037）

策划编辑：葛晓慧　　　　责任编辑：葛晓慧　张双国

责任校对：龚思文　张亚楠　封面设计：严娅萍

责任印制：郜　敏

中煤（北京）印务有限公司印刷

2024 年 10 月第 1 版第 1 次印刷

184mm×260mm · 15 印张 · 362 千字

标准书号：ISBN 978-7-111-76102-0

定价：55.00 元

电话服务　　　　　　　　网络服务

客服电话：010-88361066　机 工 官 网：www.cmpbook.com

010-88379833　机 工 官 博：weibo.com/cmp1952

010-68326294　金 书 网：www.golden-book.com

　机工教育服务网：www.cmpedu.com

前　言

随着电子技术的迅速发展，现代汽车的底盘电控技术发生了巨大的变革，为提高汽车的动力性、安全性、舒适性、操纵稳定性、平顺性提供了重要的技术支撑。汽车制造业、汽车组装行业、汽车检测行业、汽车维修行业等许多行业都需要大量的熟练掌握汽车底盘电控技术的人才，因此各大专院校、职业院校都积极开设了相关专业，教授先进的汽车底盘电控技术知识，以满足汽车科技飞速发展的需要。编者结合近几年汽车底盘电控技术的发展，参考相关的国内外文献资料，编写了此书。

本书基于 OBE（成果导向）教学理念开发设计学习内容，采用任务式结构，以真实的汽车底盘电控系统故障检修案例为主线、相关知识点为副线设计工作任务，并注重工作任务的实用性、适用性、系统性。本书内容结构紧凑、层次分明、编排合理，较传统教材更适合于学生的思维习惯，具有启发性，能够激发学生学习兴趣，有效提高教学质量，有利于培养学生的学习能力、实践能力和创新能力。

本书主要特征包括：

1）全面贯彻党的教育方针，扎实推动党的二十大精神进教材。本着落实立德树人的根本任务，以工匠精神为主线，结合学科自身特点，尊重学生认知规律，通过【案例导入】【任务工单】【任务实施】等模块，融入精益求精、职业道德、劳动光荣、节能环保等素养元素，使学生们不仅切实掌握相关知识点，更能深刻体悟到科技创新的重大意义和青年人在助力科技强国建设中的使命担当。

2）随着电动汽车底盘的发展，传动系统、制动系统、转向系统、悬架系统发生了很大的变革，因此为满足汽车行业对汽车底盘电控技术高素质技能型人才的需求，本书介绍了线控制动、线控转向等内容。

3）根据学生的学习规律和特点安排学习任务，并以工作岗位实际情境为主线组织教材内容、设计教学活动。

4）精心设计任务工单，包括实践活动和学习检测等内容，以提高教材的实用性，引导学生自主学习、合作学习。

5）本书配套了丰富的教学资源，包括微课、电子课件、任务工单等。

本书由天津职业技术师范大学张蕾担任主编。其中，项目 4~6 及其任务工单由张蕾编写，项目 1、2 及其任务工单由高鲜萍编写，项目 3 及其任务工单由董恩国编写。本书由阎文兵主审。

由于编者水平所限，书中难免存在一些缺点和错误，诚望读者批评和指正。

编　者

二维码清单

名称	图形	名称	图形
汽车底盘电控系统认知		DCT 检修	
自动变速器的认知		防抱死制动系统(ABS)检修	
液力变矩器检修		ASR 系统检修	
齿轮变速机构检修		车身电子稳定系统(ESP)检修	
换挡执行机构检修		线控制动系统(EHB)检修	
典型自动变速器检修		自动泊车检修	
液压控制系统检修		电控悬架系统认知	
CVT 检修		电控空气悬架系统检修	
AMT 检修		电控油气悬架系统检修	

（续）

名称	图形	名称	图形
液压式电控动力转向系统检修		线控转向系统检修	
电动式电控动力转向系统检修			

目　　录

前言

二维码清单

项目1　汽车底盘电控系统认知 …………… 1

学习任务　汽车底盘电控技术的认知………… 1

项目2　电控液力自动变速器检修 ……… 11

学习任务2.1　自动变速器的认知 ………… 11

学习任务2.2　液力变矩器检修 …………… 15

学习任务2.3　齿轮变速机构检修 ………… 21

学习任务2.4　换档执行机构检修 ………… 26

学习任务2.5　典型行星齿轮系统检修 …… 32

学习任务2.6　液压控制系统检修 ………… 46

学习任务2.7　电控系统检修 ……………… 56

项目3　CVT/AMT/DCT 检修 ………… 69

学习任务3.1　无级自动变速器（CVT）检修 ………………………… 69

学习任务3.2　电控机械自动变速器（AMT）检修 ………………………… 78

学习任务3.3　双离合器式自动变速器（DCT）检修 …………………… 85

项目4　车轮防滑转电控系统检修 ……… 91

学习任务4.1　防抱死制动系统（ABS）检修 ………………………… 91

学习任务4.2　电控驱动防滑（ASR）系统检修 ………………………… 102

学习任务4.3　车身电子稳定程序（ESP）检修 ………………………… 109

学习任务4.4　线控制动（EHB/EMB）系统检修 ……………………… 113

项目5　电控悬架系统检修 ……………… 121

学习任务5.1　电控悬架系统的认知 ……… 121

学习任务5.2　电控空气悬架系统检修 …… 126

学习任务5.3　电控油气悬架系统检修 …… 134

项目6　电控动力转向系统检修………… 140

学习任务6.1　液压式电控动力转向系统检修 ………………………… 140

学习任务6.2　电动式电控动力转向系统检修 ………………………… 147

学习任务6.3　线控转向系统检修 ………… 154

参考文献 …………………………………… 164

汽车底盘电控系统检修任务工单

项目 1　汽车底盘电控系统认知

案例导入

近年来，作为国内汽车行业的领军企业，比亚迪汽车的销量可谓“高歌猛进”。根据中国汽车工业协会数据显示，比亚迪汽车在国内汽车市场的占有率为 10.6%，在新能源汽车市场的市占率高达 33.5%。身处汽车电动化、智能化快速变革的新时代，比亚迪汽车为何能够迅速抓住时机，并成功在汽车领域取得骄人的成绩？在产品品质与质量管理方面，比亚迪汽车是如何体现一丝不苟、精益求精的工匠精神的？

从上述论述中思考如下问题：

1）汽车电动化、智能化包括哪些汽车新技术？

2）比亚迪汽车取得了哪些骄人的成绩？

3）汽车行业的工匠精神是什么？

学习任务　汽车底盘电控技术的认知

【知识目标】

1. 了解汽车底盘电控系统的发展。
2. 掌握汽车底盘电控系统的应用。
3. 掌握汽车底盘电控系统的功能。

【能力目标】

1. 能够识别汽车底盘电控系统。
2. 掌握汽车底盘电控系统的安装位置。

【素养目标】

1. 培养学生不断向上的敬业精神和诚实守信、吃苦耐劳的职业品质。
2. 培养学生爱岗敬业的职业道德意识。

理论知识

随着汽车工业的飞速发展，汽车底盘发生了重大的改革，正朝着电子化、智能化方向发展，使汽车的驾驶更为方便，乘坐更为舒适、安全。汽车底盘电控系统主要包括电控自动变速器、防抱死制动系统、驱动防滑转系统、车身电子稳定程序、电控悬架系统、电控转向系统等。

1. 传动系统的应用

（1）电控液力自动变速器　电控液力自动变速器如图 1-1 所示，可以通过自动变速器

ECU 对发动机的负荷和汽车车速信号的判断，自动地实现档位的变换，减轻驾驶人的体力消耗，提高汽车行驶安全性。电控液力自动变速器由液力变矩器、变速齿轮和电控液压操纵系统组成，通过液力传递和齿轮组合的方式达到变速变矩的目的。由节气门位置传感器提供负荷信号，由安装在变速器输出轴的转速传感器得到对应的车速信号，自动变速器 ECU 通过对负荷信号和车速信号的分析，得出最佳的换档时刻，控制电磁阀使相应的油路通断，实现不同的齿轮组合，获取适合的档位。

（2）电控无级变速器　电控无级变速器（Electronic Continuously Variable Transmission, ECVT）是一种比较理想的汽车动力传动装置，如图 1-2 所示。通过金属带实现动力的传递，根据发动机的状况和汽车的车速，可以连续地改变传动比，使发动机处于最佳的稳定转速，得到最佳的动力性、经济性和排放性能。电控无级变速器采用金属传动带和可变槽宽的带轮进行动力传递，由电控单元控制带轮变化改变槽宽，相应改变驱动带轮与从动带轮上传动带的接触半径进行连续变速。

图 1-1　电控液力自动变速器

图 1-2　电控无级变速器

（3）双离合自动变速器　双离合变速器（Dual Clutch Transmission, DCT）有两组由电子调节和液压系统驱动的离合器。因为其有两组离合器，所以称为“双离合变速器”，如图 1-3 所示。

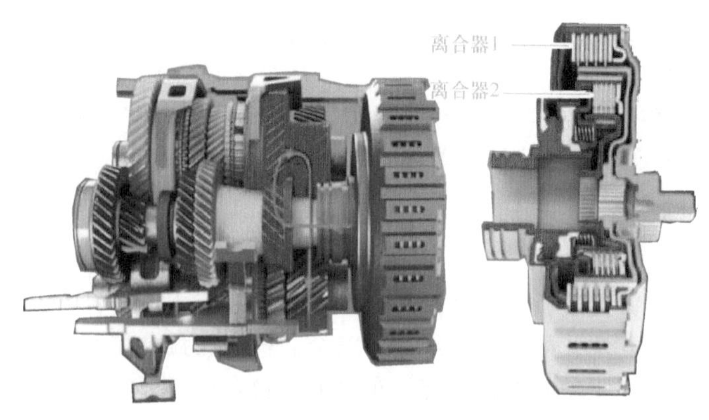

图 1-3　双离合自动变速器

双离合变速器既能传递动力又能切断动力。双离合变速器的一套离合器用于控制奇数档，另一套离合器用于控制偶数档。例如，离合器 1 负责 1、3、5 档和倒档，离合器 2 负责 2、4、6 档；挂上奇数档时，离合器 1 接合，离合器 2 分离。

2. 制动系统的应用

（1）防抱死制动系统　防抱死制动系统（ABS）能在各种路面上防止汽车制动时车轮抱死。该系统可以提高制动效能，防止汽车在制动和转弯时产生侧滑，是保证行车安全、防止事故发生的重要措施，如图 1-4 所示。ABS 利用电子电路自动控制车轮制动力，充分发挥制动器的效能、提高制动减速效果和缩短制动距离，并能有效提高车辆制动的稳定性，防止车辆侧滑和甩尾，因此被认为是当前提高汽车行驶安全性的有效措施之一。

防抱死制动系统以最佳车轮滑移率（或最佳减速度）为控制目标，ECU 根据轮速传感器（有的车上还设有减速度传感器）检测到的车轮转速进行控制。在制动过程中，当 ECU 根据车轮转速信号判断到车轮即将被抱死时，便向执行元件发出控制指令，使执行元件动作，调节作用在制动轮缸内的液压，从而控制作用在车轮上的制动力，使车轮始终工作在不被抱死（滑移率为 15%～25%）的状态下，达到最佳制动效果。

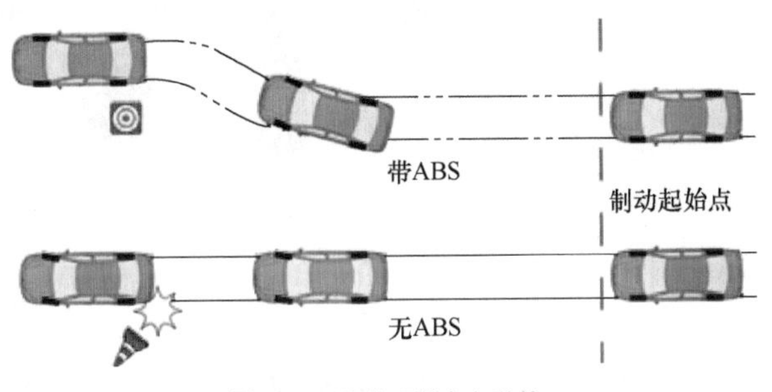

图 1-4　防抱死制动系统

（2）驱动防滑转系统　驱动轮滑转是指汽车在起步时驱动轮不停地转动，但汽车却原地不动，或者在加速时汽车车速不能随驱动轮转速的提高而提高，如图 1-5 所示。驱动轮滑转的根本原因是汽车的驱动力超过了地面的附着力。当驱动轮滑转时，汽车将失去方向稳定性和转向控制能力，同时加剧轮胎的磨损。

在汽车起步或加速过程中，4 个车轮上的轮速传感器不停地向驱动防滑转系统 ECU 输送各车轮转速信号，ECU 根据这 4 个轮速信号计算出车轮的滑转率，并判断滑转率是否在最佳范围内。当 ECU 判断出某车轮的滑转率不在最佳范围内时，便向执行器发出指令，采用调节发动机的输出功率对驱动车轮进行制动，以及对差速器进行锁止控制等控制方式降低滑转率，使车轮的滑转率保持在最佳范围内，提高汽车起步、加速等工况的方向稳定性。

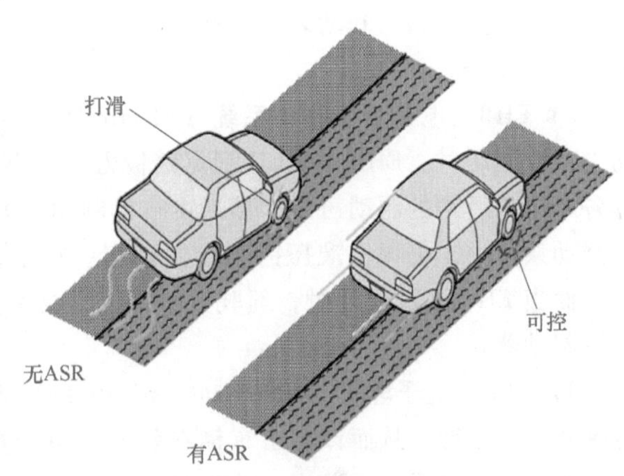

图 1-5　驱动防滑转系统

（3）车身电子稳定程序　车身电子稳定程序（Electronic Stability Program，ESP）是由博世（Bosch）公司研制的主动安全系统，如图 1-6 所示。随后，有很多公司研发出了类似的程序，如日产汽车公司研发的车辆行驶动力学调整（Vehicle Dynamic Control，VDC）系统，丰田汽车公司研发的车辆稳定控制（Vehicle Stability Control，VSC）系统，本田汽车公司研发的车辆稳定性控制（Vehicle Stability Assist Control，VSAC）系统，宝马汽车公司研发的动态稳定控制（Dynamic Stability Control，DSC）系统等。

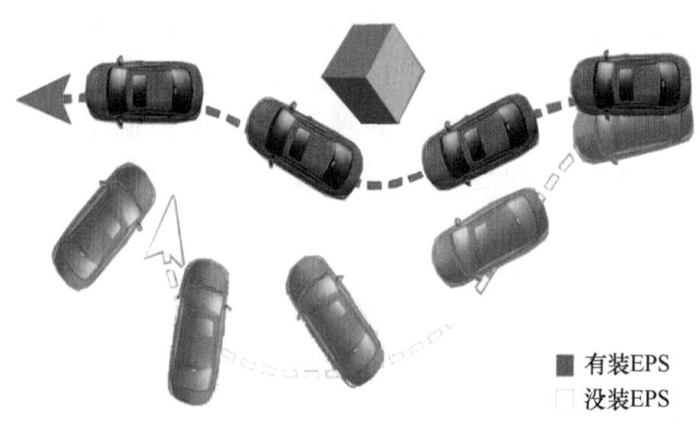

图 1-6 车身电子稳定系统

ESP 将转向盘转角传感器和横向加速度传感器、横摆率传感器的信号进行比较，判定车辆在转向时的状态是转向不足还是转向过度，同时控制汽车制动系统制动相应的车轮，防止高速转向时不稳定现象的发生，提高汽车的安全性、转向稳定性和通过性。

（4）其他制动技术

1）EBD：电子制动力分配（Electronic Brakeforce Distribution）系统，能够根据汽车制动时产生轴荷转移的不同，自动调节前、后轴的制动力分配比例，提高制动效能，并配合 ABS 提高制动稳定性。汽车在制动时，4 只轮胎附着的地面条件是不同的，EBD 用高速计算机在汽车制动的瞬间，分别对 4 只轮胎附着的不同地面进行感应、计算，得出不同的摩擦力数值，使 4 只轮胎的制动装置根据不同的情况使用不同的方式和制动力制动，从而保证车辆的平稳、安全。

2）EHB：电控液压制动系统（Electro Hydraulic Brake System），通过高压储液缸产生制动力，在制动时，EHB 的 ECU 根据踏板力的大小，并结合汽车的其他数据（如滑移率）计算各个车轮所需的制动压力，然后由车轮制动压力调节器控制各车轮的制动压力。在电控液压制动系统中，仍保留液压的车轮制动器。在正常工作情况下，它与制动踏板是相互独立的，而当 EHB 系统失效时，驾驶人的踏板力会按照传统的液压制动方式经制动主缸传递到车轮制动器。

3）EPB：电子驻车（Electrical Park Brake）系统，通过内置在其 ECU 中的纵向加速度传感器测算坡度，从而计算出车辆在斜坡上由于重力而产生的下滑力，ECU 通过电动机对后轮施加制动力平衡下滑力，使车辆停在斜坡上。当车辆起步时，ECU 通过离合器踏板上的位移传感器以及节气门的开度测算需要施加的制动力，同时通过高速 CAN 与发动机 ECU 通信获知发动机牵引力的大小。ECU 根据发动机牵引力的大小，控制施加的制动力。当牵引力足够克服下滑力时，ECU 驱动电动机解除制动，从而实现车辆顺畅起步。该系统可以保证车辆在 30%的斜坡上稳定驻车。

工匠精神

为了提高汽车行驶安全性，适应频繁变化的工况，汽车制动系统的技术方案越来越完善，这些技术方案展现出工匠精神的继承与发扬。小到一枚螺钉、一根电缆的打磨，大到飞机、高铁等大国重器的锻造，都展现出工匠们笃实专注、严谨执着的匠心。正是一代代人对工匠精神的继承与发扬，使我国从一个基础薄弱、工业水平落后的国家，成长为世界制造大国。

3. 行驶系统的应用

电控行驶系统中的悬架系统能够根据不同路面状况和驾驶工况，控制车辆高度，调整悬架的阻尼特性及弹性刚度，改善车辆行驶的稳定性、操纵性和乘坐的舒适性。电控行驶系统中的胎压监测系统也是其重要的组成部分。

（1）空气悬架　空气悬架（Pneumatic Suspension，PS）如图1-7所示，可以控制车身高度、车身倾斜度和减振阻尼系数等，既保证了汽车的舒适性，又兼顾了汽车的通过性，提高了汽车底盘的智能化水平。

图1-7　空气悬架

空气悬架使用空气压缩机产生压缩空气，将压缩空气送到弹簧和减振器的空气室中，以此来改变车辆的高度。在前轮和后轮的附近设有车高传感器，按车高传感器的输出信号，ECU判断出车身高度的变化，再控制压缩机和排气阀，使弹簧压缩或伸长，从而起到减振的效果。同时，在高速行驶时ECU会使空气悬架变硬以提高车身的稳定性；长时间在低速不平的路面行驶时，ECU会使空气悬架变软提高汽车的舒适性。

（2）油气悬架　油气悬架（Hydro Pneumatic Suspension，HPS）如图1-8所示，是一种采用油气悬架的悬架装置。油气悬架可以是独立悬架也可以是非独立悬架，具有变刚度特性，不但具有良好的缓冲能力，还具有减振作用，同时可以调节车架的高度，适用于重型车辆和大客车。

图1-8　油气悬架

油气悬架在密闭的容器中充入压缩气体和油液，以气体作为弹性介质，以油液作为传力介质，一般是由气体弹簧和相当于液力减振器的液压缸组成。油气悬架中的气体通常是惰性气体或者氮气。

4. 转向系统的应用

为了实现在各种行驶条件下汽车转向操纵轻便，提高响应特性，电控转向系统应运而生。理想的动力转向系统应在停车和低速状态时提供足够的助力，使转向轻便；而随着车速的增大，助力逐渐减小，在高速行驶时则无助力或助力很小，以保证驾驶人有足够的路感。电控转向系统主要包括电控液压转向系统和电动助力转向系统。

（1）电控液压转向系统 电控液压转向（Electrical Hydraulic Power Steering，EHPS）系统是在液压转向系统中增加电子控制元件，将车速引入到系统中，实现助力大小随车速变化。如图 1-9 所示，电控液压转向系统主要通过车速传感器将车速传递给 ECU，由 ECU 控制电液转换装置改变动力转向的助力特性，使助力随着车速的增大而减小，从而增加高速行驶时的路感。

（2）电动助力转向系统 电动助力转向（Electric Power Steering，EPS）系统如图 1-10 所示，是在传统机械转向系统的基础上，利用电动机产生的动力协助转向的动力转向系统。

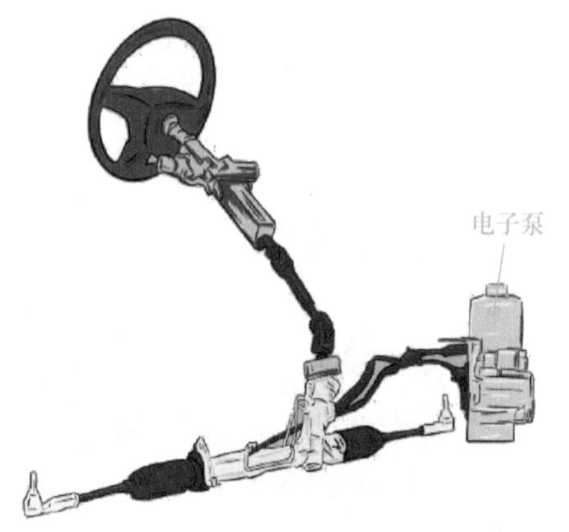

图 1-9 电控液压转向系统

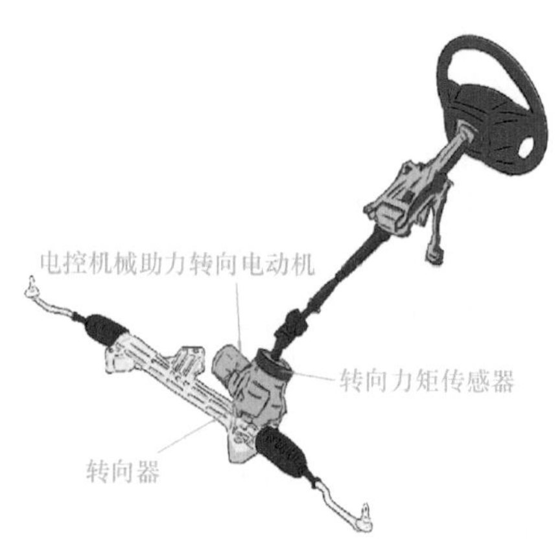

图 1-10 电动助力转向系统

电动助力转向系统由转矩传感器、车速传感器、电控单元（ECU）、电动机和电磁离合器等组成。当转向轴转动时，转矩传感器开始工作，把输入轴和输出轴在扭杆作用下产生的相对转动角位移变成电信号传给 ECU，ECU 根据车速传感器和转矩传感器的信号决定电动机的旋转方向和助力电流的大小，从而实时控制助力转向系统。

主动转向（Active Front Seering，AFS）系统能够根据车速改变转向传动比，解决恒定转向传动比的折中问题，如图 1-11 所示。无论是在驻车状态、多弯的乡间公路，还是在高速公路上高速行车，系统都能提供最合适的转向传动比。此外，因其具有动态的稳定转向能力，还可以对车身电子稳定系统（ESP）提供支持。主动转向系统可以满足车辆在低速和高速甚至处于临界状态时对转向比的要求，即通过附加的一套电动机械驱动装置来驱动转向机的主动齿轮，使之与驾驶人的转向动力并存，进而调整最终输出到转向机主动齿轮上的转动圈数。当该系统出现故障时，转向系统仍然可以当作普通的转向系统使用。

图 1-11 主动转向系统

拓展知识

1. 汽车底盘的线控技术

所谓线控就是用电子信号的传送取代由机械、液压或气动的系统连接的部分，如换档连杆、节气门拉索、转向器传动机构、制动油路等，如图 1-12 所示。它不仅能取代连接，而且能改变操纵机构和操纵方式，以及实现执行机构的电气化，这将改变汽车的传统结构。与传统汽车控制系统相比，线控技术结构简单、控制灵敏、效率高，易与以电动机为能源的动力系统相匹配。线控技术的最终发展目标是汽车的集成化控制，它将汽车的各个系统相互结合、相互作用、共享传感器的数据，更好地发挥各系统的作用，以获得最佳的整车性能，提高车辆的操纵性、稳定性、安全性和智能化，最终实现无人驾驶。

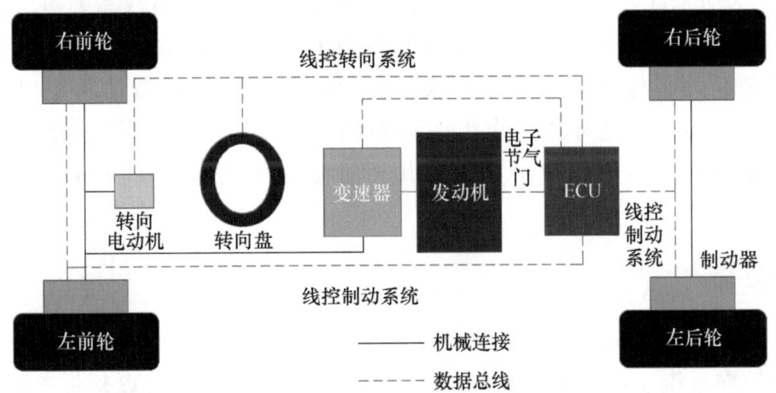

图 1-12　汽车底盘线控系统

2. 汽车底盘的集成化技术

现代汽车底盘电子控制系统正从最初的单一控制发展到多变量多目标综合协调控制，可以在硬件上共用传感器、控制器件、线路，使零件数量减少，从而减少连接点，提高可靠性；同时，在软件上实现信息融合、集中控制，提高和扩展控制功能。

（1）ABS/ASR/ESP 的集成化　ABS/ASR 装置成功地解决了汽车在制动和驱动时的方向稳定性，但不能解决汽车转向行驶时的方向稳定性。汽车转向行驶时，只有当地面能够提供充分的转向力时，驾驶人才能控制住车辆，使其按照预定的方向行驶。如果地面侧向附着能力比较低，不能提供足够的转向力，汽车将侧向滑出，难以完成汽车按预定方向的行驶。ABS/ASR/ESP 集成系统的应用，在制动、加速和转向方面满足了驾驶人的较高要求，提高了汽车的主动行驶安全性。

（2）ABS/ASR/ACC 的集成化　在原 ABS 控制模块和 ASR 控制模块的软件基础上，增加一个 ACC 控制模块，并与 ABS/ASR 电子控制模块进行相应的有机融合，用来实时处理、计算和确定汽车的行驶状态和车轮的转动状态。汽车 ABS/ASR/ACC 集成化系统具有优先支持驾驶人操作功能和 ABS 优先工作功能。

（3）汽车底盘全方位控制系统　汽车传动控制系统、电子悬架系统、电子转向系统、制动系统等集成成为综合的汽车底盘电子控制系统。各控制功能集中在一个 ECU 中，通过 CAN 总线实现信息共享、资源综合利用。

3. 汽车底盘的网络化技术

目前汽车上每个总成几乎是机械、电子和信息一体化装置。在系统中，电子和信息部分所起的作用越来越重要，汽车电子装置的增加使连接的电子线路迅速膨胀，线束越来越复杂，需要建立局域网将汽车底盘的各种电子系统的传感器、执行机构、ECU 的数据和信息通过一个总的 ECU 进行集中控制。

> 科技创新
>
> 汽车底盘的网络化技术，以科技创新动力引领汽车行业变革，对于我国成为汽车技术强国具有重要的意义。

目前汽车底盘的网络化中应用比较成熟的是 CAN 总线，它是由博世公司提出的 CAN 标准（CAN/B 为 B 级 CAN，CAN/C 为 C 级 CAN），最早在欧洲汽车上被广泛采用，后来美国、日本等国的汽车行业也使用它作为 B 级或 C 级汽车网络。TTP/C 和 Flex Ray 是以线控系统为主要应用目标的 C 级网络协议，它们的相关支撑元器件和应用系统开发测试工具等尚处于研究阶段。蓝牙技术作为一种新的短距离无线通信技术标准，在汽车底盘控制系统中的应用有着巨大的市场潜力，其相对低廉的成本和使用的简便性得到汽车业界的一致认同。

任务实施

汽车底盘的维护需要定期进行，包括检查底盘连接部件、清洗底盘、检查轮胎、检查悬架系统、检查转向系统、更换底盘润滑油等。通过定期的维护，可以延长车辆的使用寿命并提高行驶安全性。

（1）定期检查底盘连接部件　底盘连接部件包括悬架系统、转向系统、制动系统等，这些连接部件在行驶中容易磨损和松动，定期检查和更换这些部件可以保证底盘的正常工作。

（2）定期清洗底盘　底盘容易积累泥土、砂石等杂物，这些杂物会对车辆的底盘造成损害。定期清洗底盘可以保持其清洁，延长使用寿命。

（3）定期检查轮胎　轮胎磨损和破裂会影响车辆的行驶安全，需要定期检查轮胎的磨损程度和气压，及时更换损坏的轮胎。

（4）定期检查悬架系统　悬架系统用于支撑车身并减缓冲击，需要定期检查悬架系统的磨损情况和减振器的工作状态，及时更换损坏的部件。

（5）定期检查转向系统　转向系统用于控制车辆行驶方向，需要定期检查转向系统的磨损情况和转向部件的松动情况，及时更换损坏的部件。

（6）定期更换底盘润滑油　底盘润滑油起到润滑、减少摩擦和磨损的作用，定期更换底盘润滑油可以保持底盘的正常工作，延长其使用寿命。

注意防水：汽车电气元件一般安装在底盘上，如蓄电池、电动机等。在维护时，需特别注意防水，以免电气元件损坏。

汽车底盘维护的频率取决于多种因素，例如汽车的品牌和型号、驾驶条件以及汽车的行驶里程。通常每 6 个月或每 10000km 应检查一次汽车底盘。但是，如果汽车经受恶劣的驾驶条件，例如越野驾驶或在极端天气条件下驾驶，则应更频繁地检查汽车底盘。

任务小结

1. 汽车底盘电控系统主要包括电控液力自动变速器、防抱死制动系统、驱动防滑转系统、车身电子稳定系统、电控悬架系统、电控转向系统等。

2. 电控液力自动变速器可以通过自动变速器ECU对发动机的负荷和汽车车速信号的判断，自动实现档位的变换，减轻驾驶人体力消耗，提高汽车行驶安全性。

3. 电控无级变速器是一种比较理想的汽车动力传动装置。通过金属带实现动力的传递，根据发动机的状况和汽车的车速，可以连续地改变传动比，使发动机处于最佳的稳定转速，得到最佳的动力性、经济性和排放性能。

4. 防抱死制动系统能在各种路面上防止汽车制动时车轮抱死。该系统可以提高制动效能，防止汽车在制动和转弯时产生侧滑，是保证行车安全、防止事故发生的重要措施。

5. 驱动轮滑转的根本原因是汽车的驱动力超过了地面的附着力。当驱动轮滑转时，汽车会失去方向稳定性和转向控制能力。

6. 电控悬架系统能根据不同路面状况和驾驶工况，控制车辆高度，调整悬架的阻尼特性及弹性刚度，改善车辆行驶的稳定性、操纵性和乘坐的舒适性，使汽车的有关性能始终处于最佳状态。

7. 理想的动力转向系统应在停车和低速状态时提供足够的助力，使转向轻便；随着车速的增大，助力逐渐减小，在高速行驶时无助力或助力很小，以保证驾驶人有足够的路感。

思考题

1. 汽车底盘电控技术的应用对汽车的动力性、燃油经济性、安全性有哪些影响？

2. 你知道哪些先进的汽车底盘电控技术？它们有什么作用？

练习题

一、填空题

1. 汽车底盘电控系统主要包括________、防抱死制动系统、________、________、电控悬架系统、________等。

2. 自动变速器ECU通过传感器（如________、________等）将节气门开度、汽车车速转变为电信号并输入ECU，ECU通过电磁阀控制换档执行元件的动作实现换档。

3. ABS利用电子电路自动控制车轮制动力，提高制动减速和缩短________，并能有效提高车辆制动的________，防止车辆侧滑和甩尾，减少车祸。

4. 驱动轮滑转是指汽车在起步时________不停地转动，但汽车却________，或者在加速时汽车车速不能随驱动轮转速的提高而提高。

5. EBD能够根据汽车制动时产生轴荷转移的不同，而自动调节前、后轴的________分配比例，提高制动效能，并配合________提高制动稳定性。

6. 主动悬架是根据行驶条件，随时对悬架系统的________、减振器的________以及车身的高度和姿势进行调节，使汽车的有关性能始终处于最佳状态。

7. 理想的动力转向系统应在停车和低速状态时能提供________的助力，在高速行驶时则________，以保证驾驶人有足够的路感。

二、问答题

1. 电控自动变速器的特点是什么？
2. 防抱死制动系统的特点是什么？
3. 车身电子稳定系统的特点是什么？
4. 电控悬架系统的特点是什么？
5. 电控转向系统的特点是什么？

项目 2　电控液力自动变速器检修

案例导入

搭配自动变速器已经成为商用车市场的大势所趋，长安汽车积极顺势而为，在“当家”小轻卡—长安跨越者 D5 基础上，推出了 8AT 自动变速器，凭借其动力强劲、操作便捷、超强承载等诸多优点，打造小轻卡国内市场新标杆，引领轻型商用车加速迈入 8AT 新时代。

长安跨越者 D5 8AT 自动变速器装载盛瑞传动股份有限公司生产的纵置 8AT 变速器，拥有起步档位选择、自学习、多模式驾驶、自动脱困、坡道辅助防溜、智能换档六大功能，操纵轻松便捷。

根据上述案例，请思考下列问题：

1）长安汽车有哪些傲人的成绩？

2）盛瑞传动股份有限公司有哪些代表性的产品？

3）国内自动变速器有哪些新技术？

学习任务 2.1　自动变速器的认知

学习目标

【知识目标】

1. 掌握自动变速器的组成及各部分的作用。
2. 掌握自动变速器的工作过程。

【能力目标】

能够识别自动变速器及其组成。

【素养目标】

1. 培养学生对事负责、与人合作的精神，严谨细致的作风，坚持不懈的奋斗精神。
2. 培养学生爱岗敬业的职业道德意识。
3. 培养学生的安全意识和环保理念。

理论知识

自动变速器（Automatic Transmission，AT）与传统手动变速器相比，其操纵机构实现了自动化。

1. 自动变速器的分类

按照汽车驱动方式的不同，自动变速器可以分为后驱动自动变速器和前驱动自动变速器。装备后驱动自动变速器的汽车，发动机的动力经变矩器、变速器、传动轴、后驱动桥的主减速器、差速器和半轴传给左、右两个后轮。前驱动自动变速器在自动变速器的壳体内装有主减速器和差速器，纵置发动机前驱动自动变速器的结构和布置与后驱动自动变速器基本相同。

按齿轮变速器类型的不同，自动变速器可以分为行星齿轮式自动变速器和平行轴式自动变速器。行星齿轮式自动变速器结构紧凑，能获得较大的传动比，被大多数轿车使用。平行轴式自动变速器体积较大，最大传动比较小，只有少数几种车型使用，如本田雅阁轿车。

2. 自动变速器的档位

自动变速器换档元件有按钮式和拉杆式两种类型。按钮式一般布置在仪表板上；拉杆式即变速杆，可布置在转向柱上或驾驶室底板上，如图 2-1 所示。

a) 布置在转向柱上

b) 布置在驾驶室底板上

图 2-1 变速杆的位置

自动变速器汽车通常有 4~7 个档位，如图 2-2 所示。例如本田车系有 7 个档位，分别为 P、R、N、D4、D3、2、1；丰田车系的档位为 P、R、N、D、2、L；日产车系的档位为 P、R、N、D、2、1。其功能如下：

P 位：停车档。停车锁止机构将变速器输出轴锁止。

R 位：倒档。液压系统倒档油路被接通，驱动轮反转，实现倒档行驶。

N 位：空档。此时行星齿轮系统空转，不能输出动力。

D（D4）位：前进档。液压系统控制装置根据节气门开度信号和车速信号自动接通相应的前进档油路，随着行驶条件的变化，在前进档中自动升降档，实现自动变速功能。

图 2-2 换档操纵手柄

3（D3）位：高速发动机制动档。操纵手柄位于该位时，液压控制系统只能接通前进档中的一、二、三档油路，自动变速器只能在这 3 个档位自动换档，无法升入第 4 个档位。

2（S）位：中速发动机制动档。操纵手柄位于该位时，液压控制系统只能接通前进档中的一、二档油路，自动变速器只能在这两个档位自动换档，无法升入更高的档位。

L 位（也称 1 位）：低速发动机制动档。此时发动机被锁定在前进档的一档，无法升入高档，发动机制动效果更强。此档多用于山区行驶、上坡加速或下坡时有效地稳定车速等特殊行驶情况。

3. 电控液力自动变速器的结构及工作原理

电控液力自动变速器主要由液力变矩器、齿轮变速机构、换档执行机构、液压控制系统和电子控制系统组成，如图 2-3 所示。

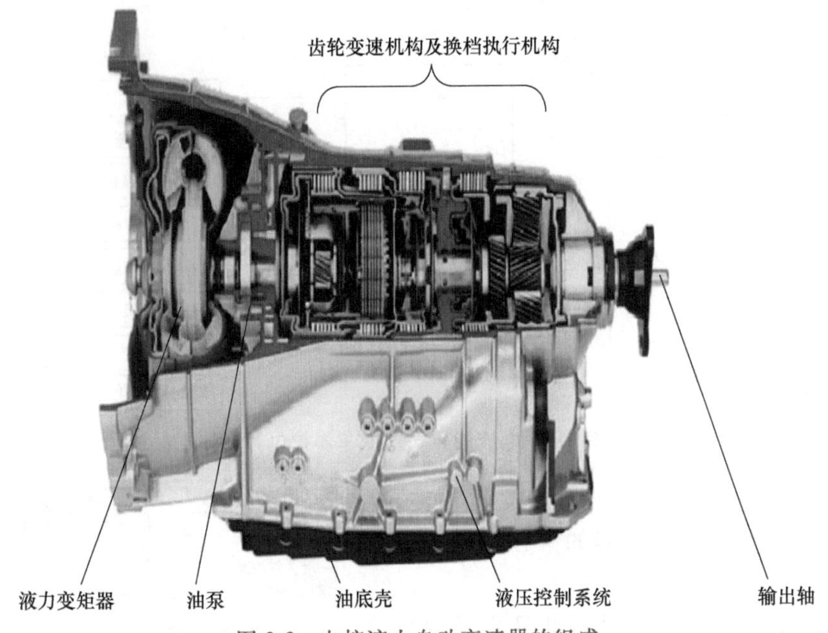

图 2-3　电控液力自动变速器的组成

液力变矩器安装在发动机与变速器之间，将发动机转矩传给变速器输入轴。它相当于手动变速器汽车上的离合器，但在传递力矩的方式上不同于普通离合器。手动变速器汽车的离合器是靠摩擦传递力矩，而液力变矩器是靠液力来传递力矩，而且液力变矩器可以改变发动机转矩，并能实现无级变速。

齿轮变速机构可以形成不同的传动比组合成电控液力自动变速器的档位。目前大多数电控液力自动变速器采用行星齿轮机构，也有少数车型采用普通齿轮机构。

电控液力自动变速器的换档执行机构，其功用与手动变速器的同步器有相似之处，但电控液力自动变速器的换档执行机构受电液系统控制，而手动变速器的同步器由人工控制。电控液力自动变速器的换档执行机构有离合器、制动器和单向离合器。

电控液力自动变速器中的液压控制系统主要控制换档执行机构的工作，由液压泵及各种液压控制阀和液压管路等组成。

自动变速器电子控制系统通过各种传感器，将发动机转速、节气门开度、车速、发动机冷却液温度、自动变速器油温度等参数转变为电信号，并输入 ECU。ECU 根据这些信号，按照设定的换档规律向换档电磁阀、油压电磁阀等发出电子控制信号，换档电磁阀、油压电磁阀将 ECU 的电子控制信号转变为液压控制信号，阀板中的各个控制阀根据这些液压控制信号控制换档执行元件的动作，实现自动换档，如图 2-4 所示。

另外，大多数自动变速器都是通过锁止输出轴实现驻车（停车）的。停车锁止机构的结构如图 2-5 所示，主要由棘爪、棘轮等组成。棘爪上制作有一个锁止凸齿，一端支承在变

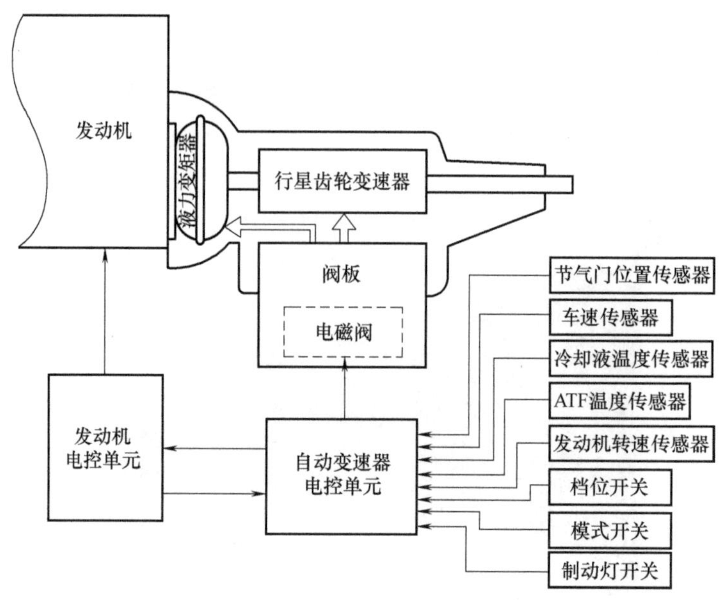

图 2-4 电控液力自动变速器控制过程

速器壳体的支承销上，并且可以绕支承销转动。锁止杆的一端制作成直径不同的圆柱杆，另一端经连杆机构与选档操作手柄连接。

图 2-5 停车锁止机构的结构

当变速杆拨到 P 位时，使锁止杆直径较小的圆柱杆与棘爪接触，锁止凸齿嵌入齿圈的齿槽，将输出轴与变速器壳体连成一体而无法转动，使汽车停止不动。当变速杆拨到 P 位以外的任一位置时，手柄连杆机构带动锁止杆向离开棘爪方向移动，棘爪在复位卡簧弹力的作用下复位，其锁止凸齿与外齿圈分离，变速器输出轴可以自由旋转。

任务实施

1. 自动变速器的维修标准

一般自动变速器的润滑油需要两年更换 1 次，自动变速器每 4 万~6 万 km 需要清洗维护 1 次。对于自动变速器的维护，关键是合理更换自动变速器油。如果自动变速器油老化，会降低内部传动件的抗磨损能力，缩短自动变速器的使用寿命。除此之外，自动变速器中的油泥和杂质会直接影响系统的油压和动力传递，使自动变速器的速度变慢，甚至使某个档位失效。如果在正常维护中使用自动变速器，其平均使用寿命约 70 万 km。

2. 自动变速器的维护方法

（1）经常检查自动变速器的油位是否正常　自动变速器油的检查方法与发动机油的检查方法不同。自动变速器油需要预热到 50℃左右，然后在每个档位停留 2s 后将变速杆置于驻车档。此时，油尺的正常油位应在最高线和最低线之间。如果不在此范围，应及时添加同等品质的自动变速器油。

（2）掌握自动变速器换油的周期　自动变速器的内部控制机构非常精密，配合间隙小，所以大部分厂家建议自动变速器的换油周期为两年或4万~6万km。正常使用时，自动变速器油的工作温度一般在120℃左右，所以自动变速器油的品质要求很高，必须保持清洁。其次，自动变速器油使用时间长了，会产生油垢，可能形成油泥，增加摩擦片和部件的磨损，也会影响系统的油压，从而影响动力传递。第三，污油中的油泥会使各阀体内的阀体运动不顺畅，油压控制受到影响，从而使自动变速器工作不正常。

（3）正确更换变速器油　目前理想地换油方式是采用专门的自动变速器清洗设备动态换油。自动变速器运行过程中，使旧油充分循环，待旧油完全排出后加入新自动变速器油，换油率可达90%。

学习任务2.2　液力变矩器检修

学习目标

【知识目标】

1. 掌握液力变矩器的结构。
2. 掌握液力变矩器的工作原理。
3. 掌握锁止离合器的工作过程。

【能力目标】

能够检修液力变矩器。

【素养目标】

1. 培养学生对事负责、与人合作的精神，严谨细致的作风，坚持不懈的奋斗精神。
2. 培养学生爱岗敬业的职业道德意识。
3. 培养学生的安全意识和环保理念。

理论知识

汽车上采用的液力变矩器是在液力偶合器基础上改进的，二者均属于液力传动，即通过液体的循环流动，利用液体动能的变化传递动力。

1. 液力偶合器的结构与工作原理

（1）液力偶合器的结构　液力偶合器是一种液力传动装置。在不考虑机械损失的情况下，输出力矩与输入力矩相等。其结构主要由壳体、泵轮、涡轮组成，如图2-6所示。

液力偶合器的壳体安装在发动机飞轮上，泵轮与壳体焊接在一起，随发动机曲轴的转动而转动，是液力偶合器的主动部分；涡轮和输出轴连接在一起，是液力偶合器的从动部分。泵轮和涡轮相对安装，统称为工作轮。在泵轮和涡轮上有径向排列的平直叶片，泵轮和涡轮互不接触。两者之间有一定的间隙（3~4mm）；泵轮与涡轮装合成一个整体后，其轴线断面一般为圆形，在其内腔中充满液压油。

（2）液力偶合器的工作原理　当工作轮转动时，油液被叶片带动一起旋转，在离心力作用下，油液从叶片内缘向外缘流动。因此，叶片外缘处压力较高，而内缘处压力较低，其

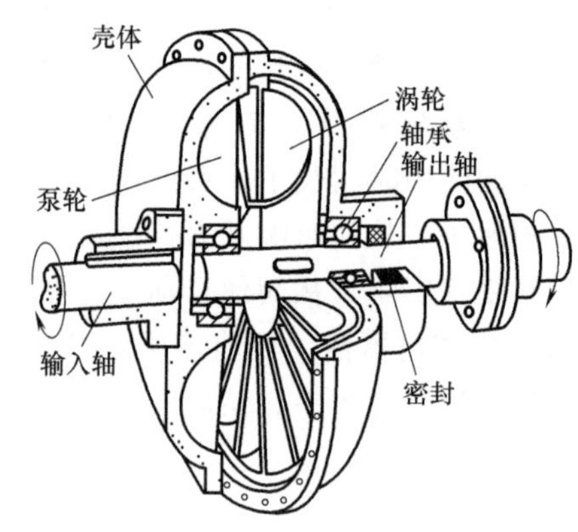

图 2-6　液力偶合器构造

压力差取决于工作轮的半径和转速。

由于泵轮和涡轮的半径相等，因此当泵轮的转速大于涡轮的转速时，泵轮叶片外缘的液压力大于涡轮叶片外缘的液压力。于是，油液不仅随工作轮绕其旋转轴线做圆周运动，而且在上述压力差的作用下，沿循环圆做如图 2-7 中箭头所示方向的循环流动，形成的流线如同一个首尾相连的环形螺旋线。

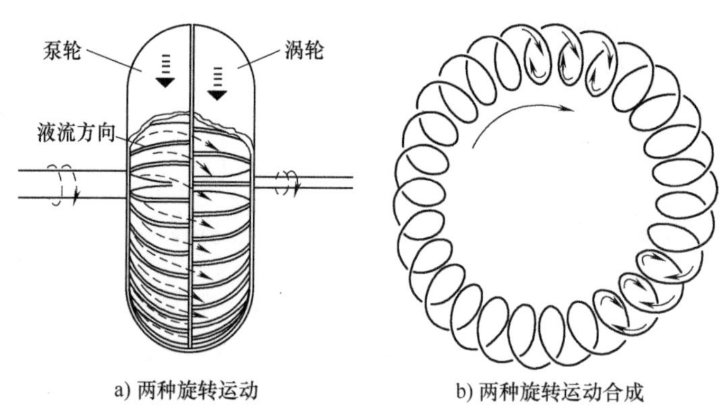

a) 两种旋转运动　　b) 两种旋转运动合成

图 2-7　液力偶合器的工作过程

2. 液力变矩器的结构与工作原理

（1）液力变矩器的功用　液力变矩器位于发动机和变速器之间，以自动变速器油（ATF）为工作介质，功用如下：

① 传递转矩。发动机的转矩通过液力变矩器的主动元件，再通过自动变速器油传给液力变矩器的从动元件，最后传给变速器。

② 无级变速。根据工况不同，液力变矩器可以在一定范围内实现转速和转矩的无级变化。

③ 自动离合。液力变矩器由于采用自动变速器油传递动力，当踩下制动踏板时，发动机不会熄火，此时相当于离合器分离；当松开制动踏板时，汽车可以起步，此时相当于离合器接合。

④ 驱动油泵。自动变速器油在工作时需要油泵提供一定的压力，而油泵一般是由液力变矩器壳体驱动的。

由于采用自动变速器油传递动力，液力变矩器的动力传递柔和，并且能防止传动系统过载。

（2）液力变矩器的组成　典型的液力变矩器由泵轮、涡轮和导轮组成，如图 2-8a 所示。泵轮、涡轮和导轮装配好后，会形成断面为循环圆的环状体，在环形内腔中充满液压油，如图 2-8b 所示。泵轮是主动件，由发动机飞轮带动旋转，泵轮旋转时把动力传递给变速器油，变速器油把动力传递给涡轮，涡轮通过涡轮轴把动力传递给行星齿轮机构。

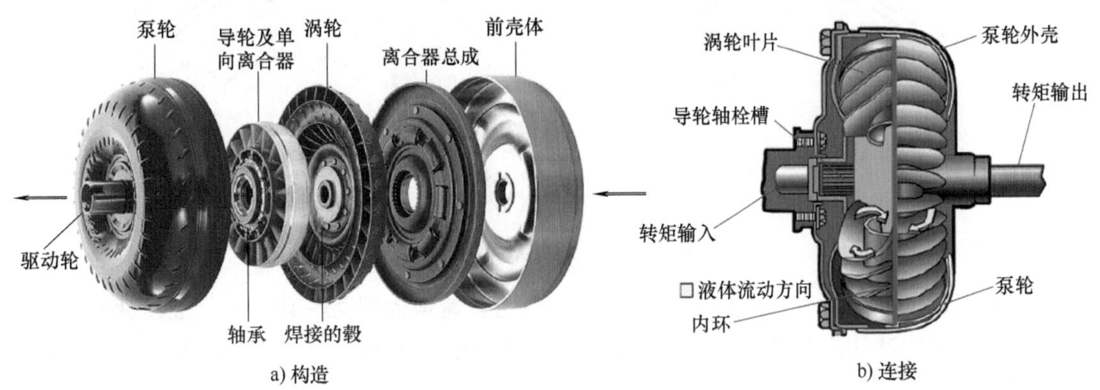

图 2-8　液力变矩器

液力变矩器由铝合金精密铸造或用钢板冲压而成，在环状壳体中径向排列着许多叶片。泵轮位于液力变矩器的后端，与变矩器壳体刚性连接。变矩器壳体总成用螺栓固定在发动机曲轴后端，随发动机曲轴一起旋转。涡轮通过花键孔与行星齿轮系统的输入轴相连。涡轮位于泵轮前方，其叶片面向泵轮叶片。导轮位于涡轮和泵轮之间，通过单向离合器固定在导轮轴或导轮套管上。

（3）液力变矩器的工作原理　变矩器工作时，壳体内充满液压油，发动机带动外壳旋转，外壳带动泵轮旋转，泵轮叶片间的液压油在离心力的作用下，从内缘流向外缘。当泵轮转速大于涡轮转速时，泵轮叶片外缘的液压大于涡轮外缘的液压，油液在绕着泵轮轴线作圆周运动的同时，在上述压差的作用下由泵轮流向涡轮。泵轮顺时针旋转，油液将带动涡轮同样按顺时针方向旋转。如果涡轮静止或涡轮的转速比泵轮的转速小得多，则由油液传递给涡轮的动能就很小，而大部分能量在油液从涡轮返回泵轮的过程中损失了。油液在从涡轮叶片外缘流向内缘的过程中，四周速度和动能逐渐减小。当油液回到泵轮后，泵轮对油液做功，使之在泵轮叶片内缘流向外缘的过程中，动能和圆周速度渐次增大，再流向涡轮，如图 2-9a 所示。

当液力变矩器输出的转矩，经传动系统传到驱动车轮上所产生的牵引力足以克服汽车起步阻力时，汽车即起步并开始加速，与之相连的涡轮转速 n_W 从零起逐渐增大。设液流沿叶片方向流动的相对速度为 ω，沿圆周方向运动的牵连速度为 u，设泵轮转速不变，即液流在涡轮出口处的相对速度不变，如图 2-9b 所示，冲向导轮叶片的液流的绝对速度 v 将随牵连速度 u 的增大而逐渐向左倾斜，使导轮上所受转矩逐渐减小。

当涡轮转速较低时，从涡轮流出的液压油从正面冲击导轮叶片，对导轮施加一个朝逆时针方向旋转的力矩，但由于单向离合器在逆时针方向具有锁止作用，将导轮锁止在导轮固定套上固定不动，因此这时该变矩器的工作特性和液力变矩器相同，涡轮上的输出转矩大于泵

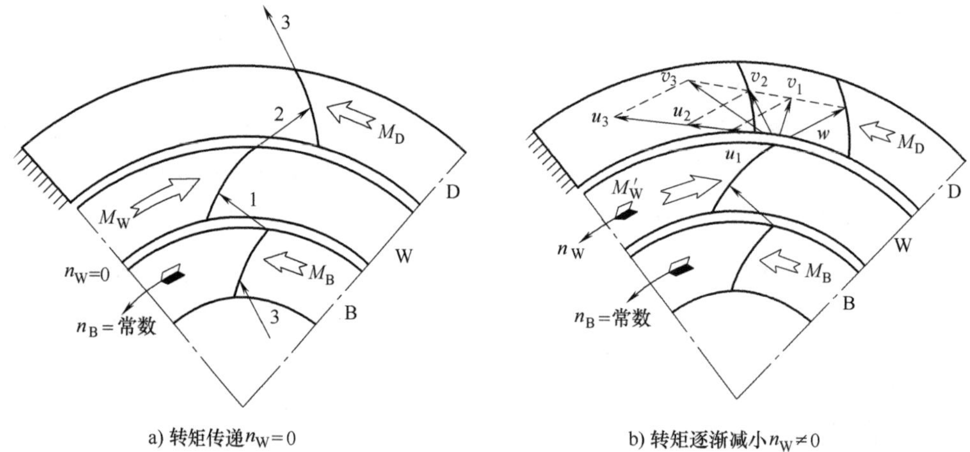

a) 转矩传递$n_W=0$　　b) 转矩逐渐减小$n_W \neq 0$

图 2-9　液力变矩器工作原理

轮上的输入转矩，即具有一定的增矩作用。当涡轮转速增大到某一数值时，液压油对导轮的冲击方向与导轮叶片之间的夹角为 0，此时涡轮上的输出转矩等于泵轮上的输入转矩。若涡轮转速继续增大，液压油将从反面冲击导轮，对导轮产生一个顺时针方向的转矩。由于单向离合器在顺时针方向没有锁止作用，可以像轴承一样滑转，所以导轮在液压油的冲击作用下开始朝顺时针方向旋转。由于自由转动的导轮对液压油没有反作用力矩，液压油只受到泵轮和涡轮的反作用力矩的作用，因此这时该变矩器没有增矩作用，其工作特性和液力偶合器相同。这时涡轮转速较高，该变矩器亦处于高效率的工作范围。一般液力变矩器的最大输出转矩可以达到输入转矩的 2.6 倍左右。

（4）液力变矩器的工作特性

1）穿透性。液力变矩器的穿透性是指变矩器和发动机共同工作时，在节气门开度不足的情况下，变矩器涡轮轴上的载荷变化对泵轮轴转矩和转速（即发动机工况）影响的性能。若涡轮轴上的转矩和转速出现变化而发动机工况不变，这种变矩器称为是不可透的；反之，则称为可透的。

汽车自动变速器上采用的液力变矩器是可透的，当涡轮轴因负荷增大而转速下降时，转速比随之下降而使发动机的负荷增大。

自动变速器输出转速高时，输出转速接近输入转速是一个连续不断的趋势，但总不会等于输入转速。除非变速器变成主动件，发动机变成被动件，涡轮的转速才会等于或高于泵轮转速，而这种情况在下坡时可能会发生，因此要加以利用，从而改善自动变速器的性能。

2）失速特性。液力变矩器失速状态是指涡轮因负荷过大而停止转动，但泵轮仍保持旋转的现象，此时液力变矩器只有动力输入而没有输出，全部输入能量都转化成热能，因此变矩器中的油液温度急剧上升，会对变矩器造成严重危害。失速点转速是指涡轮停止转动时的液力变矩器输入转速，该转速大小取决于发动机转矩、变矩器的尺寸和导轮、涡轮的叶片角度。

3. 液力变矩器的锁止机构

由于液力变矩器的泵轮和涡轮之间存在转速差和液力损失，其效率不如普通机械式变速器高。为提高液力变矩器在高转速比工况下的效率及汽车正常行驶时的燃油经济性，绝大部分液力变矩器增设了锁止机构，使变矩器输入轴与输出轴刚性连接，增大传动效率，包括由锁止离合器锁止的液力变矩器、由离心式离合器锁止的液力变矩器和由行星齿轮机构锁止的液力变矩器。

在液力变矩器中，以锁止离合器作为锁止机构最常见，其结构如图 2-10 所示。这种锁止离合器的工作由液压油的流向控制。带有摩擦材料的传力盘总成与涡轮相连，随涡轮一起旋转。涡轮轴制有内、外两条液压油道，当液压油从内油道进入传力盘左腔而经外油道排出时，离合器处于分离状态。当液压油经涡轮轴外油道进入传力盘右腔而经内油道排出时，传力盘总成被压向变矩器壳，传力盘上摩擦材料与变矩器壳接触并逐渐压紧，涡轮与变矩器壳即泵轮连接成一体。

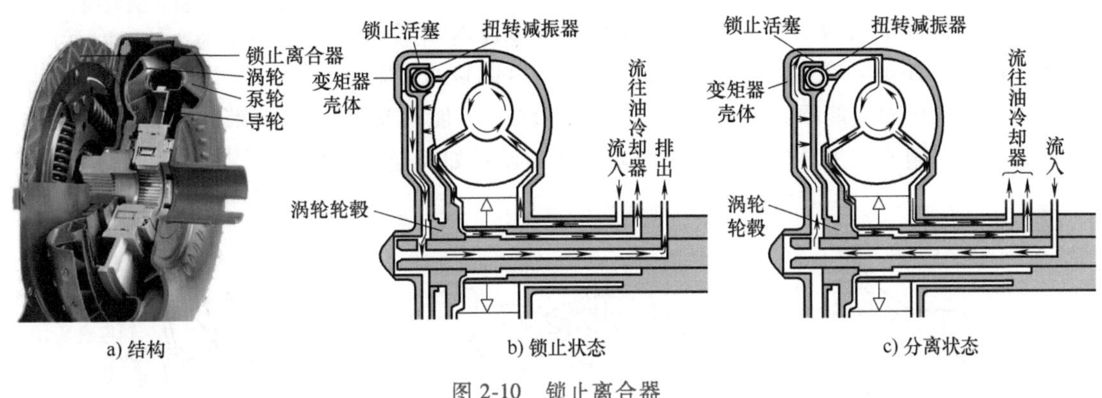

图 2-10　锁止离合器

任务实施

1. 液力变矩器的检修

（1）目视检查　检查液力变矩器的外部有无损坏和裂纹，是否由于油温高而导致外表发蓝，是否有明显的高温烧灼现象。检查液力变矩器的连接螺栓，如有损坏，则予以更换。检查液力变矩器的传动毂是否光滑，如果传动毂磨损，则仔细检查油泵驱动部分，必要时更换液力变矩器，传动毂表面轻度的擦痕或损伤可以用细砂布磨光。

（2）轴套径向圆跳动量检查　检查飞轮及挠性板是否翘曲，是否有裂纹，如图 2-11 所示。检查起动机齿圈的齿表是否损坏，如有损坏的，应更换飞轮。如遇到后凸缘表面磨损、接缝或焊缝处漏油，传动毂松动、传动毂肩磨损或毂的径向圆跳动过大的情况，测量时至少要选取 3 个测量点，如图 2-12 所示。观察百分表读数，所得跳动量若大于 0.03mm 则应采

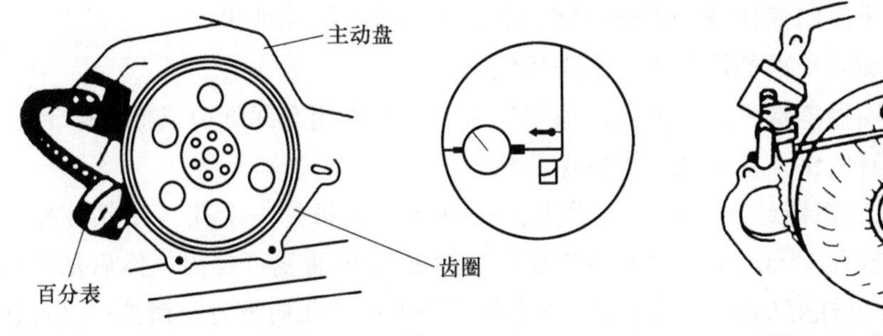

图 2-11　测量主动盘径向圆跳动

图 2-12　测量轴套的径向圆跳动

用转换一个角度重新安装的方法予以校正，并在校正后的位置上做一个记号，以保证安装正确。若无法校正，应更换液力变矩器。

(3) 液力变矩器涡轮轴轴向间隙检查　涡轮轴向间隙是指涡轮前、后间隙量。如果间隙值不准确，会导致液力变矩器内部元件运动干涉。将百分表固定在液力变矩器壳体上，使表头在涡轮轴上方，测量涡轮轴的轴向间隙，如图 2-13 所示。如果涡轮轴轴向间隙大于 0.08mm，则更换液力变矩器。

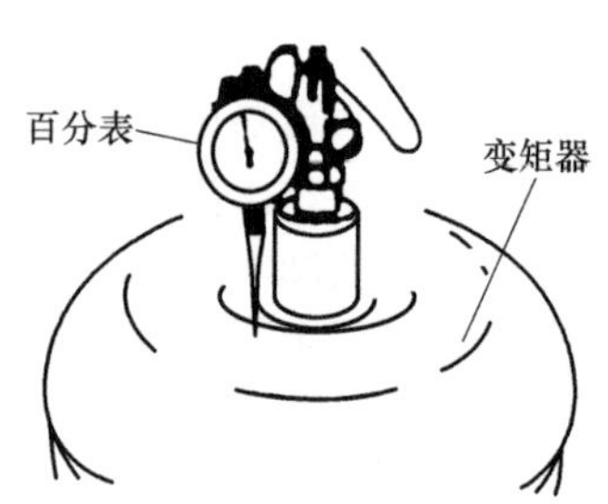

图 2-13　检查涡轮与导轮的轴向间隙

(4) 导轮单向离合器的检查　导轮是起增矩作用的重要元件。对于已拆下的液力变矩器，可用两个手指伸入滚子离合器花键内圈并试着在两个方向上转动内圈，以此检查导轮滚子离合器，内圈应能顺时针自由转动，而逆时针不能转动或转动困难，如图 2-14 所示。如有条件，需用专用工具检查单向离合器是否顺转自如而逆转锁止。

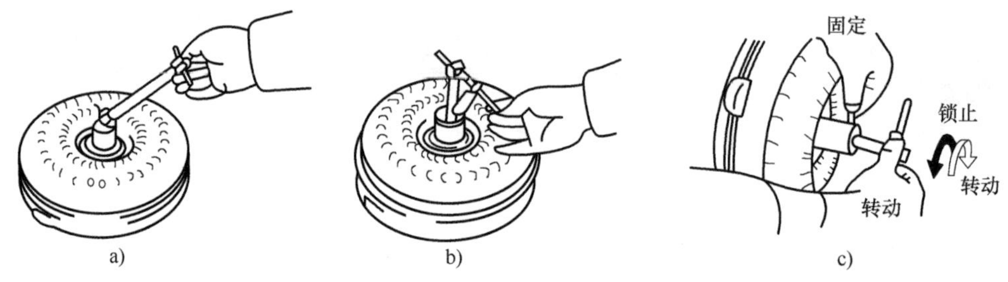

图 2-14　导轮单向离合器的检查

变速器装车后，在发动机性能正常的情况下，若汽车从静止到起步的加速性较差，车速超过 30km/h 后表现正常，则可能是变矩器导轮单向离合器损坏。

(5) 锁止离合器检查　摩擦材料和锁止功能的检查是非常重要的。如果变矩器中有大量磨损材料脱落和金属残渣，可能是锁止离合器中摩擦片磨损过量导致的。

2. 液力变矩器的洗清

自动变速器油污染表现为在油中有金属粉末，大部分来自离合器的磨耗。

1) 放出变矩器中残留的液压油。

2) 向变矩器内加入干净的液压油，以清洗其内部，然后将液压油放出。

3) 再次向变矩器内加入干净的液压油，清洗后倒出。

4) 用清洗剂清洗变矩器零部件，只能用压缩空气吹干，不要用车间纸巾或棉丝擦干。

5) 用压缩空气吹所有的供油孔或油道，确保清洁。

为取出清洗液，可在变矩器最外侧较平的面上，在两叶片之间打一个孔（用钻床钻一个正圆的孔），将孔向下放置 15min 后，变矩器内原有变速器液压油就可排出；然后从变矩器轴孔处加入清洁剂或挥发性好的汽油，进行内部清洗；再次将钻孔向下时，清洗剂又可流出。这样反复作业 2~3 次，最后用压缩空气吹干，再用铆钉将钻孔封死。

学习任务 2.3 齿轮变速机构检修

【知识目标】

1. 掌握单排行星齿轮机构运动规律的特性方程。
2. 掌握单排行星齿轮机构的传动原理。

【能力目标】

1. 能够检修齿轮变速机构。
2. 能够分析齿轮变速机构的故障。

【素养目标】

1. 培养学生不断向上的敬业精神和诚实守信、吃苦耐劳的职业品质。
2. 培养学生爱岗敬业的职业道德意识。

理论知识

液力变矩器虽能在一定范围内自动地、无级地改变转矩比和转速比，但存在传动效率低的缺点，且变矩范围最大只能达到 3 倍，难以满足汽车的使用要求。自动变速器的齿轮变速系统主要有行星齿轮系统和平行轴齿轮系统，目前绝大多数自动变速器采用行星齿轮系统。

1. 平行轴式齿轮变速机构

平行轴式齿轮变速机构应用于本田车系和部分福特车系。平行轴齿轮变速机构由普通齿轮及平行轴组成，如图 2-15 所示。

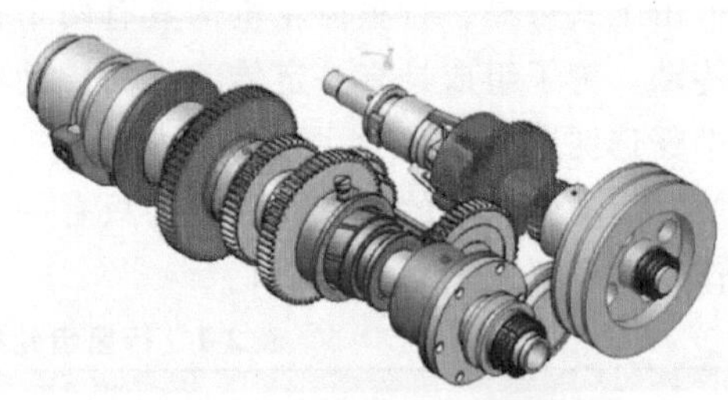

图 2-15 平行轴式齿轮变速机构

在一对齿轮传动中，设主动齿轮的转速为 n_1，齿数为 Z_1；从动齿轮的转速为 n_2，齿数为 Z_2。由于两轮转过的齿数相等，即 $Z_1n_1=Z_2n_2$，由此可得出一对齿轮的传动比为

$$i=n_1/n_2=Z_2/Z_1$$

由多个齿轮组成的轮系传动比

$$i=i_1i_2i_3\cdots i_n=\text{所有从动齿轮齿数的乘积}/\text{所有主动齿轮齿数的乘积}$$

2. 行星齿轮变速机构

(1) 行星齿轮机构的组成　行星齿轮机构有不同的类型，最简单的行星齿轮机构由 1 个太阳轮、1 个内齿圈、1 个行星架及若干个行星轮组成，一般称为单排行星齿轮机构。太阳轮、齿圈和行星架是行星排的基本构件，具有公共的固定轴线。行星轮安装于行星架的行星齿轮轴上，与齿圈和太阳轮两者啮合。行星轮既可围绕行星齿轮轴旋转（自转），又可在齿圈内行走，围绕太阳轮旋转（公转），如图 2-16a 所示。

按照太阳轮和齿圈之间行星齿轮的组数不同，行星齿轮机构分为单排行星齿轮机构

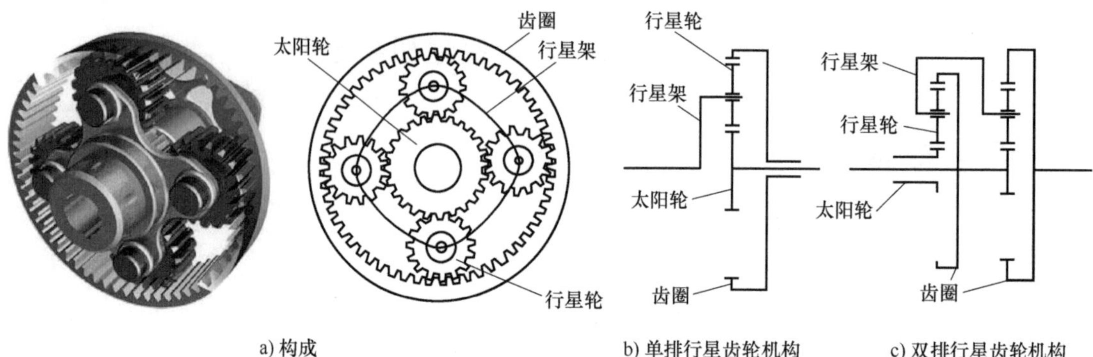

a) 构成　　b) 单排行星齿轮机构　　c) 双排行星齿轮机构

图 2-16　行星齿轮机构组成

（图 2-16b）和双排行星齿轮机构（图 2-16c）。双排行星齿轮机构在太阳轮和齿圈之间有两组互相啮合的行星轮，其中外面一组行星轮与齿圈啮合，里面的一组行星轮与太阳轮啮合。

以行星齿轮机构为变速机构时，由于有多个行星轮同时工作，且采用内啮合方式，与普通齿轮变速机构相比，在传递同样功率的情况下，可减小变速器的尺寸和质量，能实现同向、同轴减速传动。由于采用的是常啮合传动，可使动力不间断。

（2）行星齿轮机构的运动规律　为分析行星齿轮机构的运动规律，设太阳轮、齿圈和行星架的转速分别为 n_1、n_2 和 n_3，齿数分别为 Z_1、Z_2 和 Z_3，α 为齿圈齿数 Z_2 与太阳轮齿数 Z_1 之比，即 $\alpha=Z_2/Z_1$。

根据能量守恒定律，图 2-16b 所示单排行星齿轮机构运动规律的特性方程式为

$$n_1+\alpha n_2-(1+\alpha)n_3=0$$

由上式可见，行星齿轮机构具有两个自由度，因此没有固定的传动比，不能直接用于变速传动。为了组成具有一定传动比的传动机构，必须在太阳轮、齿圈和行星架这 3 个基本构件中任选两个分别作为主动件和从动件，而使另一元件固定不动（即使该元件转速为 0），或使其运动受一定的约束，则机构只有一个自由度，整个轮系以一定的传动比传递动力。其工作情况及档位关系见表 2-1。

表 2-1　行星齿轮机构的工作情况及档位关系

	太阳轮 Z_1	行星架 Z_3	齿圈 Z_2	传动比 i	档位说明
1	输入	输出	制动	$n_2=0\quad i_{1\cdot3}=\frac{n_1}{n_3}=1+\alpha=1+\frac{Z_2}{Z_1}>1$	减速传动、前进、低档
2	制动	输出	输入	$n_1=0\quad i_{2\cdot3}=\frac{n_2}{n_3}=\frac{1+\alpha}{\alpha}=1+\frac{Z_1}{Z_2}>1$	减速传动、前进、高档
3	制动	输入	输出	$n_1=0\quad i_{3\cdot2}=\frac{n_3}{n_2}=\frac{\alpha}{1+\alpha}=\frac{Z_2}{Z_1+Z_2}<1$	前进、超速传动
4	输出	输入	制动	$n_2=0\quad i_{3\cdot1}=\frac{n_3}{n_1}=\frac{1}{1+\alpha}=\frac{Z_1}{Z_1+Z_2}<1$	前进、超速传动（不可实现）
5	输入	制动	输出	$n_3=0\quad i_{1\cdot2}=\frac{n_1}{n_2}=-\alpha=-\frac{Z_2}{Z_1}<-1$	倒档

（续）

	太阳轮 Z_1	行星架 Z_3	齿圈 Z_2	传动比 i	档位说明
6	输出	制动	输入	$n_3=0 \quad i_{2\cdot 1}=\frac{n_2}{n_1}=-\frac{1}{\alpha}=-\frac{Z_1}{Z_2}<0$	倒档、升速（不可实现）
7	3个元件任何两个连成一体，第3元件与前两个转速相等			$i=1$	直接档传动
8	所有元件都不受约束			自由转动	失去传动作用

行星齿轮机构传动分析如下：

如图2-17a所示，太阳轮为主动件，齿圈为从动件，行星架固定。当太阳轮按顺时针方向旋转时，行星轮按逆时针方向绕其轴自转。因行星架被固定，与行星轮内啮合的齿圈按逆时针方向旋转。与太阳轮相比，齿圈以较低转速做反向旋转，即可得到倒档。传动比为

$$i_{12}=-Z_2/Z_1=-\alpha$$

如图2-17b所示，输入元件是齿圈，行星架被固定，行星齿轮只能自转，并带动太阳轮旋转输出动力。太阳轮的旋转方向与齿圈相反，传动比为

$$i_{21}=-Z_1/Z_2=-1/\alpha$$

如图2-17c所示，太阳轮为输入元件，由行星架输出，齿圈被固定。当太阳轮按顺时针方向旋转时，行星齿轮则按逆时针方向绕行星齿轮轴旋转。行星轮的这种运动使齿圈力按逆时针方向转动，但齿圈已被固定，行星轮只能在围绕齿圈行走时带动行星架按顺时针方向旋转。与太阳轮相比，行星架以较低的转速旋转，二者转动方向相同。太阳轮带动行星轮沿静止的齿圈旋转，从而带动行星架以较慢的速度与太阳轮同向旋转，传动比为

$$i_{13}=1+\alpha$$

如图2-17d所示，输入元件是行星架，由太阳轮输出，齿圈被固定。当行星架按顺时针方向旋转时，因齿圈被固定，与行星轮外啮合的太阳轮按顺时针方向旋转，传动比为

$$i_{31}=1/(1+\alpha)$$

如图2-17e所示，齿圈为主动件，行星架为从动件，太阳轮固定。当齿圈按顺时针方向旋转时，行星轮以顺时针方向绕其轴自转，并试图使太阳轮按逆时针方向旋转。因太阳轮被固定，行星轮只能在自转的同时，带动行星架按顺时针方向围绕太阳轮公转，与齿圈相比，行星架以较低转速旋转，其转向和齿圈相同，传动比为

$$i_{23}=1+Z_1/Z_2=1+1/\alpha$$

如图2-17f所示，固定元件是太阳轮，输入元件是行星架，输出元件是齿圈。当行星架按顺时针方向旋转时，因太阳轮被固定，与行星轮内啮合的齿圈按顺时针方向旋转，传动比为

$$i_{32}=Z_2/(Z_1+Z_2)=\alpha/(1+\alpha)$$

如图2-17g所示，太阳轮和齿圈为主动件，行星架为从动件。当太阳轮与齿圈以相同转速、按相同方向旋转时，行星轮被夹住，不能绕其轴转动。因此，太阳轮、齿圈、行星轮和行星架成为一体，各元件之间没有相对运动，从而形成直接档。若使3个元件中的任何两个元件连成一体旋转，则第3个元件的转速必与前两者转速相等，即行星排按直接档传动，传

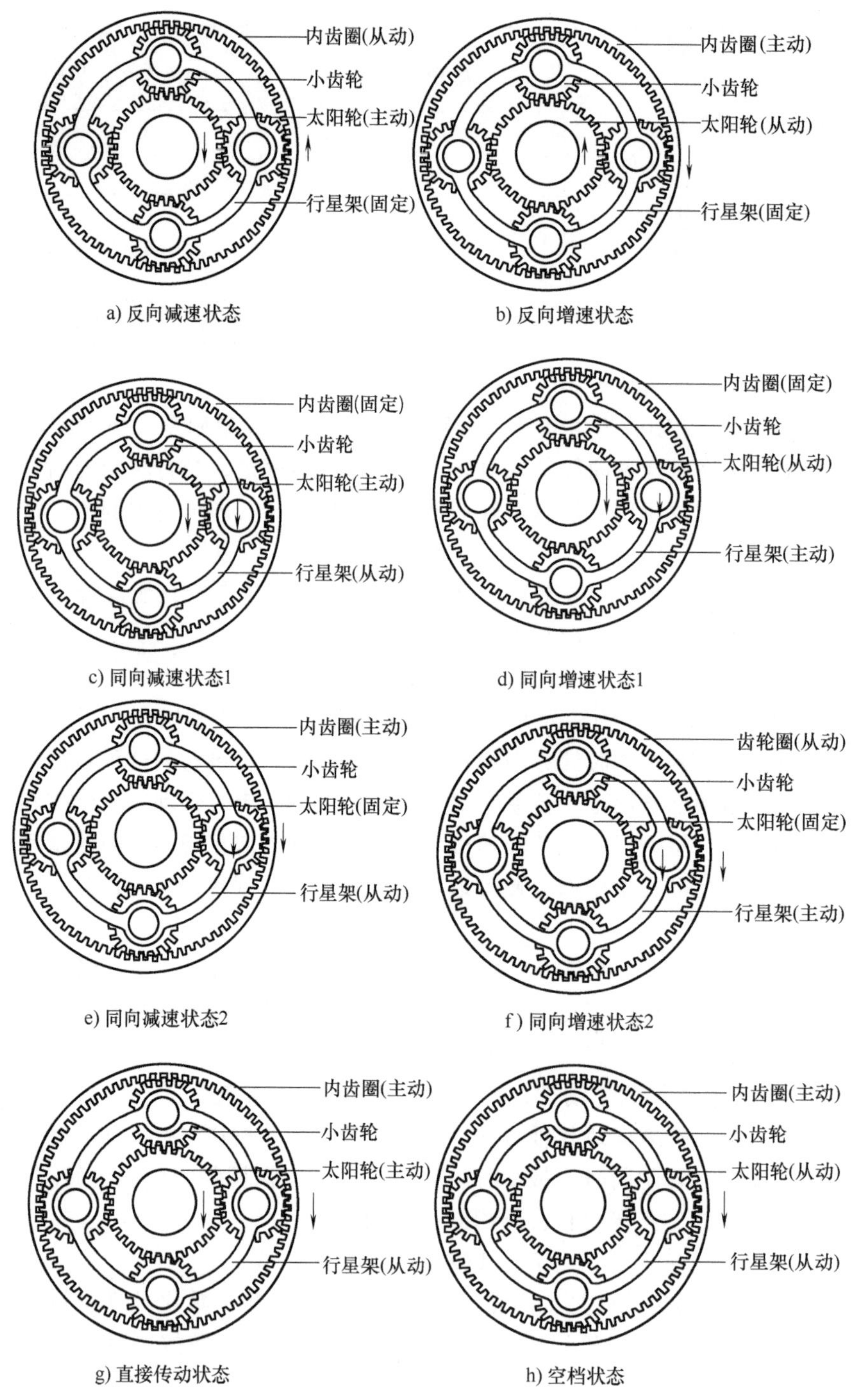

图 2-17 行星轮系运行状态

动比 $i=1$。

如图 2-17h 所示，任一个为主动部件，无夹持部件。假设太阳轮为主动件按顺时针方向旋转，行星轮按逆时针方向绕其轴自转，促使齿圈以逆时针方向旋转，而行星架按顺时针方向转。如想从行星架输出转矩，则因齿圈处于无负荷自由状态，来自太阳轮的转矩均通过行星轮传至齿圈，使齿圈旋转，而行星架无转矩输出。若想从齿圈输出转矩，则因行星架处于无负荷自由状态，来自太阳轮的转矩均通过行星轮传至行星架，使行星架旋转，齿圈不可能有转矩输出。也就是说，如果所有元件都不受约束，可以自由转动，则行星齿轮机构失去传动作用，此种状态相当于空档。

1. 行星齿轮机构的故障

在自动变速器的所有零件中，行星齿轮机构的使用寿命是最长的，它们不承受任何的换档冲击，在正常使用的条件下工作寿命不会低于汽车行驶40万km。

（1）异响　异响可分为两种情况。一种情况是行驶中突然产生很大的异响，然后车辆不能行驶。此类故障是由于有严重的损坏造成，主要原因有输入轴、输出轴端裂；齿圈、太阳轮、齿轮等断裂；行星轮从行星架中脱出等。另一种情况是车辆能够行驶，但自动变速器内部有异响。发生此类故障后拆解机构时应注意检查推力轴承是否烧结、解架。常见的止动垫片有平止动垫片和带固定爪的止动垫片。带固定爪的止动垫片有3~4个固定爪，固定爪脱落后，垫片自动转动也可能引起异响。

（2）撞击声　撞击声主要包括两种情况：在起动状态踩住制动踏板，将变速杆从P或N位挂入D或R位时，变速器内部发出撞击声；行驶中急加速或急减速时。引起撞击声的原因有各部分配合间隙过大、止动垫片磨损过度、止动垫片或推力轴承漏装。

不能升档：一般是由于齿圈和离合器组烧结在一起，从而导致不能升档。

2. 行星齿轮机构的检查

齿轮经常在不断变化的转速、负荷状态下进行工作，齿轮齿面受到冲击载荷的冲击，致使齿轮，特别是齿面产生损伤。

> 职业素养
>
> 在故障检修中，应遵循7S管理制度：整理（SEIRI）、整顿（SEITON）、清扫（SEISO）、清洁（SEIKETSU）、素养（SHITSUKE）、安全（SAFETY）、节约（SAVE）。
>
> 1S-整理：就是彻底的将要与不要的物品区分清楚，并将不要的物品加以处理，它是改善生产现场的第一步。目的：改善和增加作业面积，提高工作效率。
>
> 2S-整顿：将要的物品依规定定位、定量摆放整齐，明确标识。目的：减少取放物品的时间，提高工作效率。
>
> 3S-清扫：清除工作场所内的脏污，设备异常时立即修理，并防止污染的发生。目的：保持工作环境的清洁，是品质的基础。
>
> 4S-清洁：将上面3S的实施制度化、规范化，并维持效果。目的：建立标准化的清洁流程，通过制度化来维持成果，是企业文化形成的开始。
>
> 5S-素养：又称修养、心灵美：人人依规定行事，养成好习惯。目的：提升“人的品质”，养成对任何工作都持认真态度的习惯。
>
> 6S-安全：保证工作现场安全及产品质量安全。目的：杜绝安全事故、规范操作、保障员工的安全和健康。
>
> 7S-节约：对时间、空间、能源等方面合理利用，以发挥它们的最大效能。目的：创造一个高效率的、物尽其用的工作场所，在企业中秉持勤俭节约的原则。

（1）齿轮磨损检查　齿轮在正常工作条件下，齿面呈现出均匀的磨损，要求沿齿长方向磨损不应超过原齿长的30%；齿轮啮合面积不低于齿面的2/3；运转齿轮啮合间隙一般应为0.15～0.26mm，使用限度为0.80mm；接合齿轮啮合间隙应为0.10～0.15mm，使用限度为0.60mm。可用百分表或软金属倾轧法测量，如果超过间隙，应成对更换。

（2）齿轮轮齿破碎检查　轮齿破碎主要是由于齿轮啮合间隙不符合要求、轮齿啮合部位不当或工作中受到较大的冲击载荷所致。若轮齿边缘有不大于2mm的微小破碎，修磨后可以继续使用；若超过这个范围或有3处以上微小破碎，则应成对更换。

（3）常啮合齿轮端面磨损检查　常啮合的斜齿端面应有0.10～0.30mm的轴向间隙，以保证齿轮良好运转。若齿端磨损起槽，可磨削修复，但磨削量应不超过0.50mm。

（4）常啮合齿轮轴颈间隙检查　常啮合齿轮轴颈、滚针轴承和啮合齿轮座孔三者配合间隙应为0.01～0.08mm，否则应予更换。

（5）行星齿轮变速机构的工作间隙检查　对行星齿轮式自动变速器，需检查行星轮与行星架间隙、齿圈衬套直径，如图2-18所示。行星轮与行星架标准间隙为0.20～0.60mm，极限值为1mm；齿圈衬套直径最大为24.08mm。

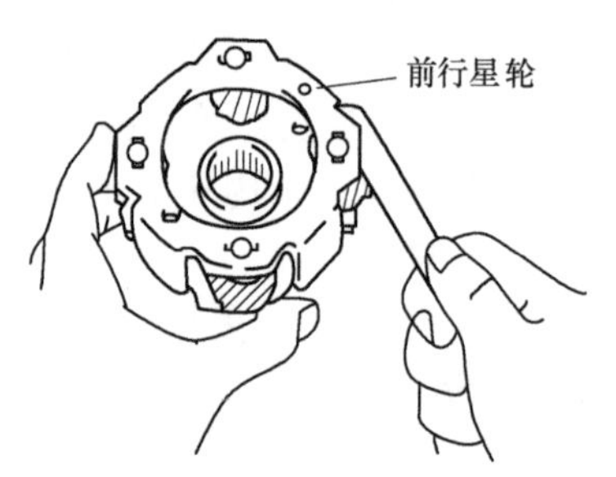

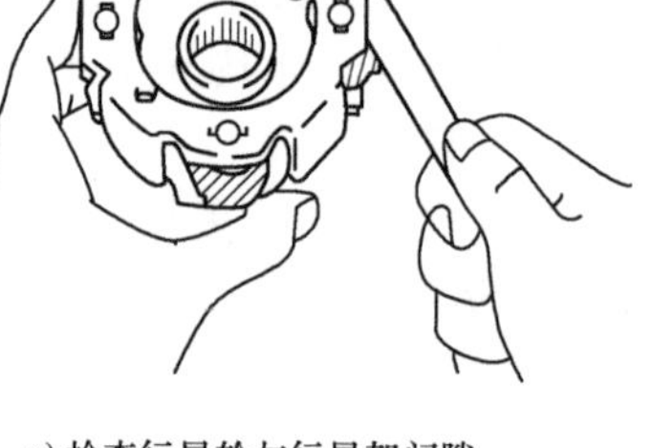

a) 检查行星轮与行星架间隙　　b) 检查齿圈衬套直径

图2-18　工作间隙检查

学习任务2.4　换档执行机构检修

学习目标

【知识目标】

1. 掌握自动变速器中多片离合器的工作过程。
2. 掌握自动变速器中多片制动器的工作过程。
3. 掌握自动变速器中带式制动器的工作过程。

【能力目标】

1. 能够检修自动变速器的离合器。
2. 能够检修自动变速器的制动器。
3. 能够检修自动变速器的单向离合器。

【素养目标】

1. 培养学生对事负责、与人合作的精神，严谨细致的作风，坚持不懈的奋斗精神。
2. 培养学生爱岗敬业的职业道德意识。
3. 培养学生的安全意识和环保理念。

理论知识

行星齿轮变速器中的所有齿轮都处于常啮合状态，实现档位变换必须通过不同方式对行星齿轮机构的基本元件进行约束（即固定或连接某些基本元件）。对这些基本元件实施约束的机构就是行星齿轮变速器的换档执行机构。

换档执行机构主要由离合器、制动器和单向离合器三种执行元件组成，离合器和制动器以液压方式控制行星齿轮机构元件的旋转，单向离合器以机械方式对行星齿轮机构的元件进行锁止。

1. 多片离合器

（1）多片离合器的结构　多片离合器是自动变速器中最重要的换档执行元件之一，它既可以作为驱动元件，又可以作为锁止元件。离合器的作用是将变速器的输入轴和行星排的某个基本元件连接，或将行星排的某两个基本元件连接在一起，使之成为一个整体转动。

自动变速器中所用的离合器为湿式多片离合器，通常由离合器鼓、活塞和回位弹簧、钢片、摩擦片、压板、扣环等组成，其结构如图 2-19 所示。

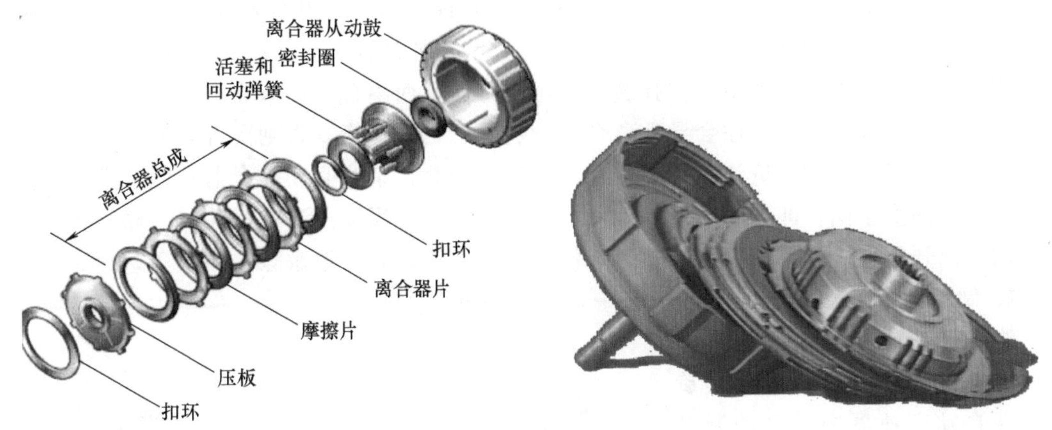

图 2-19　多片离合器

离合器活塞是一种环状活塞，安装在离合器鼓内，由活塞内、外围的密封圈保证其密封，与离合器鼓一起形成封闭的环状液压缸，并通过离合器鼓内圆轴颈上的进油孔和油道相通。

主动片（钢片）和从动片（摩擦片）交错排列，统称为离合器片，均为钢材料制成。为保证离合器片接合柔和及充分散热，常把它浸在油液中，因而称为湿式离合器。主动片的外花键齿安装在离合器鼓内的花键齿圈上，可以沿齿圈键槽做轴向移动；从动片由其内花键齿与离合器花键鼓的外花键连接，也可以沿键槽做轴向移动。从动片的两面烧结有摩擦系数较大的铜基粉末冶金层或合成纤维层，与主动片组成钢—粉末冶金摩擦副。

（2）工作原理　如图 2-20 所示，当离合器处于分离状态时，活塞在回位弹簧作用下处于左极限位置，钢片、摩擦片间存在一定间隙。当液压油经油道进入活塞左腔室，液压力克服弹簧张力使活塞右移，将所有钢片、摩擦片依次压紧，离合器接合。该元件成为输入元件，动力经主动元件、离合器鼓、钢片、摩擦片和花键毂传至行星齿轮机构。油压撤出后，活塞在回位弹簧的作用下回位，离合器分离，动力传递路线被切断。

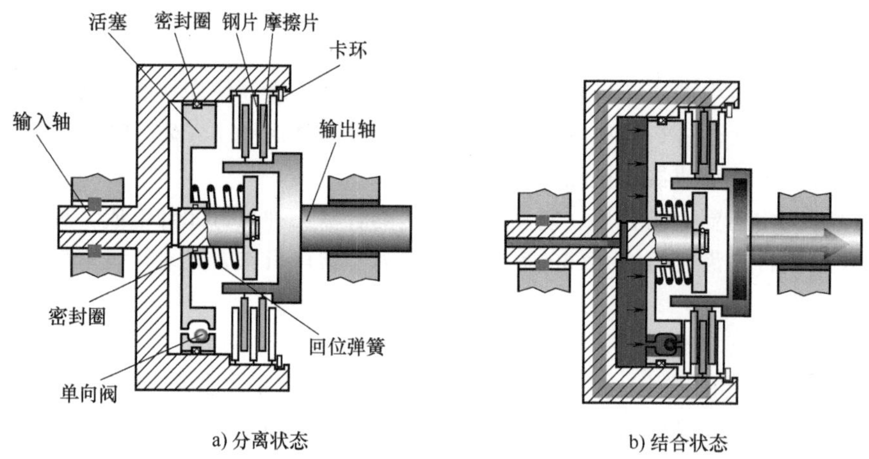

a) 分离状态　　b) 结合状态

图 2-20　多片离合器工作原理

为保证离合器分离彻底，需要满足以下要求：首先，离合器处于分离状态时，主、从动片之间必须有足够的间隙。这一间隙称为离合器的自由间隙，其标准范围为 0.5～2.0mm，可以选择适当的卡环和从动片厚度等方法进行调整。如果间隙过大，表明离合器片摩擦严重，应及时更换；否则，即使复位弹簧被压至全部压紧而离合器仍未完全接合，将造成离合器打滑。如果间隙过小，往往会导致离合器片翘曲，也需更换，否则离合器分离不彻底。其次，油压撤除以后，活塞进油腔不能残存液压油。为此，某些驱动离合器在活塞进油腔设置由钢球组成的安全阀，即球阀来控制辅助泄油通道开关。当液压油被撤除时，球体在离心力的作用下离开阀座，开启辅助泄油通道，使液压油迅速而充分地撤除，如图 2-21 所示。

2. 制动器

制动器的作用是固定行星齿轮机构中的基本元件，阻止其旋转。在自动变速器中常用的制动器有片式制动器和带式制动器两种。

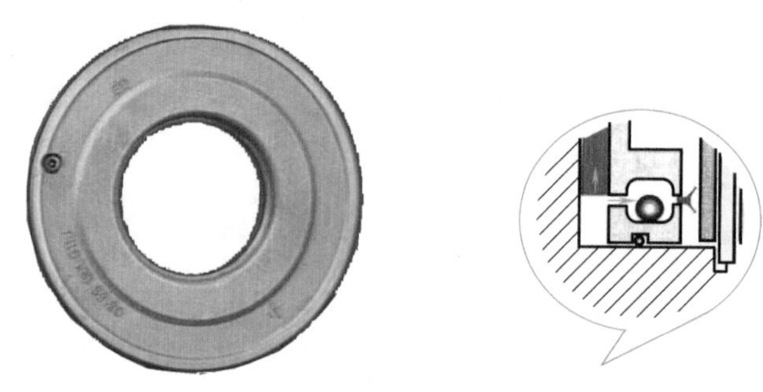
图 2-21　离合器安全阀

（1）片式制动器　片式制动器由制动器活塞、回位弹簧、钢片、摩擦片及制动器毂等组成，如图 2-22 所示。

其工作原理与湿式多片离合器基本相同，如图 2-23 所示，只是其钢片通过外花键齿安装在变速器壳体的内花键齿圈上，摩擦片则通过内花键齿和制动器毂上的外花键槽相连，制动器毂与行星齿轮机构的元件相连。当液压缸中没有液压油时，制动毂可以自由旋转，当液压油进入制动器的液压缸后，通过活塞将钢片和摩擦片压紧在一起，制动器毂以及与其相连的行星齿轮机构的某一元件被固定而不能旋转。

钢片、摩擦片均由钢板冲压而成，摩擦片表面有厚度为 0.38～0.76mm 的摩擦材料层。为保证分离彻底，钢片和摩擦片间必须有足够的间隙，标准间隙范围为 0.25～0.38mm，可以通过选择适当的压盘、卡环及摩擦片厚度等方法调整该值。

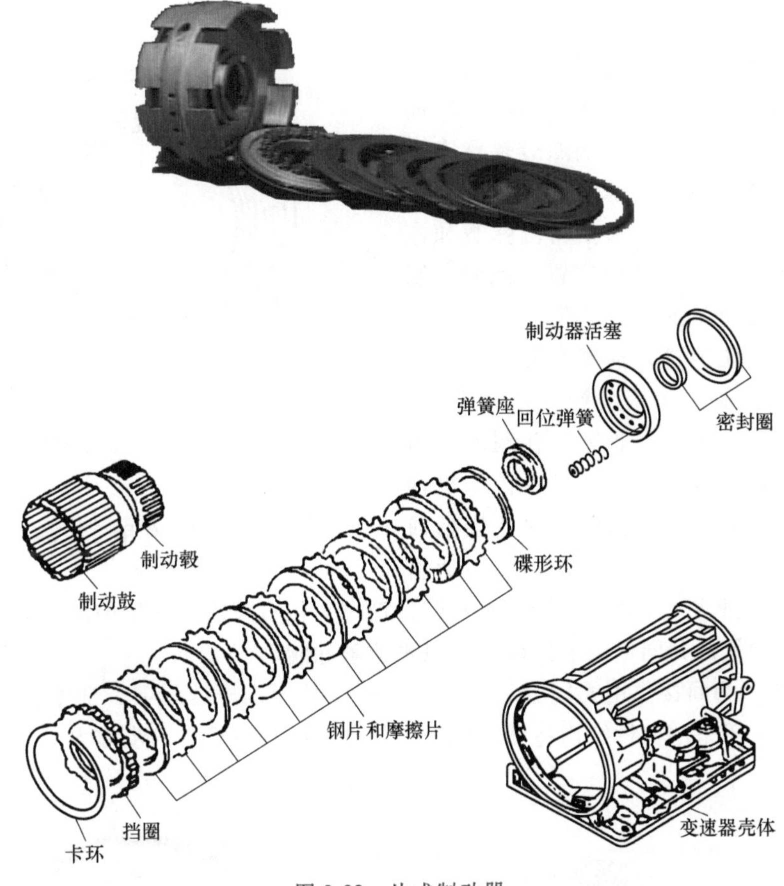

图 2-22　片式制动器

（2）带式制动器　带式制动器由制动带及其伺服装置（控制油缸）组成。制动带是内表面带有镀层的开口式环形钢带，开口的一端支撑在与变速器壳体固连的支座上，另一端与伺服装置相连。制动带按结构可以分为单边式制动带和双边式制动带两种类型，如图 2-24 所示。

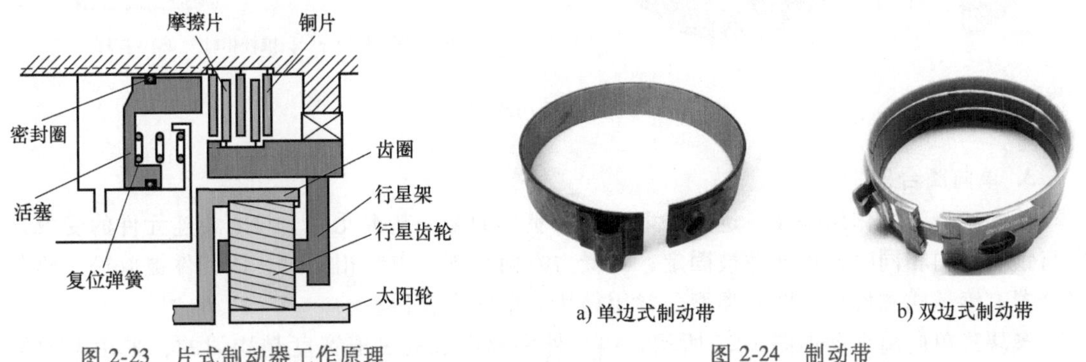

图 2-23　片式制动器工作原理

图 2-24　制动带

双边式制动带具有自行增力功能，制动效果好，多用于转矩较大的低档和倒档制动器。用于不同档位的同类型制动带内表面镀层的材料不尽相同，低、倒档制动带镀层多采用金属摩擦材料，其作用是保证足够的制动力矩，高档制动带一般使用有机耐磨材料，防止制动鼓过度磨损。

制动器伺服装置有直接作用式和间接作用式两种类型。直接作用式制动器的结构如图 2-25 所示。制动带开口一端通过摇臂支撑于固定在变速器壳体的支承销上，另一端支撑于油缸活塞杆端部，活塞在回位弹簧和左腔油压的作用下位于右极限位置。此时，制动带和制动鼓之间存在一定间隙。

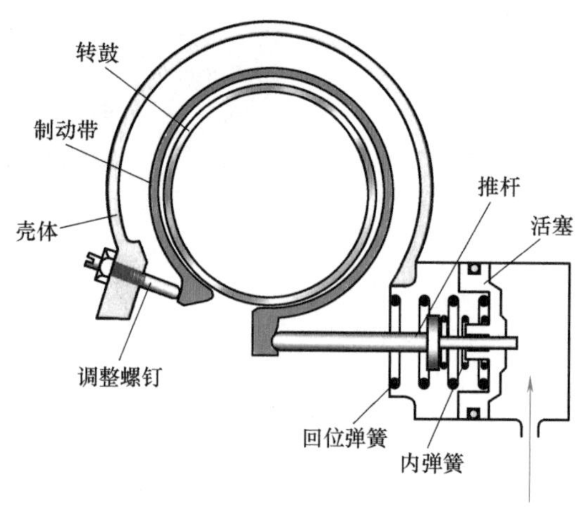

图 2-25 直接作用式制动器的结构

制动时，液压油进入活塞右腔，克服左腔油压和回位弹簧的作用力推动活塞左移，制动带以固定支座为支点收紧。在制动力矩的作用下，制动鼓停止旋转，行星齿轮机构某元件被锁止。随着油压撤除，活塞逐渐回位，制动解除。若仅依靠弹簧张力，则活塞回位速度较慢。目前大多数制动器设置左腔进油道，在右腔撤除油压的同时左腔进油。活塞在油压和回位弹簧的共同作用下回位，可以迅速解除制动。

图 2-26 所示为间接作用式伺服装置。其一端支承于推杆的端部，活塞杆通过杠杆控制推杆的动作。由于采用杠杆结构将活塞作用力放大，制动力矩进一步增大。

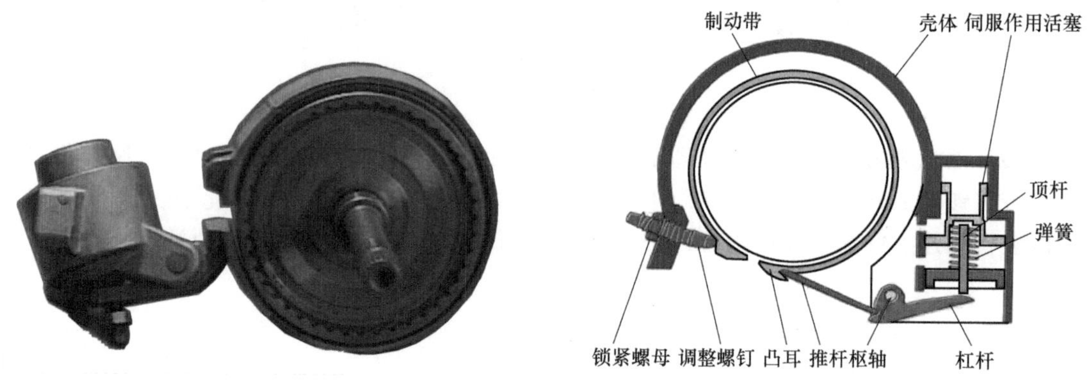

图 2-26 间接作用式伺服装置

3. 单向离合器

单向离合器的作用是在一定条件下固定行星排的某一基本元件。与之相连元件的受力方向与锁止方向相同时，该元件被固定；当受力方向与锁止方向相反时，该元件被放松。单向离合器有滚子式和楔块式两种类型，常用楔块式单向离合器。

楔块式单向离合器如图 2-27 所示，内、外座圈组成的滚道宽度是均匀的，采用不均匀形状的楔块，楔块大端长度大于滚道宽度，在外座圈固定的情况下，内座圈可沿逆时针方向旋转，带动楔块顺时针方向转动。若楔块沿顺时针方向转动，楔块将被卡在内、外座圈之间，单向离合器内座圈锁止。

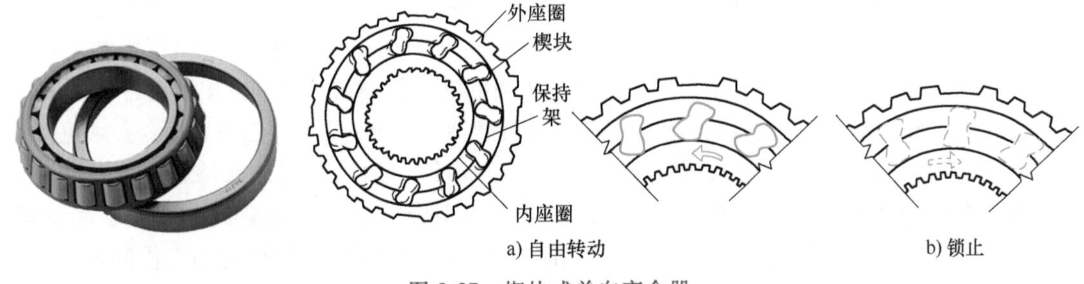

图 2-27 楔块式单向离合器

任务实施

1. 离合器的检修

（1）离合器摩擦片的检修　摩擦片上的沟槽用于存储自动变速器油，沟槽磨平后，自动变速器油就无法进入摩擦片与钢片之间。失去自动变速器油的保护之后，磨损速度会急剧加快，因此沟槽磨平后必须更换。

摩擦表面上有一层保持自动变速器油的含油层。将新拆下来的摩擦片用无毛布将表面擦干，用手轻按摩擦表面时应有较多的自动变速器油溢出。轻按时如果不出油，说明摩擦片含油层（隔离层）已被抛光，无法保持自动变速器油，必须更换。

摩擦衬片上有数字记号，记号磨掉后必须更换衬片。摩擦片出现翘曲变形的必须更换。摩擦片表面发黑（烧蚀）的必须更换。摩擦片表面出现剥落、有裂纹、内花键被拉毛（拉毛容易造成卡滞）、内花键齿掉齿等现象时，都必须更换。

（2）离合器活塞回位弹簧的检查　离合器和制动器回位弹簧中，最易损坏的是低速档、倒档制动器活塞的回位弹簧。它的工作行程和工作压力最大，所以最容易损坏。损坏后弹簧折断、弯曲变形，同时许多折断弹簧散落在弹簧座外边。

离合器活塞回位弹簧工作行程和油压较小，很少损坏。拆卸离合器时，外观上看回位弹簧没有折断、散乱，就不必拆回位弹簧的卡环。回位弹簧主要检查其自由长度，变形、过短、折断的弹簧必须更换。

（3）压盘和从动盘的检查

1）压盘和从动片上的齿要完好，不能拉毛，拉毛易造成卡滞。

2）压盘和从动片表面如有蓝色过热的斑迹，则应放在平台上用高度尺测量其高度。可将两片叠在一起，检查其是否变形。出现变形或表面有裂纹的，必须更换。

（4）活塞工作行程的检查　离合器活塞的工作行程也是离合器的工作间隙，如图 2-28 所示。离合器工作间隙的大小和作用在离合器上的工作压力有关。超速档离合器和前进档离合器的工作间隙为 0.8~1.8mm，高速档、倒档离合器间隙为 1.6 ~ 1.8mm。前者使用极限为 2.0mm，后者使用极限为 2.2mm。

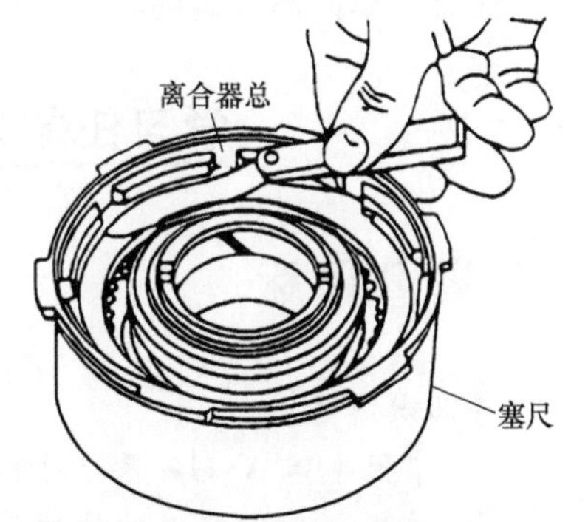

图 2-28 离合器间隙检查

2. 制动器的检修

（1）制动带的调整

1）外观检查：外观上如有缺陷、碎屑、摩擦表面出现不均匀磨损，摩擦材料剥落，摩擦材料上印刷数字部分磨损，或者有掉色、烧蚀痕迹（外观颜色发黑），必须更换制动带。

2）液体吸附能力检查：用无毛布把制动带表面的油渍擦掉后，用手轻按制动带摩擦表面，应能溢出油。如果轻压后，没有油溢出，说明制动带摩擦表面上的含油层已被磨损，必须更换。

3）注意事项：制动带从变速器中拆出后，最好用铁丝加以固定，保持原有形状。在检查和维修过程中严禁将制动带展平、弯曲或扭转，否则会引起摩擦衬套面破裂或表面剥落，严重时还会造成制动带变形，使制动带无法和它固定的部件保持比较均匀的工作间隙。

（2）制动鼓的检查　对于钢板冲压的制动鼓，把钢直尺立在制动鼓的摩擦表面上，检查制动鼓表面的垂直度，如图 2-29 所示。若制动鼓的摩擦表面磨成盘状，会使制动带的制动效能严重削弱，因此磨损变形的制动鼓必须更换。对于铸铁制动鼓，其摩擦表面如有刻痕，可用 180#砂纸沿旋转方向打磨。

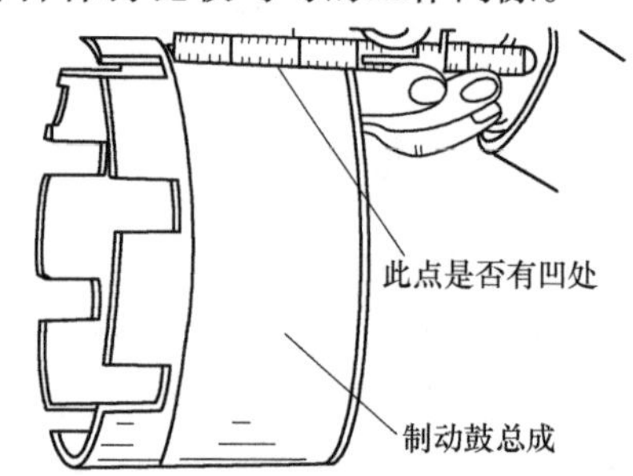

图 2-29　制动鼓的检查

3. 单向离合器的检修

单向离合器若在锁止方向上可以转动，将引起自动变速器打滑、无前进档、无超速档、异响等故障。

（1）常见损失形式及原因

1）单向无锁止：其原因是滚柱或楔块磨损或弹簧失效。

2）卡滞：其原因是滚柱或楔块变形，内、外环保持架破裂、变形等。

内、外环保持架变形、拉伤：其原因是高温、油中有杂质等。

（2）检查方法

1）检查单向离合器的锁止方向。其应在一个方向有效锁止，在反方向可自动转动。若在锁止方向打滑或在自动转动方向发卡，应更换单向离合器。

2）目测检查有无高温变质、受伤变形、拉伤等情况。

3）单向离合器沿运动方向旋转时，其转矩必须小于 2.5N·m，如大于该值，应更换。滚柱式单向离合器不仅装配时严禁击打，安装前也需检查其上、下平面，如发现有凹坑，必须更换。

4）单向离合器中的滚柱滚过凹点时，会因发生卡滞而发出明显的“嗡嗡”声。维修时，可根据“嗡嗡”声出现的时机来判断具体是哪个单向离合器发生了故障。

注意：单向离合器的异响声只出现在节气门松开的状态。

学习任务 2.5　典型行星齿轮系统检修

学习目标

【知识目标】

1. 掌握丰田 A341E 系统结构特征及各档动力传递路线。
2. 掌握大众 01M 系统结构特征及各档动力传递路线。

【能力目标】

能够正确拆装组合式自动变速器。

【素养目标】

1. 培养学生对事负责、与人合作的精神，严谨细致的作风，坚持不懈的奋斗精神。
2. 培养学生爱岗敬业的职业道德意识。
3. 培养学生的安全意识和环保理念。

理论知识

将两个以上的行星排进行组合，选取不同的基本元件作为输入或输出，以及采用执行元件不同的工作方式，可以得到不同类型的行星齿轮变速器。考虑效率的高低、行星齿轮机构的复杂程度，目前常用的自动变速器行星齿轮系统有辛普森式和拉维娜式两种。

1. 辛普森式行星齿轮系统

辛普森式行星齿轮系统是由辛普森式行星齿轮机构和相应的换档执行元件组成的。目前大部分轿车自动变速器都采用辛普森式行星齿轮变速器。其结构特点是由两个内啮合式单排行星齿轮机构组合而成。前、后两个行星排的太阳轮连接为一个整体，称为太阳轮组件；前一个行星排的行星架和后一个行星排的齿圈连接为一个整体，称为前行星架和后齿圈组件；输出轴通常与前行星架和后齿圈连接。因此，该行星齿轮机构成为一种具有 4 个独立元件的行星齿轮机构，这 4 个独立元件是前排齿圈、太阳轮组件、后排行星架以及前行星架和后齿圈组件。

丰田 A341E 自动变速器应用的是典型的辛普森式行星齿轮系统。

(1) A341E 型自动变速器行星齿轮机构结构　A341E 型自动变速器及其行星齿轮机构的结构如图 2-30 所示，各换档执行元件连接关系见表 2-2。

表 2-2　A341E 型自动变速器的换档执行元件连接关系

序号	执行元件名称	符号	连接关系
1	直接档离合器	C_0	连接超速行星排行星齿轮架和太阳轮
2	前进档离合器	C_1	将输入轴与前齿圈连接
3	高速档与倒档离合器	C_2	将输入轴与前、后太阳轮组件连接
4	超速档制动器	B_0	固定超速行星排的太阳轮
5	2 档制动器	B_1	与 2 档单向离合器 F_1 串联固定 F_1 外圈
6	2 档强制制动器	B_2	固定前、后太阳轮组件
7	低速档与倒档制动器	B_3	固定后行星架
8	超速档单向离合器	F_0	阻止超速太阳轮超前行星架转动
9	2 档单向离合器	F_1	B_2 工作时，单向锁止前、后太阳轮组件
10	1 档单向离合器	F_2	与 F_1 并联单向锁止后行星架

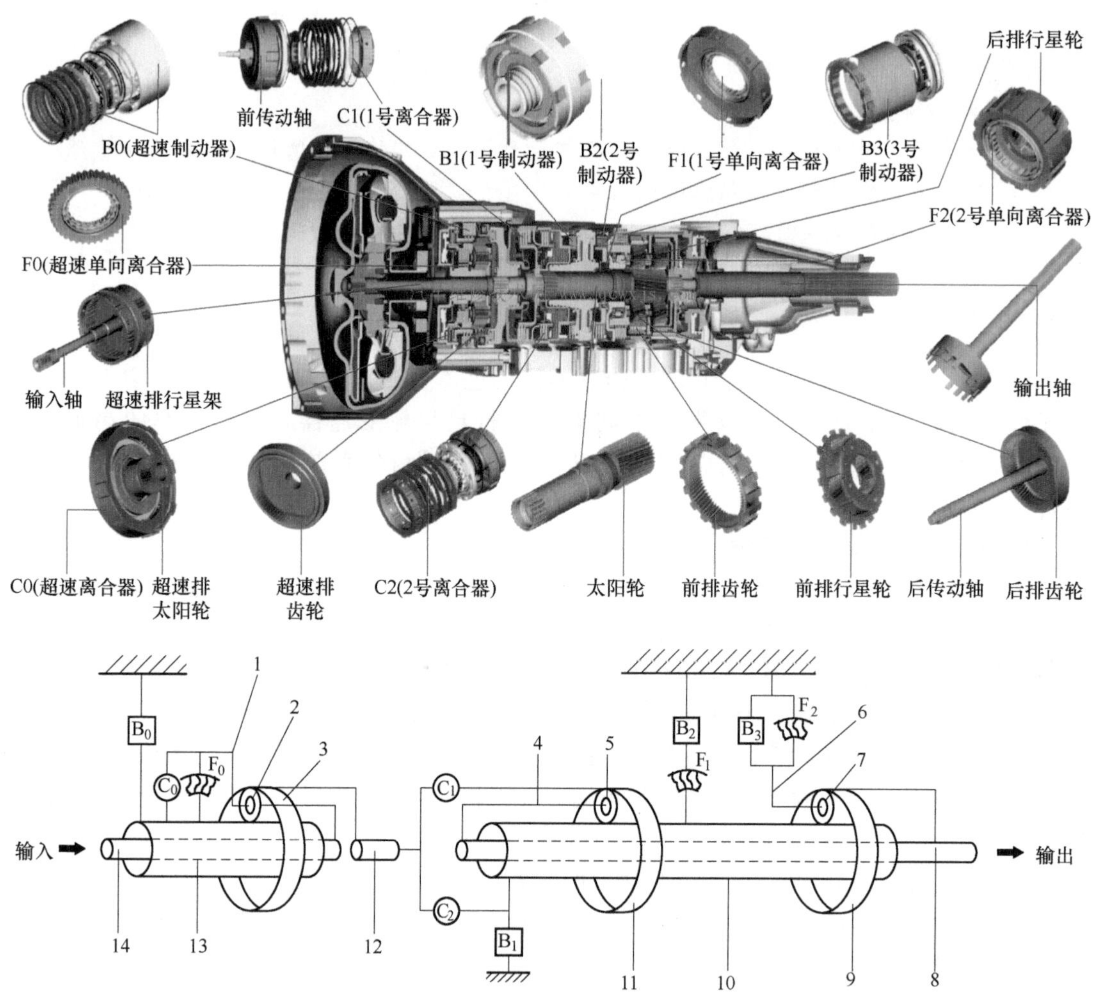

图 2-30 A341E 型自动变速器及其行星齿轮机构的结构

1—超速（OD）行星排行星架 2—超速（OD）行星排行星轮 3—超速（OD）行星排齿圈 4—前行星排行星架 5—前行星排行星轮 6—后行星排行星架 7—后行星排行星轮 8—输出轴 9—后行星排齿圈 10—前后行星排太阳轮 11—前行星排齿圈 12—中间轴 13—超速（OD）行星排太阳轮 14—输入轴

C_0—超速档（OD）离合器 C_1—前进档（1号）离合器 C_2—直接档、倒档（2号）离合器

B_0—超速档（OD）制动器 B_1—2档强制（1号）制动器 B_2—2档制动器 B_3—低、倒档（2号）离合器 F_0—超速档（OD）单向离合器 F_1—2档（1号）单向离合器

F_2—低档（2号）单向离合器

A341E 变速器的换档执行元件工作表见表 2-3。

表 2-3 A341E 变速器的换档执行元件工作表

位置	档位	C_0	C_1	C_2	B_0	B_1	B_2	B_3	F_0	F_1	F_2
P	驻车	○									
R	倒档	○		○				○	○		
N	空档	○									

（续）

位置	档位	C_0	C_1	C_2	B_0	B_1	B_2	B_3	F_0	F_1	F_2
D	1档	○	○						○		○
	2档	○	○				○		○	○	
	3档	○	○	○			●		○		
	4档		○	○	○		●				
2	1档	○	○						○		○
	2档	○	○			○	●		○	○	
L	1档	○	○					○	○		○

注：○表示接合且传递动力，●表示接合但不传递动力。

（2）动力传递路线

1）D位1档。变速器处于1档位置，以D1行驶，其传动如图2-31a所示，传动路线为液力变矩器（顺时针）→超速排输入轴（顺时针）→超速行星架（顺时针）→C_0接合，F_0锁定，超速太阳轮与行星架转速相同，使超速齿圈以相同的转速转动（顺时针）→输入轴（顺时针）→C_1接合，前行星齿圈顺时针转动，此时动力分两路：

① 前行星架与驱动轮，起步前转速为零；前行星轮自转（顺时针）→前、后太阳轮（逆时针）→后行星轮（顺时针），F2接合后行星架被锁死→后齿圈（顺时针）→输出轴。

② 起步后其转速很低，但在前齿圈的驱动下，前行星轮公转（顺时针）→前行星架（顺时针）→输出轴。

当汽车滑行时，即车轮较快而发动机的转速较慢时，后齿圈成为输入轴（顺时针）→后行星轮自转（顺时针）→由于太阳轮的转速较低，后行星轮产生顺时针的公转趋势（脱开啮合）→车轮的动力无法传至发动机（相当于空转）。

2）D位2档。变速器处于2档位置，以D2行驶，如图2-31b所示，传动路线为自动变矩器（顺时针）→超速输入轴（顺时针）→超速行星架（顺时针），C_0、F_0工作（超速排直接档）→超速排齿圈（顺时针）→输入轴（顺时针）→C_1接合→前齿圈（顺时针）→前行星轮（顺时针自转）→太阳轮（逆转趋势）→B_2、F_1共同作用→太阳轮固定→前行星齿轮公转→前行星架（顺时针）→输出轴。

当汽车滑行时，车速较快而发动机的转速较慢时，前行星架使太阳轮发生顺时针方向的转动，无法限制其运动，动力无法传递到发动机，汽车相当于空档滑行。

3）D位3档。变速器处于3档位置，以D3行驶，如图2-31c所示，传动路线为自动变矩器（顺时针）→超速输入轴（顺时针）→超速行星架（顺时针），C_0、F_0工作（超速排直接档）→超速排齿圈（顺时针）→输入轴（顺时针）→C_1、C_2同时接合→前齿圈与太阳轮的转速相同（顺时针）→前行星架以相同的转速运转→输出轴。

4）D位4档（O/D）。变速器处于4档位置，以D4行驶，如图2-31d所示，传动路线为变矩器（顺时针）→超速（O/D）输入轴（顺时针）→超速行星架（顺时针）→B_0接合→超速齿圈（增速顺时针）→输入轴（顺时针）→C_1、C_2同时接合→前齿圈与太阳轮的转速相同（顺时针）→前行星架以相同的转速运转→输出轴。

5）2（S）位各档。自动变速器处于2位，如图2-31e所示，各档行驶时的情况如下：

2位1档传动路线与D 1档完全相同。

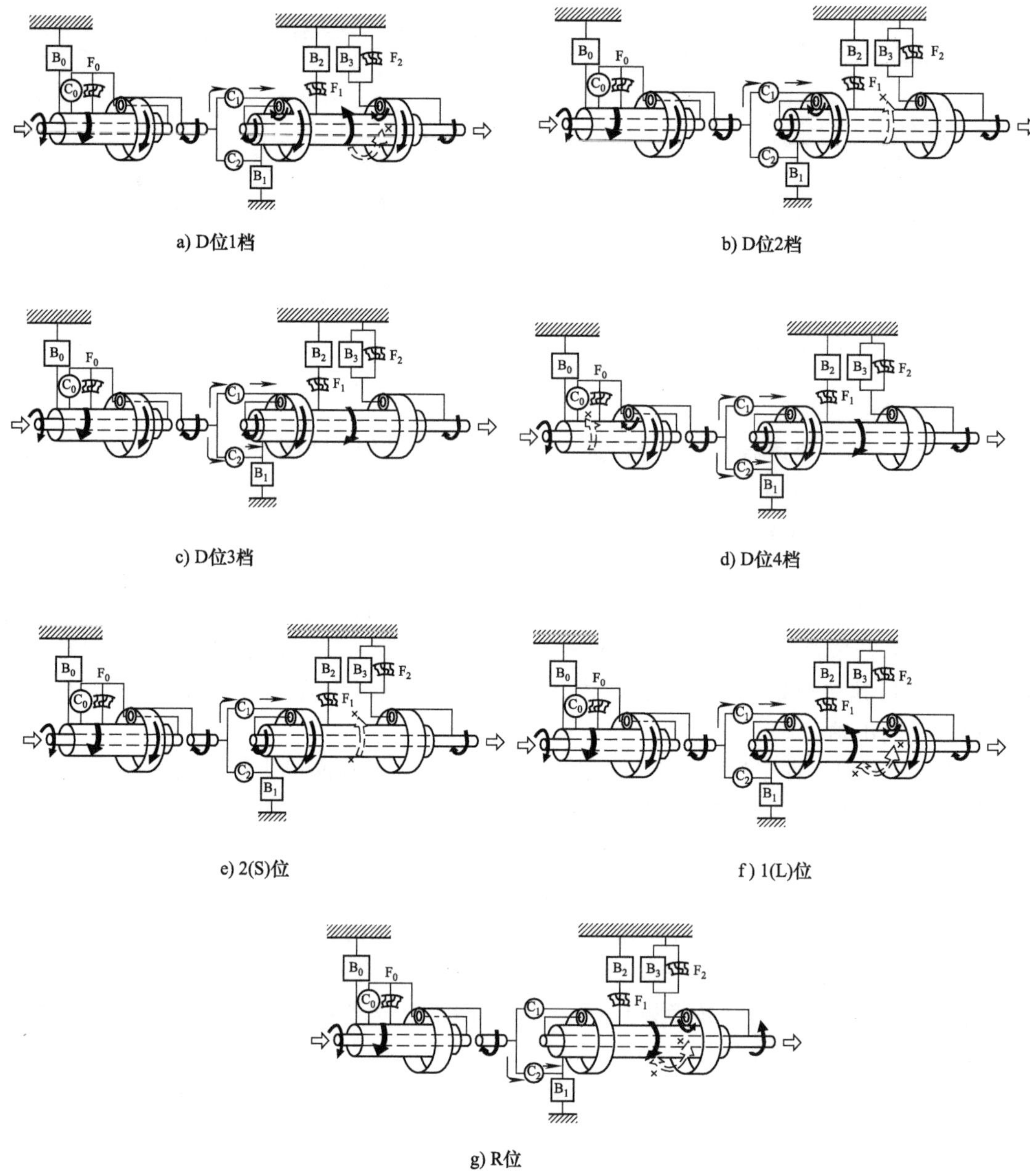

图 2-31 A341E 自动变速器的传动路线

2 位 2 档传动路线与 D 位 2 档基本相同，如图 2-31b 所示。其区别在于 2 位 2 档时 B_1 起作用，与 B_2、F_1 共同作用，使前行星架的太阳轮固定（即不能顺时针转动，也不能逆时针转动）。这样既保证按 2 档传动路线传动，又保证在下坡时对发动机的制动作用。

2 位 2 档具有对发动机制动的功能。当发动机转速低于车轮，行星架的转速高于齿圈，使行星轮有逆转的趋势，太阳轮在行星轮作用下顺转，此时 F_1 不锁，因此应有 B_1 制动太阳轮才有动力传递。动力经过前行星架→前齿圈→C_1→输入轴→超速排→发动机。

6）1（L）位。自动变速器处于 L 位时，如图 2-31f 所示。

L 1 档动力传递路线与 D 1 档传动路线基本相同，其区别在于 L 1 档时 B_3 与 F_2 共同作用固定后行星架，这样既保证按 1 档传动路线传动，又保证下坡时对发动机的制动作用。

7）R 位（倒档） 当自动变速器处于倒档时，如图 2-31g 所示，动力传递路线为自动变矩器（顺时针）→超速输入轴（顺时针）→超速行星架（顺时针），C_0、F_0 工作（超速排直接档）→超速排齿圈（顺时针）→输入轴（顺时针）→C_2 接合→太阳轮（顺时针）→后行星轮（逆时针），由于 B_3 接合，后行星架固定→后行星轮（逆时针自转）→后齿圈（逆时针）→输出轴。

R 位具有发动机制动功能。当发动机速度下降时，由于汽车惯性作用车速不变，输出轴速度高于后齿圈，输出轴带动后齿圈快速转动，但太阳轮转速慢而形成阻力，使后行星架顺转，F_2 失去作用，此时 B_3 作用，后轮力传入发动机带动活塞快移，使车速减慢。

2. 拉维娜式行星齿轮系统

典型的四档拉维娜式行星齿轮系统采用双行星排组合，如大众 01M 型自动变速器。如图 2-32 所示，其结构特点是：一种双排单、双级复合式行星齿轮机构，其前排为单级结构，后排为双级结构，前、后排共用 1 个齿圈和 1 个行星架。在行星架上，外行星轮为长行星轮，与前排大太阳轮啮合；内行星轮为短行星轮，与后排小太阳轮和长行星轮同时啮合。2 个太阳轮能独立旋转，齿圈为动力输出端。通过对大、小太阳轮及行星架的不同驱动和制动组合，组成 4 个前进档和 1 个倒档。

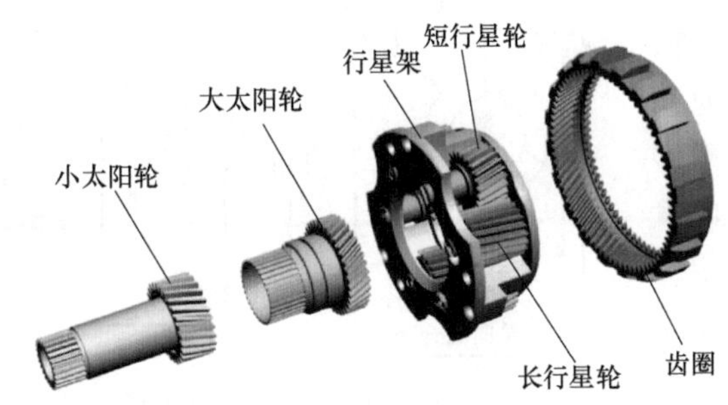

a) 行星齿轮构成

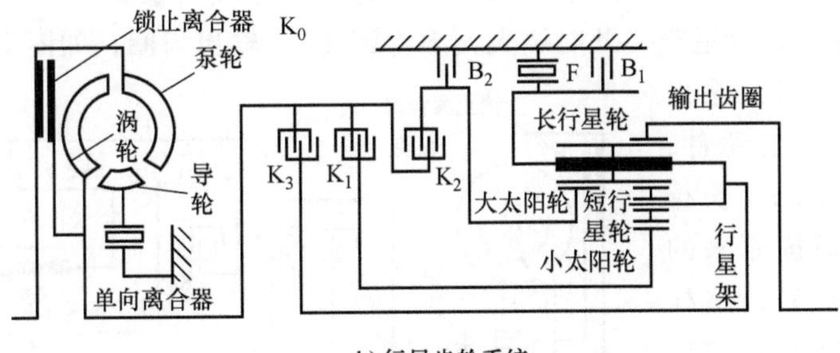

b) 行星齿轮系统

图 2-32 01M 型自动变速器结构

根据能量守恒定律，拉维娜式行星齿轮机构运动规律的特性方程式为

$$n_1-\alpha n_2-(1-\alpha)n_3=0$$

式中，太阳轮、齿圈和行星架的转速分别为 n_1、n_2 和 n_3，齿数分别为 Z_1、Z_2 和 Z_3，α 为

齿圈齿数 Z_2 与太阳轮齿数 Z_1 之比，即 $\alpha=Z_2/Z_1$。

在此机构中，离合器 K_0 是锁止离合器，离合器 K_1 用于驱动小太阳轮，离合器 K_2 用于驱动大太阳轮，离合器 K_3 用于驱动行星架，制动器 B_1 用于制动行星架，制动器 B_2 用于制动大太阳轮，单向离合器 F 用于逆锁行星架。

各档位执行元件的作用见表 2-4。

表 2-4 各档位执行元件的作用

	K_1	K_2	K_3	B_1	B_2	F
P						
R		O		O		
N						
D1	O					O
D2	O				O	
D3	O		O			
D4			O		O	

（1）D 位 1 档　在 D 位 1 档时，离合器 K_1 接合，驱动后排小太阳轮，单向离合器 F 单向制动行星架，则齿圈同向减速输出，其动力传递路线为泵轮→涡轮→离合器 K_1→小太阳轮→短行星轮→长行星轮→输出齿圈，如图 2-33 所示。

D 位 1 档滑行时，输出齿圈由被动件变为主动件，行星架顺时针空转，单向离合器解锁，小太阳轮不干涉发动机的低速运转，因此发动机对滑行无制动作用。

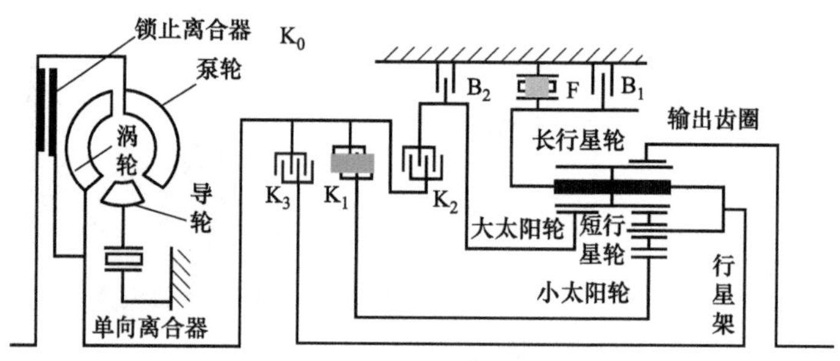

图 2-33　D 位 1 档动力传递路线

（2）D 位 2 档　在 D 位 2 档时，离合器 K_1 接合，驱动后排小太阳轮，制动器 B_2 制动前排大太阳轮，则齿圈同向减速输出，其动力传递路线为泵轮→涡轮→离合器 K_1→小太阳轮→短行星轮→长行星轮（此时绕大太阳轮旋转）→输出齿圈，如图 2-34 所示。

D 位 2 档滑行时，输出齿圈由被动件变为主动件，此时大太阳轮仍制动，长行星轮、短行星轮仍按原来的自转与公转转速旋转，这样小太阳轮被迫带动涡轮按原来的转速旋转，因此发动机对滑行产生制动作用。

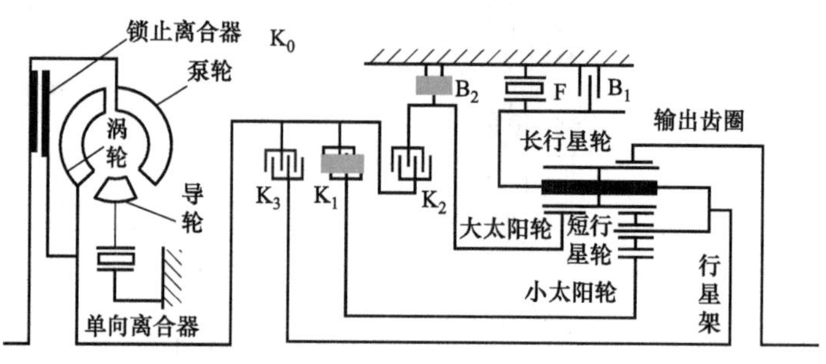

图 2-34　D 位 2 档动力传递路线

（3）D 位 3 档　在 D 位 3 档时，离合器 K_1 接合，驱动后排小太阳轮，离合器 K_3 接合，驱动行星架，因为小太阳轮和行星架同时被驱动，所以行星齿轮机构以一个整体旋转，此时为直接档，其动力传递路线为泵轮→涡轮→离合器 K_1 和 K_3→小太阳轮和行星架→长行星轮→输出齿圈，如图 2-35 所示。

D 位 3 档滑行时，输出齿圈由被动件变为主动件，因为离合器 K_1 和 K_3 仍接合，所以在输出齿圈的带动下，整个行星齿轮机构仍按原来的转速旋转，这样小太阳轮和行星架同时驱动涡轮按原来的转速旋转，因此发动机对滑行产生制动作用。

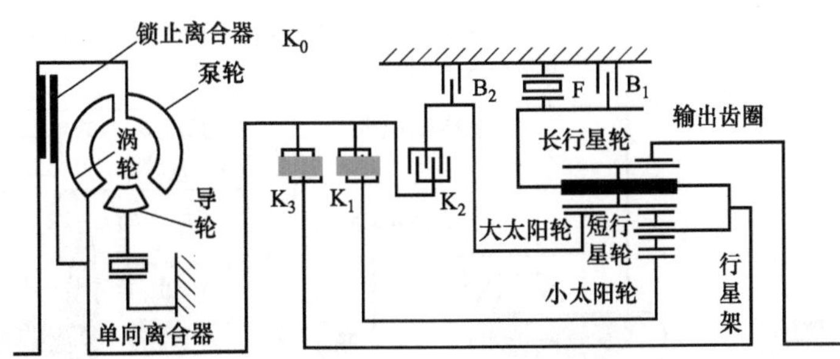

图 2-35　D 位 3 档动力传递路线

(4) D 位 4 档　在 D 位 4 档时，离合器 K_3 接合，驱动行星架，制动器 B_2 制动大太阳轮，则齿圈同向增速输出，此时为超速档，其动力传递路线为泵轮→涡轮→离合器 K_3→行星架→长行星轮（此时绕大太阳轮旋转)→输出齿圈，如图 2-36 所示。

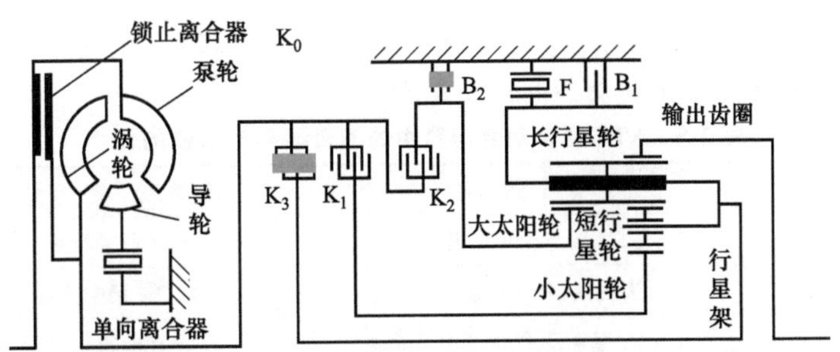

图 2-36　D 位 4 档动力传递路线

D 位 4 档滑行时，输出齿圈由被动件变为主动件，离合器 K_3 仍接合，制动器 B_2 仍制动前排大太阳轮，此时长行星轮由输出齿圈带动按原来的转速自传和公转，并带动行星架和涡轮按原来的转速旋转，因此发动机对滑行产生制动作用。

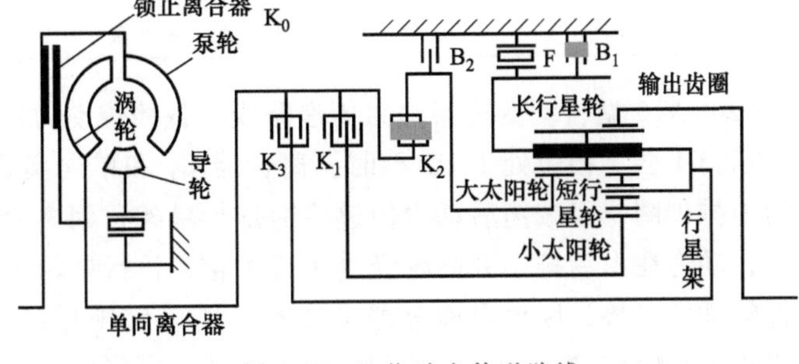

图 2-37　R 位动力传递路线

(5) R 位（倒档）　在倒档时，离合器 K_2 接合，驱动前排大太阳轮，制动器 B_1 制动行星架，则齿圈反向减速输出，其动力传递路线为泵轮→涡轮→离合器 K_2→大太阳轮→长行星轮→输出齿圈，如图 2-37 所示。

3. AT6 自动变速器的结构和动力传递路线

日本爱信公司生产的 AT6 型自动变速器为丰田、欧宝赛欧、别克凯越、雪佛兰景程、福特嘉年华、东风雪铁龙 C5、标致 508 等轿车配套。

(1) AT6 型自动变速器的结构　AT6 型自动变速器是一款 6 速自动变速器，其内部连接如图 2-38 所示，包括 2 排行星齿轮机构，前排行星齿轮机构为只有 1 个太阳轮的辛普森式行星齿轮机构，后排为拉维娜式行星齿轮机构。

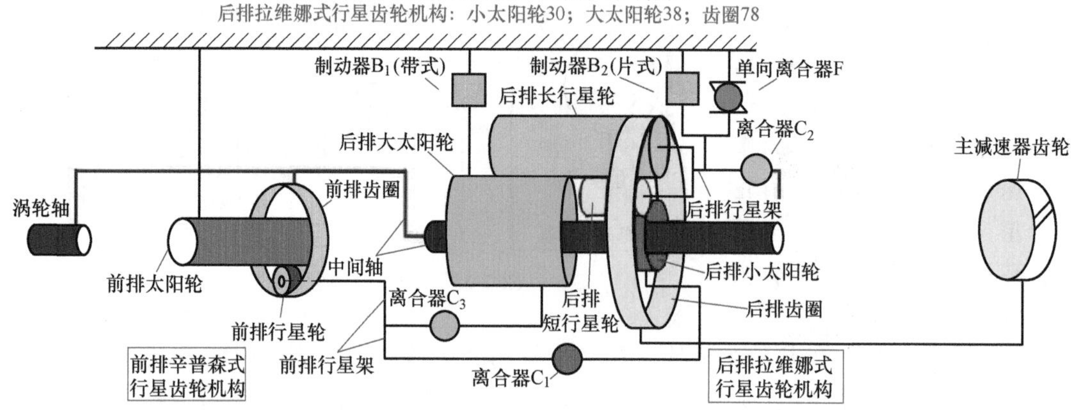

图 2-38　AT6 型自动变速器内部连接

AT6 型自动变速器有 C_1、C_2、C_3 3 个离合器，B_1（带式）、B_2（片式）2 个制动器，1 个单向离合器 F。各离合器和制动器的作用见表 2-5。

表 2-5　AT6 型自动变速器中的离合器和制动器的作用

名称	结构与组成	作用
离合器 C_1	1 个法兰盘,5 个摩擦片,5 个盘	连接前排行星架与后排小太阳轮
离合器 C_2	1 个法兰盘,4 个摩擦片,4 个盘	连接中间轴与后排行星架
离合器 C_3	1 个法兰盘,3 个摩擦片,3 个盘	连接前排行星架与后排大太阳轮
单向离合器 F	滚子式	不允许后排行星架逆时针转动
制动器 B_1	1 个制动带	制动后排大太阳轮
制动器 B_2	2 个法兰盘,5 个摩擦片,4 个盘	制动后排行星架

（2）AT6 型自动变速器动力传递路线　各档位动力传递路线如下所述。

1）D1 档。档位处于 D1 档时，离合器 C_1 和单向离合器 F 工作。涡轮轴将动力直接传递给前排齿圈，经减速后动力传递给前排行星架；因离合器 C_1 工作，动力传递给后排小太阳轮；动力在由后排小太阳轮经过短行星轮、长行星轮传递给后排齿圈时，后排行星架有逆时针转动的趋势，因单向离合器 F 工作，所以后排行星架不能逆时针转动而停止工作，由后排小太阳轮传递的运动，经过后排行星齿轮机构的减速后，传递给后排齿圈和主减速器齿轮输出。D1 档工作时，前排和后排行星齿轮机构都是减速传动。

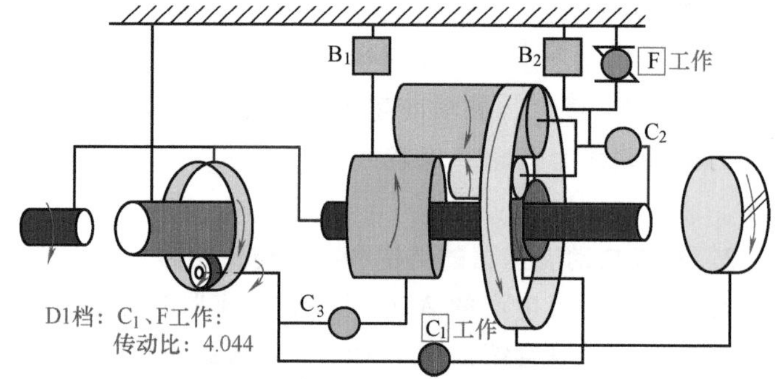

图 2-39　D1 档的动力传递路线

D1 档的动力传递路线如图 2-39 所示：涡轮轴→前排齿圈→前排行星轮→前排行星架→离合器 C_1→后排小太阳轮→短

行星轮→长行星轮→后排齿圈输出动力；因 F 工作，后排行星架不转动，后排大太阳轮逆时针转动。

2）D2 档。档位处于 D2 档时，离合器 C_1 和制动器 B_1 工作。涡轮轴将动力直接传递给前排齿圈，经减速后动力传递给前排行星架；因离合器 C_1 工作，动力传递给后排小太阳轮；动力在由后排小太阳轮经过短行星轮传递给长行星轮时，因制动器 B_1 将后排大太阳轮固定，长行星轮围绕固定的后排大太阳轮顺时针转动时，必然带动后排行星架顺时针转动；同时，长行星轮带动后排齿圈顺时针转动时，后排齿圈输出动力。D2 档工作时，前排和后排行星齿轮机构都是减速传动。

D2 档的动力传递路线如图 2-40 所示：涡轮轴→前排齿圈→前排行星轮→前排行星架→离合器 C_1→后排小太阳轮→短行星轮→长行星轮围绕不转的后排大太阳轮转动→后排齿圈（与 D1 档相比转速提高）输出动力，D2 档时后排行星架顺时针转动。

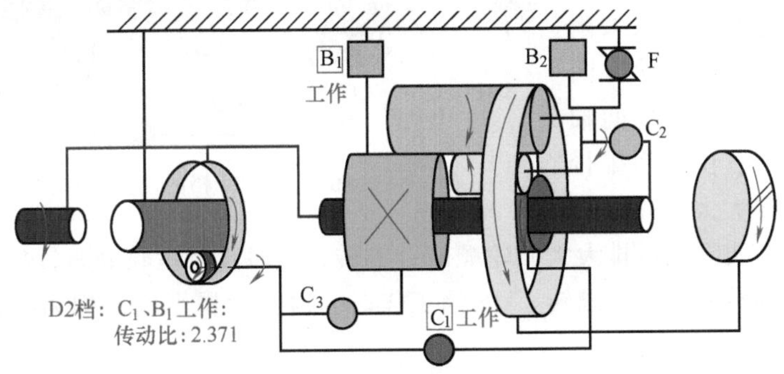

图 2-40 D2 档的动力传递路线

3）D3 档。档位处于 D3 档时，离合器 C_1 和离合器 C_3 工作。涡轮轴将动力直接传递给前排齿圈，经减速后动力传递给前排行星架；因离合器 C_1 和离合器 C_3 工作，动力由前行星架同时传递给后排小太阳轮和后排大太阳轮；由于后排小太阳轮与后排大太阳轮要保持与前排行星架相同的转速，所以后排拉维娜式行星齿轮机构必须抱成一体一起旋转。D3 档工作时，前排行星齿轮机构为减速传动，后排行星齿轮机构为等速传动。

D3 档的动力传递路线如图 2-41 所示：涡轮轴→前排齿圈→前排行星轮→前排行星架→离合器 C_1 和离合器 C_3→后排小行星轮和后排大太阳轮→后排行星齿轮机构抱成一体旋转，由后排齿圈输出动力。

4）D4 档。档位处于 D4 档时，离合器 C_1 和离合器 C_2 工作。涡轮轴将动力直接传递给前排齿圈，经减速后动力传递给前行星架；因离合器 C_1 工作，动力由前行星架传递给后排小太阳轮；因离合器 C_2 工作，动力同时由与涡轮轴直接连接的中间轴传递给后排行星架；由于后排行星架转速高

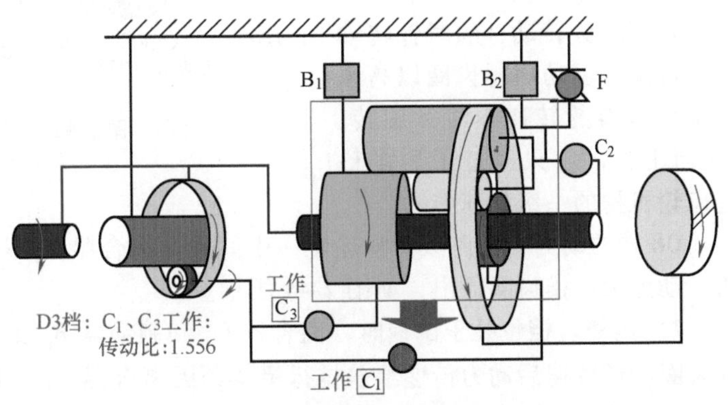

图 2-41 D3 档的动力传递路线

于后排小太阳轮的转速，后排行星架围绕后排小太阳轮顺时针旋转，此时短行星轮顺时针旋转，长行星轮逆时针旋转，后排齿圈以低于后排行星架的转速顺时针旋转。D4 档工作时，前排行星齿轮机构为减速传动，后排行星齿轮机构为加速传动。

D4 档的动力传递路线为涡轮轴
→中间轴→离合器C_2→后排行星架
→前排齿圈→前排行星轮→前排行星架→离合器C_1→后排小太阳轮→短行星轮
→长行星轮→后排齿圈，如图 2-42 所示。

5）D5 档。档位处于 D5 档时，离合器 C_2 和离合器 C_3 工作。涡轮轴将动力直接传递给前排齿圈，经减速后动力传递给前行星架；因离合器 C_2 工作，动力由前行星架传递给后排大太阳轮；因离合器 C_2 工作，动力同时由与涡轮轴直接连接的中间轴传递给后排行星架；由于后排行星架转速高于后排大太阳轮的转速，所以后排行星架围绕后排大太阳轮顺时针旋转，此时长行星轮顺时针旋转，后排齿圈以高于后排行星架的转速顺时针旋转。D5 档工作时，前排行星齿轮机构为减速传动，后排行星齿轮机构为加速传动。

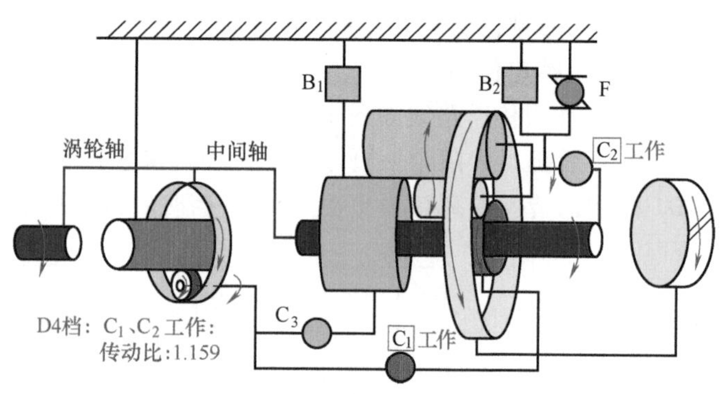

图 2-42 D4 档的动力传递路线

D5 档的动力传递路线为涡轮轴
→中间轴→离合器C_2→后排行星架
→前排齿圈→前排行星轮→前排行星架→离合器C_3→后排大太阳轮
→长行星轮→后排齿圈，如图 2-43 所示。

6）D6 档。档位处于 D6 档时，离合器 C_2 和制动器 B_1 工作。因离合器 C_2 工作，涡轮轴将动力经过中间轴直接传递给后排行星架；因 B_1 制动器固定了后排大太阳轮，所以后排行星架带动长行星轮围绕不转的后排大太阳轮顺时针转动，顺时针转动的长行星轮驱动后排齿圈以高于后排行星架的转速顺时针旋转。D6 档工作时，只经过了后排行星齿轮机构的一级加速传动。

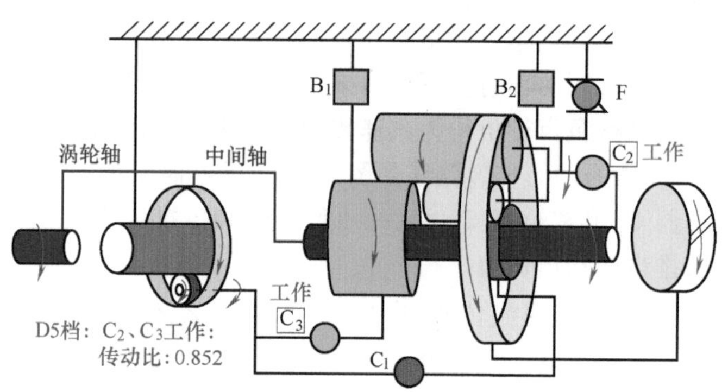

图 2-43 D5 档的动力传递路线

D6 档的动力传递路线为涡轮轴→中间轴→离合器 C_2→后排行星架→长行星轮→后排齿圈，动力由后排齿圈输出，如图 2-44 所示。

7）倒档。档位处于倒档时，离合器 C_3 和制动器 B_2 工作。涡轮轴将动力直接传递给前排齿圈，经减速后动力传递给前排行星架，因离合器 C_3 工作，前排行星架将动力传递给后排大太阳轮；因制动器 B_2 工作，固定了后排行星架，后排大太阳轮驱动长行星轮逆时针转动，长行星轮驱动后排齿圈逆时针转动。倒档工作时，经过了前排行星齿轮机构和后排行星齿轮机构的二级减速，且主、从动件转向相反。

倒档的动力传递路线为涡轮轴→中间轴→离合器 C_3→后排大太阳轮→长行星轮→后排齿圈，动力由后排齿圈输出，如图 2-45 所示。

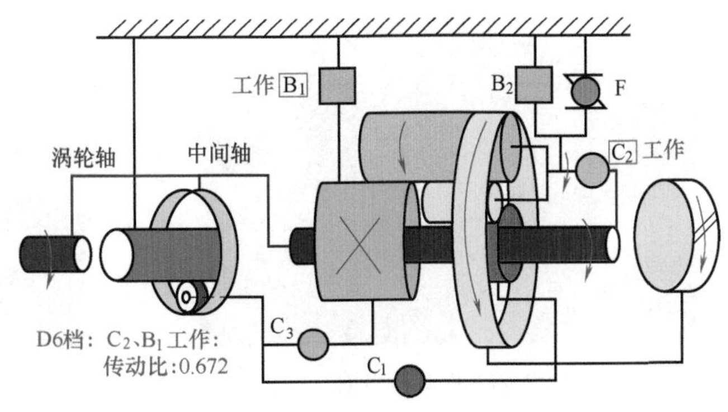

图 2-44　D6 档的动力传递路线

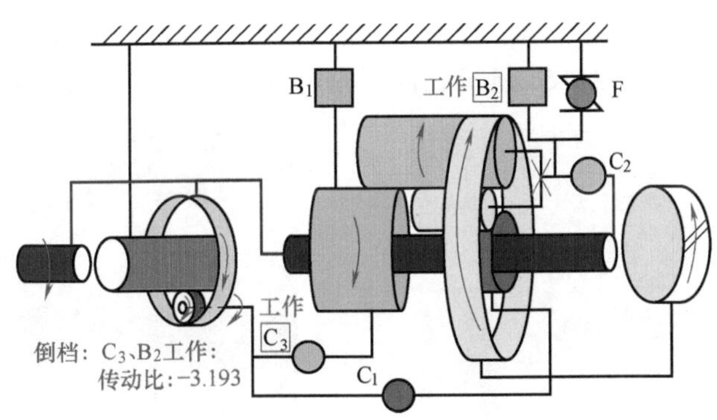

图 2-45　倒档的动力传递路线

任务实施

自动变速器 A341E 拆装

丰田 A341E 自动变速器拆装步骤如下：

步骤 1：拆下变速器前壳体。如图 2-46 所示，拆下固定变速器前壳体的螺钉，取下变速器前壳体。

步骤 2：拆下后壳体。如图 2-47 所示，卸下固定后壳体的螺钉，使用铜棒和锤子敲击并拆下后壳体。

步骤 3：拆卸输出轴。如图 2-48 所示，从壳体内取出输出轴。

步骤 4：拆下油底壳。如图 2-49 所示，拆下固定油底壳的 19 颗螺钉。注意，不要损坏变速器壳体和油底壳之间的密封胶以及油底壳。

图 2-46　拆下变速器前壳体

图 2-47　拆下后壳体

图 2-48 拆卸输出轴

图 2-49 拆下油底壳

步骤 5：拆下滤清器。如图 2-50 所示，用 T 形扳手取下固定滤清器上的 3 个螺钉，取下滤清器。

步骤 6：拆卸阀体。如图 2-51 所示，拆下固定阀体的 20 个螺钉，拆下阀体。

图 2-50 拆下滤清器

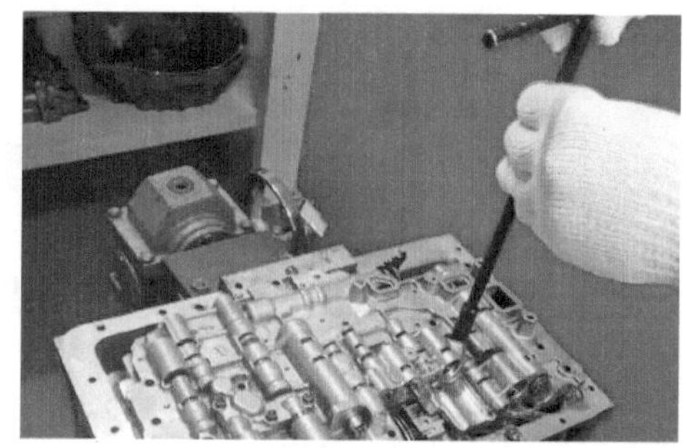
图 2-51 拆卸阀体

步骤 7：拆卸油泵。如图 2-52 所示，旋转变速器台架，使油泵垂直朝上，拆卸固定油泵的 7 个螺钉，在油泵的专用螺钉孔上拧上螺钉，取下油泵。

步骤 8：拆卸超速传动行星齿轮排。如图 2-53 所示，从变速器壳体内取出超速传动直接离合器和超速传动行星齿轮排，取下齿圈。

图 2-52 拆卸油泵

图 2-53 拆卸超速传动行星齿轮排

步骤 9：拆卸超速传动制动器压盘摩擦片和钢片。如图 2-54 所示，取下 5 个钢片和 5 个摩擦片。

步骤 10：拆卸超速传动支座总承。如图 2-55 所示，使用专用工具取下超速传动支座总承。

步骤 11：拆卸离合器 C_1、C_2。如图 2-56 所示，拆下离合器 C_1、离合器 C_2。

步骤 12：拆卸前排行星轮齿圈。如图 2-57 所示，从壳体内拆下前排行星轮齿圈。

图 2-54 拆卸超速传动制动器压盘摩擦片和钢片

图 2-55 拆卸超速传动支座总承

步骤 13：拆卸前排行星轮。如图 2-58 所示，从壳体内取出行星轮。

步骤 14：拆卸太阳轮和单向离合器 F_1。如图 2-59 所示，从壳体内取出太阳轮和单向离合器 F_1。

步骤 15：拆卸制动器 B_2 压盘摩擦片和钢片。如图 2-60 所示，取出 5 个摩擦片 5 个钢片。

步骤 16：如图 2-61 所示，拆卸活塞传动套。

步骤 17：如图 2-62 所示，拆卸制动器 B_2、B_3 和后行星排。

步骤 18：按与拆卸相反的顺序进行安装。

图 2-56 拆卸离合器 C_1、C_2

图 2-57 拆卸前排行星轮齿圈

图 2-58 拆卸前排行星轮

图 2-59 拆卸太阳轮和单向离合器 F_1

图 2-60 拆卸制动器 B_2 压盘摩擦片和钢片

图 2-61 拆卸活塞传动套

图 2-62 拆卸制动器 B_2、B_3 和后行星排

学习任务 2.6 液压控制系统检修

学习目标

【知识目标】

1. 掌握自动变速器液压控制系统的组成及各部分的作用。
2. 掌握自动变速器主油路调压阀的作用。
3. 掌握自动变速器换档阀的工作原理。

【能力目标】

1. 能够拆卸液压控制阀板。
2. 能够检查自动变速器油。
3. 能够完成油压测试、失速实验。

【素养目标】

1. 培养学生对事负责、与人合作的精神，严谨细致的作风，坚持不懈的奋斗精神。
2. 培养学生爱岗敬业的职业道德意识。
3. 培养学生的安全意识和环保理念。

理论知识

自动变速器的自动控制是靠液压控制系统完成的，如图 2-63 所示。液压控制系统由动力源、执行机构和控制机构 3 部分组成。

动力源是由液力变矩器泵轮驱动的液压泵，除了向控制机构、执行机构供给液压油实现换档外，还向液力变矩器提供冷却补偿油、向行星齿轮变速器提供润滑油。

执行机构包括各离合器、制动器的液压缸。其功用是在控制油压的作用下实现离合器的接合和分离、制动器的制动和松开动作，以便得到相应的档位。

控制机构包括阀体和各种阀，主要有主调压阀、副调压阀、手动阀、换档阀、节气门阀、强制降档阀等。

液压控制系统还包括一些辅助装置，如用于防止换档冲击的蓄能器、单向阀等。

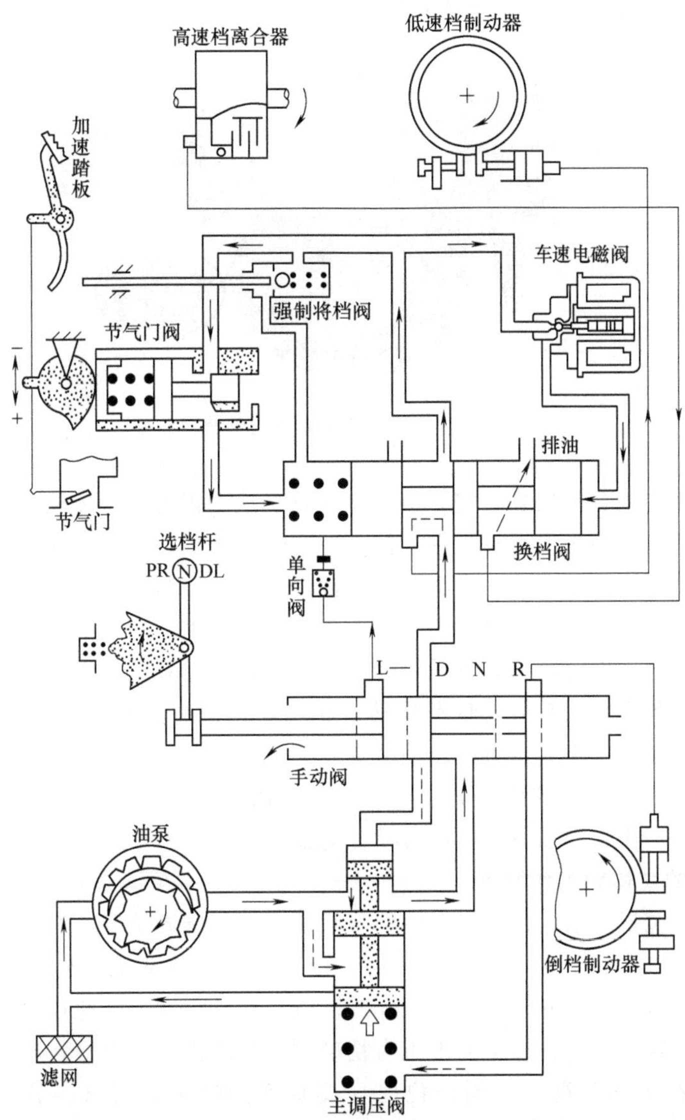

图 2-63　液压控制系统的基本组成

液压控制系统的工作过程：液压泵将自动变速器油从自动变速器油底壳中泵出来、加压，并经过主调压阀的调压，形成具有一定压力的自动变速器油，一般称为主油压（或管道压力）。通过主油压分别产生与节气门开度和车速成正比的节气门油压和速控油压。节气门油压和速控油压作用在换档阀上，以控制换档阀的动作。主油压经过手动阀后作用在各换档阀上，换档阀的动作切换油道，使经过手动阀的主油压作用到不同的换档执行元件（离合器、制动器）以得到不同的档位。主油压还作用在副调压阀上，并把自动变速器油分别送到油冷却器进行冷却、送到机械变速器相应元件处进行润滑以及送到液力变矩器作为液力变矩器的工作介质。

1. 动力源

动力源是被液力变矩器泵轮驱动的油泵，位于液力变矩器和行星齿轮系统之间，如

图 2-64 所示，其主要有齿轮泵、转子泵和叶片泵 3 种。

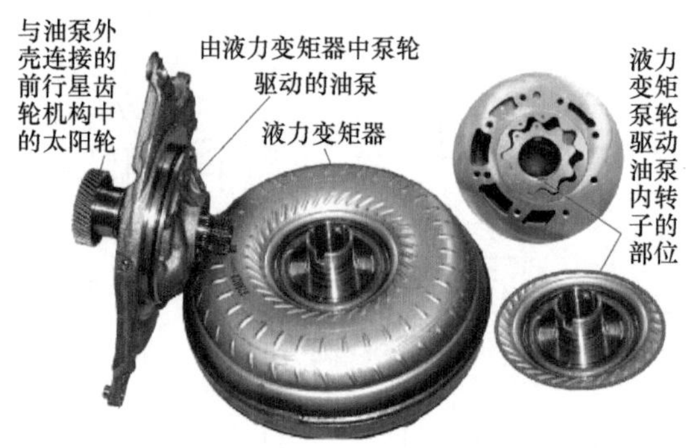

图 2-64 油泵的安装位置与内啮合齿轮泵

常用的油泵为内啮合齿轮泵，主要由主动齿轮、从动齿轮、月牙板、壳体等组成。主动齿轮为外齿轮，从动齿轮为内齿轮，在壳体上有一个月牙板，把主、从动齿轮不啮合的部分隔开，并形成两个工作腔，分别为进油腔和出油腔。进油腔与泵体上的进油口相通，出油腔与泵体上的出油口相通。主动齿轮内径上有两个对称的凸键，与液力变矩器后端油泵驱动毂的键槽或平面相配合。因此，只要发动机转动，油泵便转动并开始供油。

油泵在工作过程中，主动齿轮带动从动齿轮转动，在齿轮脱离啮合的一端（进油腔），容积不断变大，产生真空吸力，将液压油从油底壳经滤网吸入油泵。在齿轮进入啮合的一端（出油腔），容积不断减小，油压升高，把液压油从出油腔挤压出去。这样，油泵不断地运转，形成了具有一定压力的油液，供给自动变速器工作。

2. 控制机构的结构和工作原理

控制机构主要包括主油路系统、换档信号系统、换档阀系统等。

（1）主油路系统 液压油从油泵输出后，即进入主油路系统。油泵是由发动机直接驱动的，输出流量和压力均受发动机运转状况的影响，变化很大。因此在主油路系统中必须设置主油路调压阀，其作用是将油泵输出压力精确调节到所需值后再输入主油路。

主油路系统在不同工况、不同档位时，具有不同油压的要求：节气门开度较小时，自动变速器所传递的转矩较小，执行机构中的离合器、制动器不易打滑，主油路压力可以降低；当发动机节气门开度较大时，因传递的转矩增大，为防止离合器、制动器打滑，主油路压力要升高。汽车在低速档行驶时，所传递的转矩较大，主油路压力要高；在高速档行驶时，自动变速器传递的转矩较小，可以降低主油路油压，以减小油泵运转阻力。倒档的使用时间较少，为减小自动变速器尺寸，倒档执行机构做得较小，为避免出现打滑，需提高操纵油压。

1）主调压阀。主调压阀通常采用阶梯形滑阀，如图 2-65 所示。它由上部的阀芯、下部的柱塞套筒及调压弹簧组成。在阀芯的上部，受到来自油泵的液压力作用；柱塞下部受到来自节气门油压作用，以及调压弹簧的作用力。共同作用的平衡决定了阀体所处的位置。

若液压泵压力升高，作用在阀芯处向下的液压力大，推动阀体下移，出油口打开，油泵输出的部分油液经出油口排回到油底壳，使工作油压力被调整到规定值。当加速踏板踩下

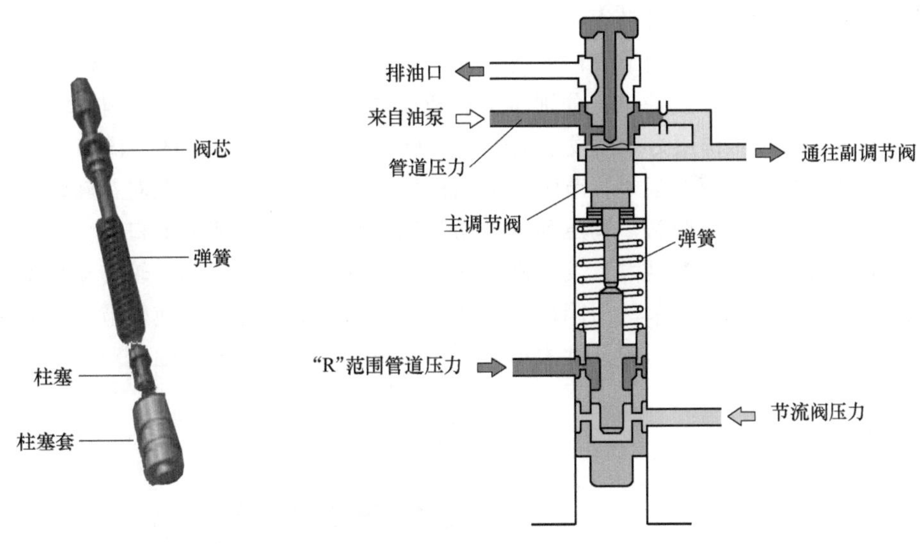

图 2-65 主调压阀

时，发动机转速增大，油泵转速随之加快，由油泵产生的液压力升高，向下的液压作用力增大。但在此时，节气门控制油压也增大，使柱塞下部处向上的作用力增大，于是主调压阀继续保持平衡，满足了发动机功率增大时主油路油压增大的要求。

倒档时，手动阀打开另一条油路，将液压油引入主调压阀柱塞处，使向上推动阀体的作用力增大，阀芯上移，出油口被关小，主油路压力增大，从而获得高于“D”“2”“L”等前进档位的管路压力。

2）次调压阀。次调压阀又称为副调压阀、第二调压阀，其组成如图 2-66 所示。其作用是调节液力变矩器油压和润滑油压。来自主油路的液压油经次调压阀调压后流向锁止阀再流向变矩器，并经次调压阀阀体自身的小孔流向各润滑表面，同时经节流孔作用在次调压阀阀体端部与弹簧力相平衡。当主油路油压升高时，作用在次调压阀阀体上端的压力增大，克服弹簧力，推动阀体下移，使润滑油压增大，主油路油压越高，阀体下移量越大，润滑油压越大，以满足大负荷对润滑的要求。若主油路油压过高，阀体下移量增大，泄油，以保证液力变矩器安全工作。

（2）换档信号系统　换档信号系统为自动变速器提供与发动机负荷和车速相对应的控制油压。与发动机负荷相关的换档信号阀主要是机械式节气门阀。机械式节气门阀随节气门开度大小而改变输出油压力，输出油压的高低是自动换档的一个信号。

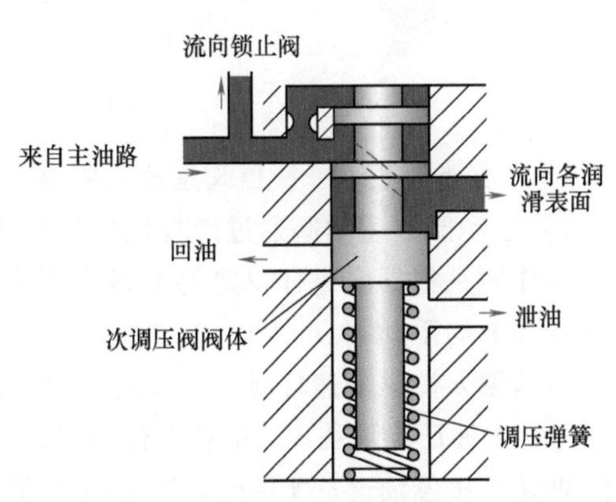

图 2-66 次调压阀的组成

如图 2-67 所示，节气门阀由上部的节气门阀体、复位弹簧，下部的强制低速档柱塞和调压弹簧组成。阀体和强制低速档柱塞不直接接触，通过调压弹簧连接在一起。强制低速档柱塞下端装有滚轮，与节气门阀凸轮接触。节气门阀凸轮经钢丝缆绳与加速踏板相连。

来自液压泵的液压油由节气门阀的进油口进入，经阀口节流后，从出油口接至换档阀。节气门阀上还有两个控制油口，分别与来自断流阀的油压及出油口油压相通，使阀体在 A、B 处受到向下的液压作用力。当发动机怠速运行时，阀上进油口处的节流口开度很小，输出的油压很低。踩下加速踏板时，节气门缆绳被拉动，节气门凸轮作顺时针转动，将强制低速档柱塞上推，压缩调压弹簧。调压弹簧推动节气门阀体向上，使节流口开大，节气门阀输出油压增大。加速踏板行程越大，发动机节气门开度越大，节气门阀凸轮转动角度也越大，强制低速档柱塞上移越多，节气门阀体向上移动越多，节流口越大，使得节气门阀输出的油压越大，从而使发动机节气门的开度大小与自动变速器节气门阀输出油压对应。

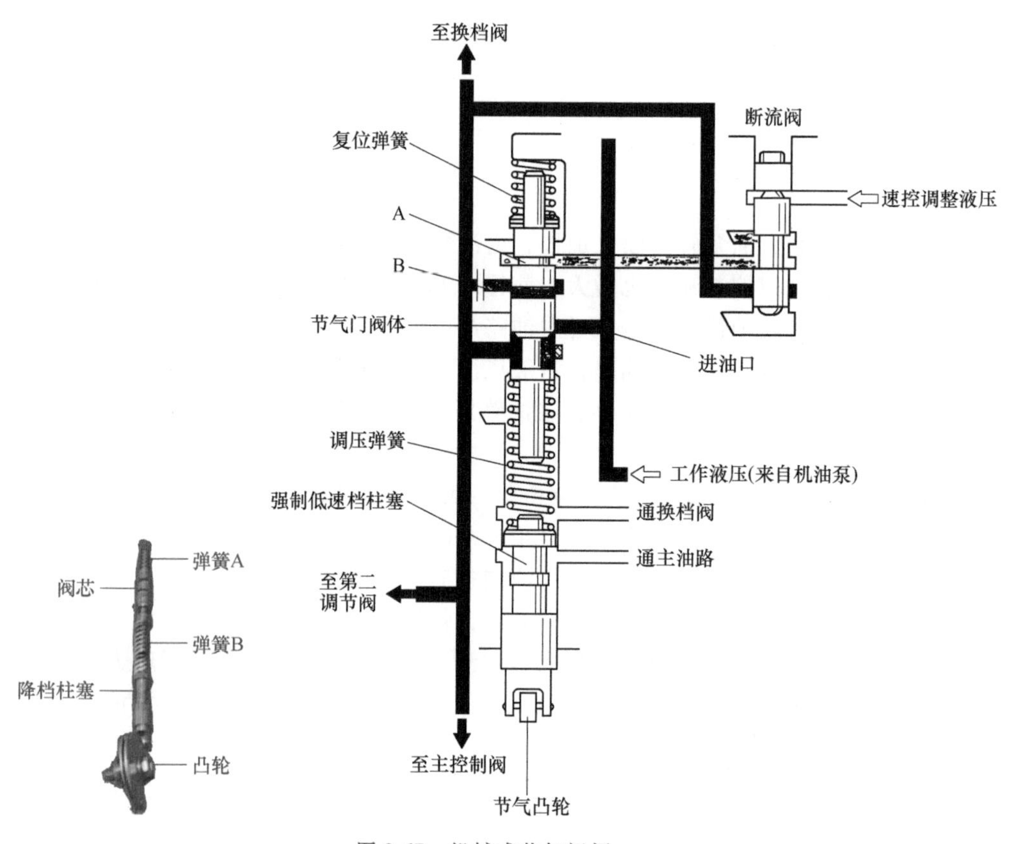

图 2-67 机械式节气门阀

（3）换档阀系统 换档阀系统主要由手动阀、换档阀和强制降档阀组成。

1）手动阀。手动阀通过连杆机构与变速杆相连，驾驶人操纵变速杆可以带动手动阀移动，其作用是根据变速杆位置的不同依次将管路压力导入相应各档油路。图 2-68 所示为某自动变速器的手动阀。

当驾驶人操纵变速杆时，手动阀会移动，使主油压通往不同的油道。例如，变速杆置于 P 位时，主油压会通往 P、R 和 L 位油道；变速杆置于 R 位时，主油压会同时通往 P、R 和 L 位油道与 R 位油道；N 位时，手动阀会将主油压进油道切断，使得不会有主油压通往各换档阀；变速杆置于 D 位时，主油压会通往 D、2 和 L 位油道。

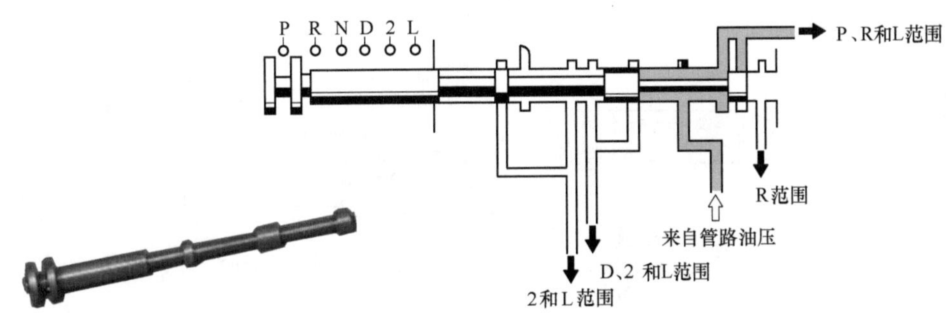

图 2-68　手动阀

2）换档阀。换档阀的功用是根据换档控制信号或油压切换档位油路，以实现两个档位的转换。换档阀直接与换档控制元件（离合器、制动器）相通。当换档阀动作后，会切换相应的油道以便给相应档位的离合器和制动器供油，得到所需要的档位。换档阀的数量与自动变速器前进档的数量有关。一般四档自动变速器需要 3 个换档阀，即 1–2 档换档阀、2–3 档换档阀和 3–4 档换档阀。1–2 档换档阀如图 2-69 所示。

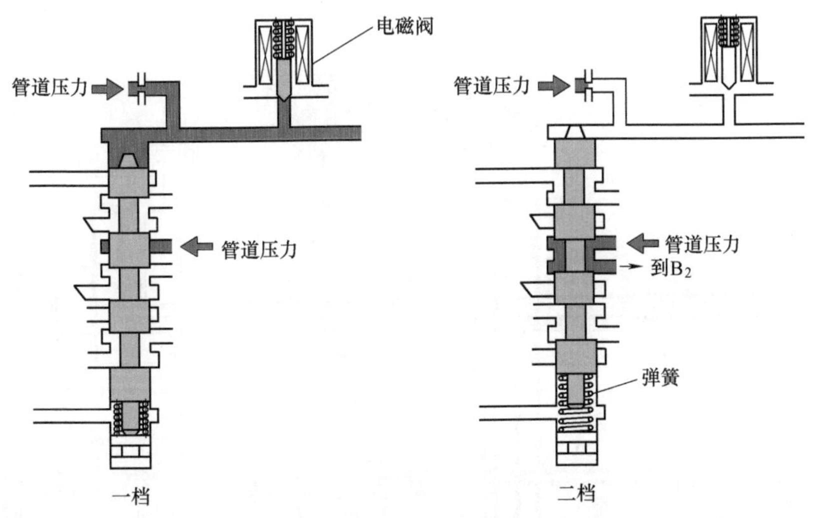

图 2-69　1–2 档换档阀

3）强制降档阀。强制降档阀用于节气门全开或接近全开时，强制性地将自动变速器降低 1 个档位，以获得良好的加速性能。

强制降档阀主要有两种类型，一种类似于节气门阀，由控制节气门阀的节气门拉索和节气门阀凸轮控制其工作。当节气门开度超过 85%时，节气门拉索通过节气门阀凸轮推动强制降档阀，使之打开一个通往各个换档阀的油路。该油路的液压油作用在换档阀上，迫使换档阀移至低档位置，使自动变速器降低 1 个档位。强制降档阀的结构如图 2-70a 所示。

另一种强制降档阀是一种电磁阀，由安装在加速踏板上的强制降档开关控制，如图 2-70b 所示。当节气门开度超过 85%时，强制降档开关闭合，使强制降档电磁阀通电，电磁阀作用在阀杆上的推力消失，阀芯在弹簧弹力的作用下右移，打开油路，主油路液压油进入换档阀的左端（作用着节气门油压的一端），强迫换档阀右移，让自动变速器降低 1 个档位。

a) 由节气门拉索控制　　b) 由电磁阀控制

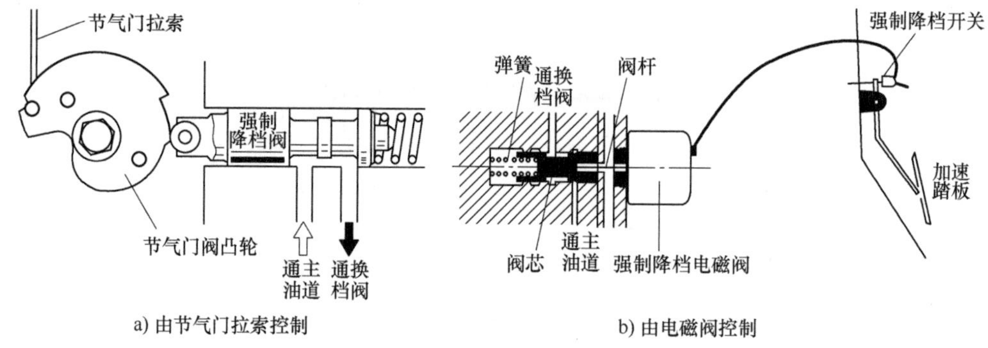

图 2-70　强制降档阀

3. 典型液压控制系统

丰田车系 A341E 自动变速器液压控制油路如图 2-71 所示，各档位油路如下。

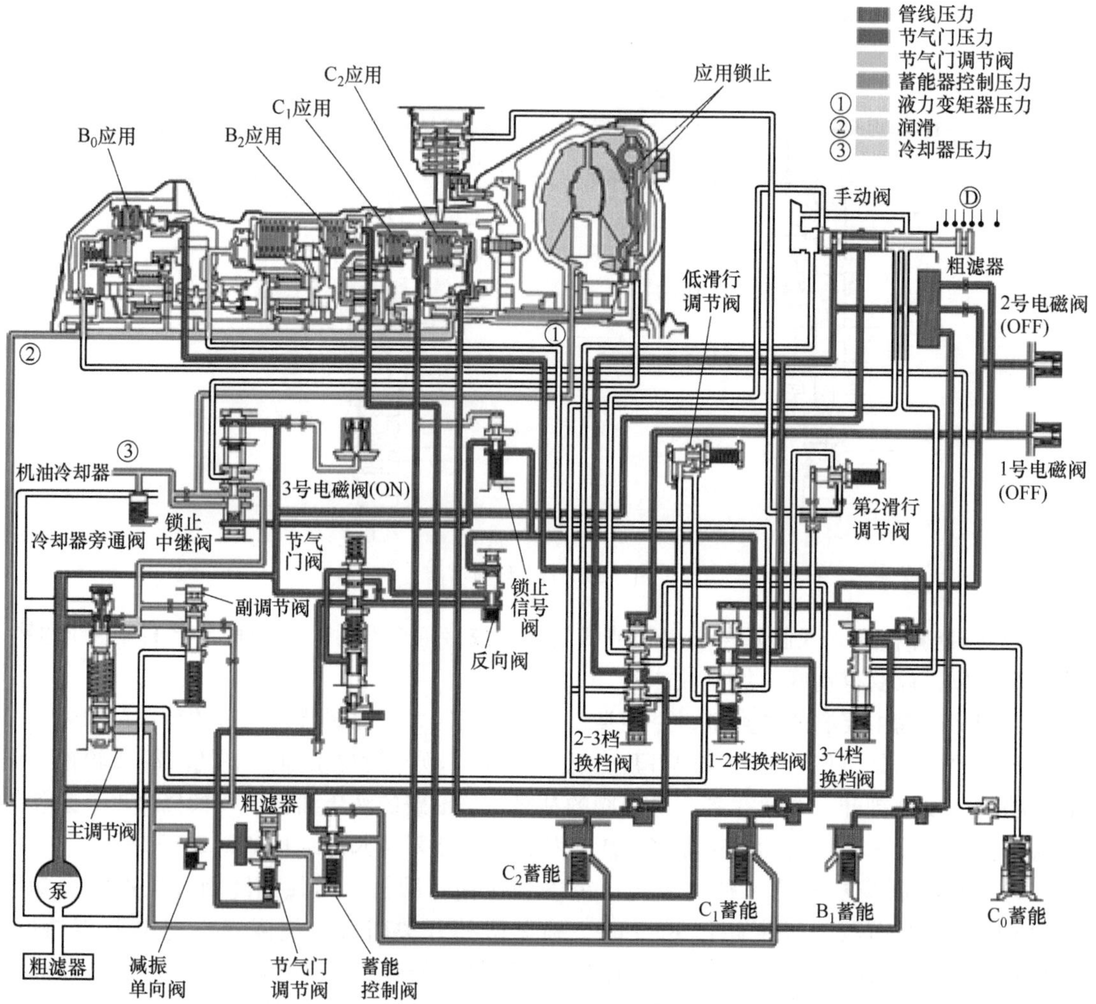

图 2-71　丰田车系 A341E 自动变速器液压控制油路

（1）D1 档的油路（1 号电磁阀通、2 号电磁阀断、3 号电磁阀断）　D1 档时，离合器 C_0 与 C_1 工作。

C_0 的油路：主调节阀→3-4 档换档阀→C_0 离合器。

C_1 的油路：主调节阀→手动阀→C_1 离合器。

（2）D2 档的油路（电磁阀 1 号电磁阀通、2 号电磁阀通、3 号电磁阀断）　D2 档时，离合器 C_0、C_1 与制动器 B_2 工作。

C_0 的油路：主调节阀→3-4 档换档阀→C_0 离合器。

C_1 的油路：主调节阀→手动阀→C_1 离合器。

B_2 的油路：主调节阀→手动阀→1-2 档换档阀→B_2 制动器。

（3）D3 档的油路（1 号电磁阀断、2 号电磁阀通、3 号电磁阀断）　D3 档时，离合器 C_0、C_1、C_2 工作。

C_0 的油路：主调节阀→3-4 档换档阀→C_0 离合器。

C_1 的油路：主调节阀→手动阀→C_1 离合器。

C_2 的油路：主调节阀→2-3 档换档阀→C_2 离合器。

（4）D4 档的油路（1 号电磁阀断、2 号电磁阀断、3 号电磁阀断）　D4 档时，制动器 B_0 和离合器 C_1、C_2 工作。

B_0 的油路：主调节阀→3-4 档换档阀→B_0 制动器。

C_1 的油路：主调节阀→手动阀→C_1 离合器。

C_2 的油路：主调节阀→2-3 档换档阀→C_2 离合器。

（5）R 档的油路（1 号电磁阀通、2 号电磁阀断、3 号电磁阀断）　R 档时，离合器 C_0、C_2 和制动器 B_3 工作。

C_0 的油路：主调节阀→3-4 档换档阀→C_0 离合器。

C_2 的油路：主调节阀→2-3 档换档阀→C_2 离合器。

B_3 的油路：主调节阀→手动阀→1-2 档换档阀→B_3 制动器。

任务实施

1. 检查自动变速器油量

自动变速器油量需要控制在标准范围以内，如图 2-72 所示。油量的具体检测方法是当自动变速器油温在 30~50℃ 时，使用 A/T 液位计的“COOL”（冷）范围检查 ATF 液面高度，具体步骤如下：

1）将车辆停放在水平地面上，设置驻车制动。

2）起动发动机，至正常工作状态后怠速运转。

3）将变速杆在各档位移动，并在每个档位上保持 3~5s，最后将变速杆置于 P 位。

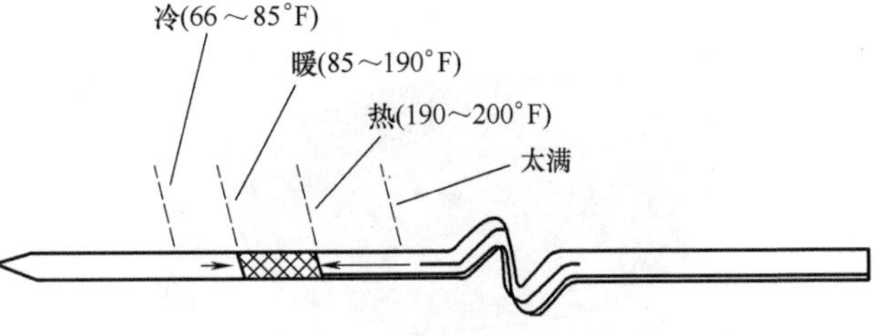

图 2-72　自动变速器油量的检查

4）自动变速器油处在 50~80℃ 时，使用 A/T 液位计的热态“HOT”（热）范围检查 ATF 液面高度。

5）若自身带有机油尺，则在热态下，液面应达到中上线。若自身不带机油尺，则需拆下放油螺塞并观察油液流出情况：若有多余油液流出，则需添加；若有大量油液流出，说明添加过量，需放出一部分，保证在拆下放油螺塞后有少量持续的油液流出即可。

2. 组装油泵

1）用干净的汽油清洗油泵的所有金属零件，如图 2-73 所示，在清洗后的零件上涂少许ATF，如图 2-74 所示。

图 2-73　清洗油泵

图 2-74　涂 ATF

2）在油泵前端盖上装入新的油封，如图 2-75 所示。

3）更换所有 O 形密封圈，并在新的 O 形密封圈上涂 ATF，如图 2-76 所示。

4）在油泵后端轴颈上的密封环槽内涂上 ATF 油，安装新的尼龙密封环，如图 2-77 所示。

5）检查油泵运转性能：将组装后的油泵插入变矩器中，转动油泵，油泵齿轮转动应平顺，无异响。若不平顺，可能有杂质夹在端面或力矩不正确。若转动有异响，则更换。

图 2-75　装入新的油封

图 2-76　更换 O 形密封圈

6）按照对称交叉的顺序依次拧紧油泵盖螺栓，如图 2-78 所示，拧紧力矩为 10N · m。

图 2-77　安装新的尼龙密封环

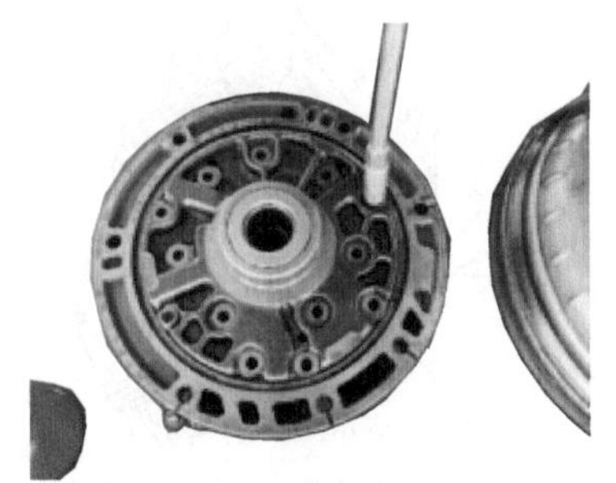

图 2-78　拧紧油泵盖螺栓

职业规范

像拧紧螺栓工序，正常应该用手拧紧 2~3 圈，再用螺栓枪拧紧，若是为了省事直接用螺栓枪拧紧，容易导致滑丝，影响质量。因此，应按照操作规范拧紧螺栓。看到别人做错时也应主动提醒、纠正。

3. 更换自动变速器阀体总成

1）准备工作：断开蓄电池负极连接，拆去变速器油尺以及发动机下护板，放出 ATF。

2）拆下自动变速器油底壳：拆下油底壳上的 11 个螺栓及衬垫，如图 2-79 所示。

3）拆下油底壳中的磁铁：拆下油底壳中的磁铁，如图 2-80 所示。检查油底壳中的碎屑，有钢屑（有磁性）则一般磨损部位有轴承、齿轮及离合器片磨损；有铜屑（无磁性）则一般磨损部位为轴承套磨损。

4）拆下粗滤器及其附件：拆去粗滤器，从粗滤器上拆下 O 形密封圈。拆卸阀体上的电磁阀线束、ATF 温度传感器、手动锁止弹簧，如图 2-81 所示。

5）拆下阀板总成：拆下螺栓及阀体总成，如图 2-82 所示。注意：不要使阀体和蓄能器活塞坠落。

6）拆下换档电磁阀：拆下换档电磁阀。

7）安装：安装过程按与拆卸过程相反的顺序进行。

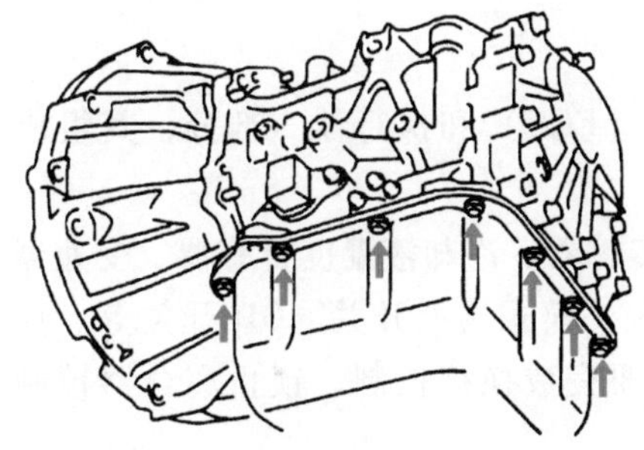

图 2-79　拆下自动变速器油底壳

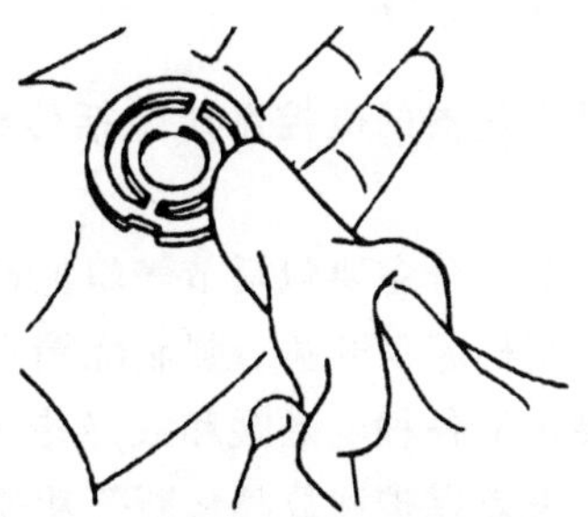

图 2-80　拆下油底壳中的磁铁

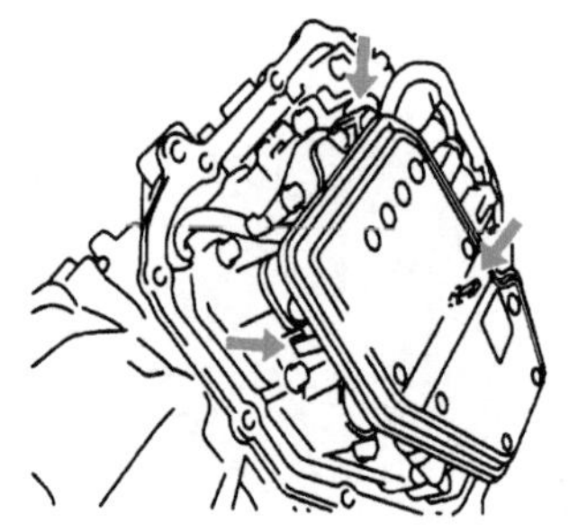

图 2-81　拆下粗滤器及其附件

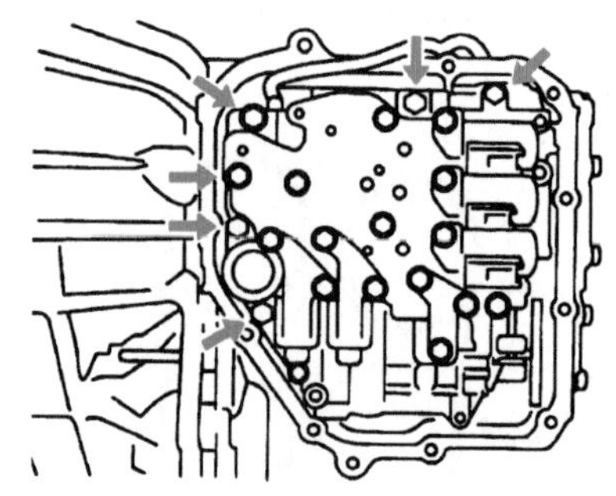

图 2-82　拆下阀板总成

学习任务 2.7　电控系统检修

学习目标

【知识目标】

1. 掌握自动变速器电控系统的组成及各部分的作用。
2. 掌握电磁阀的分类及工作原理。
3. 掌握自动变速器的换档控制原理。
4. 掌握 ECU 的失效保护功能。

【能力目标】

1. 能够正确检修各类传感器的故障。
2. 能够正确检修各类电子控制阀的故障。
3. 能够正确读取故障码。

【素养目标】

1. 培养学生对事负责、与人合作的精神，严谨细致的作风，坚持不懈的奋斗精神。
2. 培养学生不断向上的敬业精神和诚实守信、吃苦耐劳的职业品质。
3. 培养学生的安全意识和环保理念。

理论知识

自动变速器的电控系统包括传感器、电控单元（ECU）和执行器 3 部分，其组成如图 2-83 所示。

传感器部分主要包括节气门位置传感器、车速传感器、冷却液温度传感器、变速器油温传感器、空档起动开关、强制降档开关、制动灯开关、模式选择开关、OD 开关等。执行器部分主要包括各种电磁阀和故障指示灯等。ECU 主要完成换档控制、锁止离合器控制、油压控制、失效保护和故障诊断等功能。

1. 输入信号

（1）节气门位置传感器　节气门位置传感器有多种类型，装用自动变速器的汽车通常采用线性可变电阻型的节气门位置传感器。这种节气门位置传感器由一个线性电位计和一个怠速开关组成，如图2-84所示。节气门轴带动线性电位计及怠速开关的滑动触点。节气门关闭时，怠速开关接通；节气门开启时，怠速开关断开。当节气门处于不同位置时，电位计的电阻不同。这样，节气门开度的变化被转变为电阻或电压信号输送给ECU。ECU通过节气门传感器可以获得表示节气门所有开启角度的连续变化的模拟信号以及节气门开度的变化速率，以作为其控制不同行驶条件档位变换的主要依据。

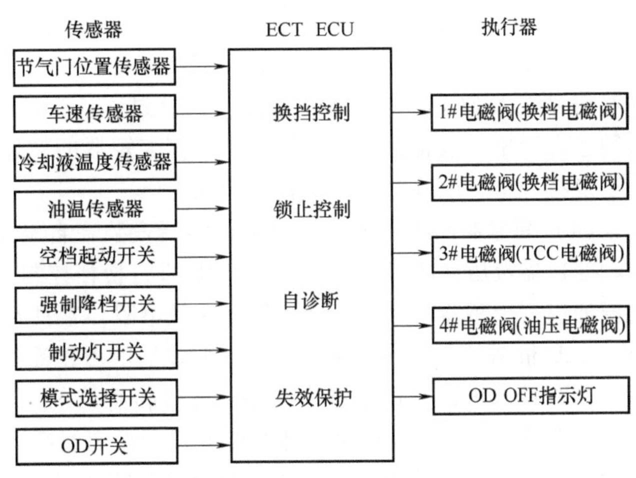

图2-83　电控系统组成

（2）车速传感器　常用的车速传感器有电磁式、舌簧开关式、光电式3种。常用的电磁式车速传感器工作原理如图2-85所示。电磁式车速传感器主要由永久磁铁、电磁感应线圈、转子等组成。转子一般安装在变速器输出轴上，永久磁铁和电磁感应线圈安装在变速器壳体上，如图2-85c所示。当输出轴转动时，转子也转动，转子与传感器之间的空气间隙发生周期性变化，使电磁感应线圈中的磁通量发生变化，从而产生交流感应电压，如图2-85b所示，并输送给ECU。ECU根据交流感应电压脉冲频率大小计算车速，并以此控制自动变速器的换档。

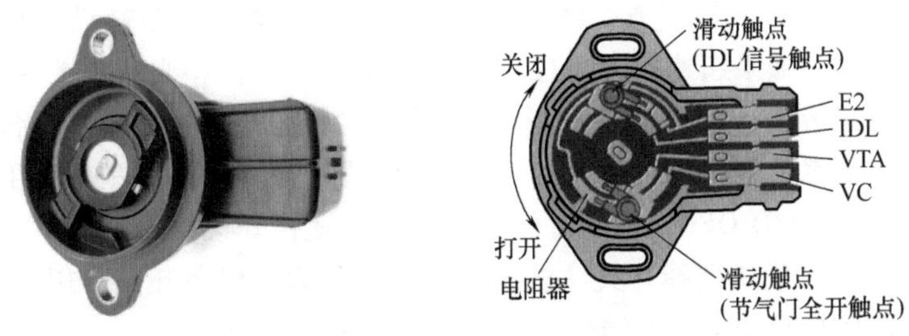

图2-84　节气门位置传感器

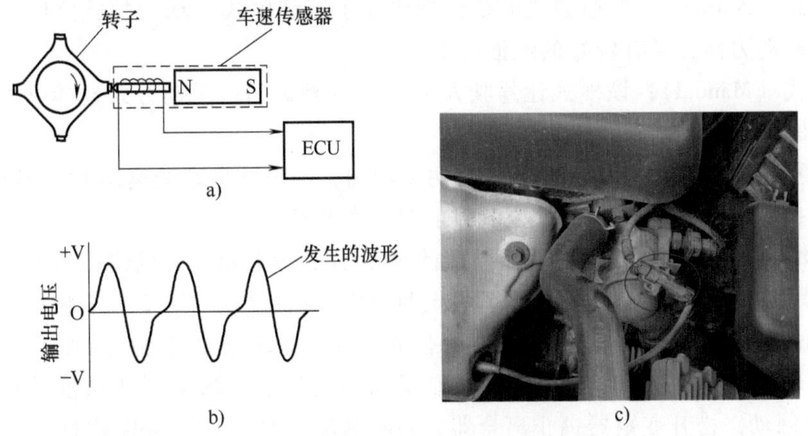

图2-85　电磁式车速传感器的工作原理

（3）输入轴转速传感器　输入轴转速传感器安装在行星齿轮变速器的输入轴（液力变矩器涡轮输出轴）附近或与输入轴连接的离合器鼓附近的壳体上，用于检测输入轴的转速，并将信号送入 ECU，以更精确地控制换档过程。它还作为变矩器涡轮的转速信号，与发动机转速即变矩器泵轮转速进行比较，计算变矩器的转速比，以优化锁止离合器的控制过程，减小换档冲击，改善汽车的行驶平顺性。

（4）变速器油温传感器　油温传感器安装在自动变速器油底壳内的阀板上，用于检测自动变速器液压油的温度，以作为 ECU 进行换档控制、油压控制和锁止离合器控制的依据。液压油温度传感器内部是一个半导体热敏电阻，它具有负温度电阻系数，温度越高，电阻越小。ECU 根据其电阻的变化测出自动变速器的液压油的温度。

（5）冷却液温度传感器　冷却液温度传感器的信号不仅用于发动机的控制，还用于自动变速器的控制。当发动机冷却液温度低于设定温度（如 60℃）时，发动机 ECU 会发送一个信号给自动变速器 ECU，以防止自动变速器换入超速档，同时锁止离合器不能工作。当发动机冷却液温度过高时，自动变速器 ECU 会使锁止离合器工作以帮助发动机降低冷却液的温度，防止变速器过热。

（6）超速档开关　超速档开关安装在自动变速器操纵手柄上，用于控制自动变速器的超速档。如果超速档开关打开，变速杆处于 D 位，则自动变速器随着车速的提高而升档时，可升到最高档（即超速档）；开关关闭时，无论车速怎样高，自动变速器最多升至次高档。

在驾驶室仪表板上，有“O/D OFF”指示灯显示超速档开关的状态。当超速档开关打开时，“O/D OFF”指示灯熄灭，而当超速档开关关闭时，“O/D OFF”指示灯亮起。

（7）模式选择开关　模式选择开关又称为程序开关，用于选择自动变速器的控制模式，即选择自动变速器的档位，以满足不同的使用要求。

经济模式（Economy）：该模式以汽车获得最佳燃油经济性为目标设计换档规律。当自动变速器在经济模式下工作时，其换档规律使汽车在行驶过程中，发动机经常在经济转速范围内运转，降低了燃油消耗。发动机转速相对较低时会换入高速档，即提前升档，延迟降档。

动力模式（Power）：该模式以汽车获得最大动力性为目标设计换档规律。其换档规律使汽车在行驶过程中，发动机经常处在大转矩、大功率范围内运行，提高了汽车的动力性能和爬坡能力。只有发动机转速较高时，才能换入高速档，即延迟升档，提前降档。

普通模式（Normal）：普通模式的换档规律介于经济模式与动力模式之间，它使汽车既保证了一定的动力性，又有较好的燃油经济性。

手动模式（Manual）：该模式让驾驶人可在 1~4 档之间以手动方式选择合适的档位，却不必在换档时踩离合器踏板。

（8）空档起动开关　空档起动开关有两个功用，一是给自动变速器 ECU 提供档位信息，二是保证只有变速杆置于 P 位或 N 位时才能起动发动机。

如图 2-86 所示，当变速杆置于不同的档位时，仪表盘上相应的档位指示灯会亮。当 ECU 的端子 N、2 或 L 与端子 E 接通时，ECU 便分别确定变速器位于 N、2 或 L 位；否则，ECU 便确定变速器位于 D 位。只有当变速杆置于 P 位或 N 位时，端子 B 与 NB 接通，使发动机起动。

（9）制动灯开关　制动灯开关安装在制动踏板支架上，踩下制动踏板时开关接通，通知 ECU 已经制动，松开变矩器锁止离合器，同时制动灯亮。它还可以防止当驱动轮制动抱死时，发动机突然熄火。

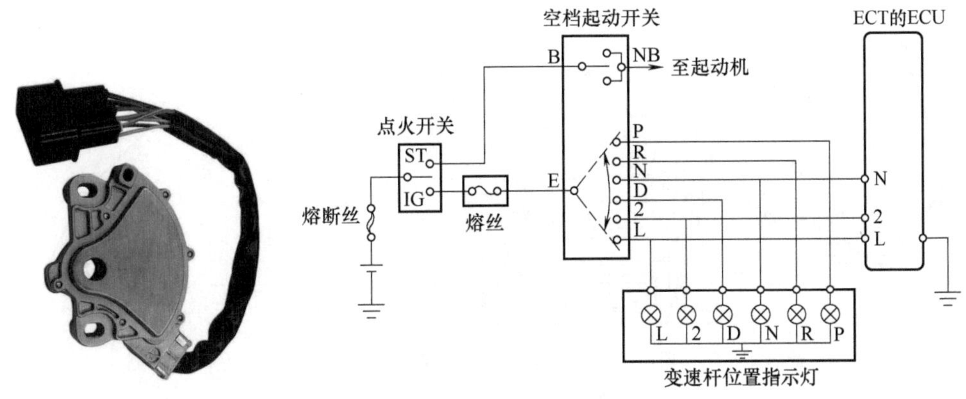

图 2-86　空档起动开关及其电路

2. 输出装置

电控自动变速器中典型的输出装置是电磁阀，分为换档电磁阀、压力控制电磁阀和占空比电磁阀。

(1) 换档电磁阀　如图 2-87 所示，换档电磁阀采用球阀结构。当螺旋线圈通电时，电流产生磁力场，强制中央的柱塞克服弹簧力向右移动，迫使钢球位于阀座上，使阀门关闭，这样控制口油压和泄油口隔离。当电磁阀断电时，弹簧力强制中央的柱塞回到左侧的位置，钢球脱离阀座，控制口油压和泄油口相通，控制口处于泄压状态。通过两位两通电磁阀的通/断电的变化实现换档阀位置变化，从而实现档位的升降。

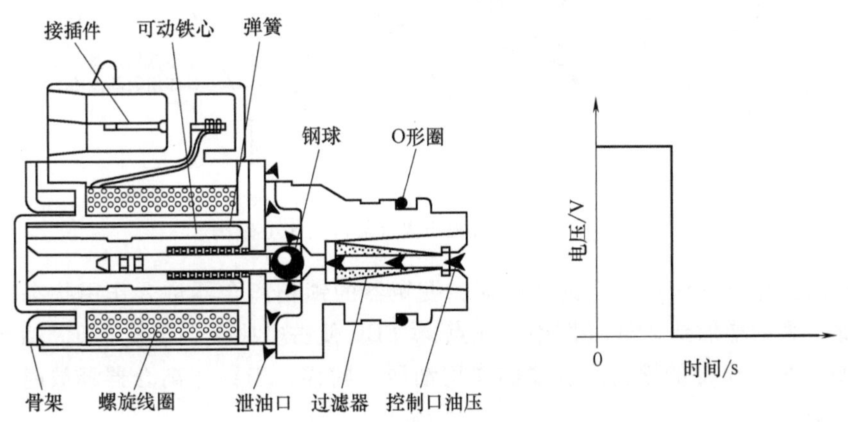

图 2-87　换档电磁阀的结构

电液式控制系统换档阀的工作完全由换档电磁阀控制，其控制方式有两种：一种是加压控制，即通过开启或关闭换档阀控制油路进油孔控制换档阀的工作；另一种是泄压控制，即通过开启或关闭换档阀控制油路泄油口控制换档阀的工作。

(2) 压力控制电磁阀　压力控制电磁阀是一种精确的电子压力调节器，如图 2-88 所示。它根据流经螺旋线圈的电流大小控制变速器的主回路油压。当电流增大时，由线圈产生的磁力场推动柱塞克服弹簧力进一步离开泄油口。通过增大电流，可增大泄油口的开度，减小输出油压。

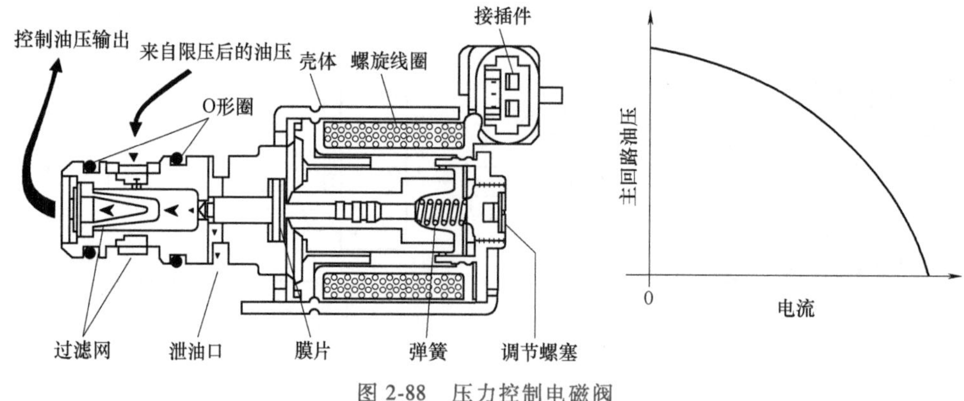

图 2-88 压力控制电磁阀

（3）占空比电磁阀 图 2-89 所示为变矩器锁止离合器（TCC）占空比电磁阀的结构。变矩器锁止离合器的占空比电磁阀接收的是一种周期变化的信号。当断电时，和泄油口隔离，控制口油压比较高。当通电时，和泄油口相通，控制口油压迅速下降。由于电磁阀的通/断电都是在瞬间完成的，因此通过改变占空比的不同比率，实现控制口不同油压的调节。

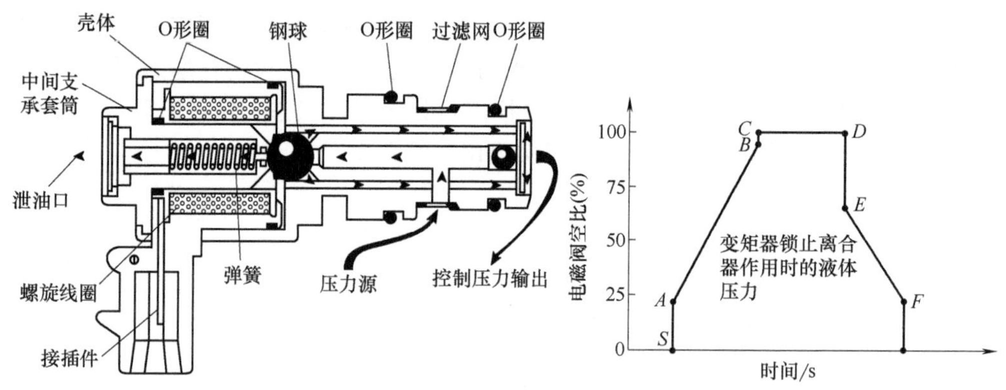

图 2-89 变矩器锁止离合器占空比电磁阀

当汽车的工作条件满足一定的要求时，变矩器的锁止离合器进入作用状态，ECU 立即增大占空比，大约增加到 22%（图中的 *A* 点）。ECU 使占空比呈斜直线上升，直到占空比达到大约 98%，完成全部的锁止离合器的作用油压。同样，当锁止离合器释放时，占空比率呈斜直线下降。

3. ECU

ECU 是电控系统的核心，由接收器、控制器和输出装置 3 部分组成。接收器接收各输入装置的输出信号，并对其放大或调制；控制器将这些信号与内存中的数据进行对比，根据对比结果做出是否换档等决定，再由输出装置将控制信号输送给电磁阀。

ECU 具有以下控制功能：

（1）控制换档时刻 自动变速是根据汽车的行驶参数来控制的，目前应用最多的是车速和发动机节气门开度两个参数信号。如图 2-90 所示，节气门开度越小，汽车的升档车速和降档车速越低；反之，节气门开度越大，汽车的升档车速和降档车速越高。实际操作中，驾驶人可以通过控制节气门开度干预换档，例如快速松开加速踏板时可以提前换入高速档，

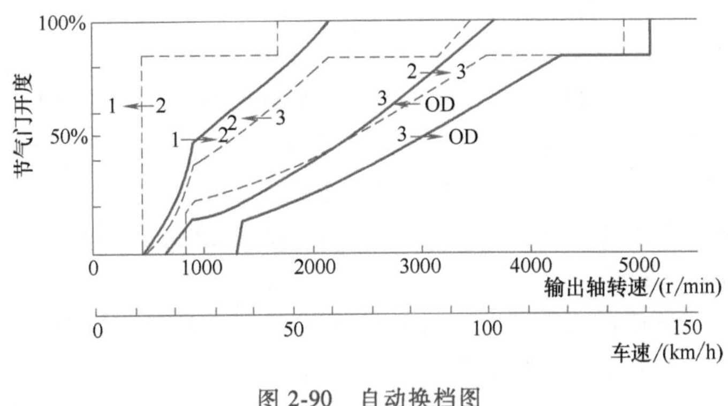

图 2-90 自动换档图

而猛踩加速踏板时则可以强制换入低速档。

自动变速的降档点（图中的虚线）比升档点（图中的实线）晚，称为换档延迟（也称降档速差），其主要作用如下：

1）保证换档控制的相对稳定性。当自动换入新的档位后，不会因为加速踏板振动或者是车速稍有升降而重新换入原来的档位。

2）有利于减少循环换档（时而低档，时而高档），避免对汽车行驶性能的有害影响。

3）驾驶人可以干预换档，即可以通过控制加速踏板而改变换档点，进行提前升档或提前降档。

4）通过改变换档延迟可以改变换档点，以适应动力性、经济性等方面的不同需要。

（2）控制主油路油压 电控式自动变速器的电液式控制系统以一个油压电磁阀产生节气门油压。油压电磁阀是脉冲式电磁阀，ECU 根据节气门位置传感器测定的节气门开度，控制发往油压电磁阀的脉冲信号的占空比，使主油路油压随节气门开度变化而变化。节气门开度越大，脉冲电信号的占空比越小，油压电磁阀排油孔开度越小，节气门油压就越大。节气门控制油压被作为控制油压反馈到主油路调压阀，使主油路调压阀随着节气门开度的变化调节主油路油压的高低，以获得不同发动机负荷下主油路压力的最佳值，并将驱动油泵的动力减小到最小。

（3）控制锁止离合器 ECU 根据自动变速器的档位、选取的控制模式等工作条件从存储器内选出相应的锁止控制程序，再将车速、节气门开度与锁止控制程序进行比较。当满足锁止条件时，ECU 向锁止电磁阀发出电信号，使锁止离合器接合，液力变矩器按机械传动工况工作。以下情况可强制解除锁止：当汽车采取制动或节气门全闭时，为防止发动机失速，ECU 切断通向锁止电磁阀的电路强行解除锁止；在自动变速器升、降档过程中，ECU 暂时解除锁止，以减小换档冲击；如果发动机冷却液的温度低于 60℃，锁止离合器应处于分离状态，加速预热，提高驾驶性能。

（4）控制换档品质 为改善换档质量，提高汽车的乘坐舒适性，控制换档品质有以下几种：

1）换档油压控制：在升档成降档的瞬间，ECU 通过油压电磁阀适当降低主油路油压，以减小换档冲击，达到改善换档质量的目的。

2）减小转矩控制：在换档的瞬间，通过延迟发动机的点火时间或减少喷油量，暂时减小发动机的输出转矩，以减小换档冲击和汽车加速度出现的波动。

3）换档控制：在变速杆由驻车档或空档换至前进档或倒档，或进行相反的换档时，ECU 通过调整发动机的喷油量，将发动机的转速变化减至最低程度，以改善换档质量。

（5）发动机制动作用控制　ECU 按照设定的控制程序，在变速杆位置、车速、节气门开度等满足一定条件（如变速杆位于前进低速档位置，且车速大于 10km/h，节气门开度小于 1/8）时，向强制离合器电磁阀或强制制动器电磁阀发出电信号，打开强制离合器或强制制动器的控制油路，使之接合或制动，让自动变速器具有反向传递动力的能力，从而在汽车滑行时可以实现发动机制动。

（6）失效保护　电控自动变速器的失效保护就是当变速器电控系统出现故障时，变速器仍然能够维持其基本工作。例如在 ECU 完全失电的状态下，自动变速器至少能提供一个前进档位，让汽车能继续维持行驶。通常在自动变速器电控系统失效情况下，ECU 进行如下失效保护。

1）提供最大的主回路油压。在电控自动变速器中主回路的设定油压由两部分组成：一是通过调压阀设置的额定油压，二是通过压力控制电磁阀根据发动机负荷信号附加的偏置油压。如果 ECU 处于失电状态，则压力控制电磁阀无法接受 ECU 的输出信号。在这种情况下，压力控制电磁阀的输入电流为零，而要求压力控制电磁阀有最大的调节油压输出。如果液压系统能够提供最大的主回路油压，则可以防止变速执行元件多片离合器和制动带在大负荷情况下打滑。此时，ECU 无法接收发动机负荷信号。

2）传感器出现故障。

① 节气门位置传感器出现故障时，ECU 根据怠速开关的状态进行控制。当怠速开关断开时（加速踏板被踩下），按节气门开度为 1/2 进行控制，同时节气门油压为最大值；当怠速开关接通（加速踏板完全放松）时，按节气门处于全闭状态进行控制，同时节气门油压为最小值。

② 车速传感器出现故障时，ECU 不能进行自动换档控制，此时自动变速器的档位由操纵手柄的位置决定。许多车型的自动变速器有 2 个车速传感器，其中一个用于自动变速器的换档控制，另一个为车速表的传感器。这两个传感器都与 ECU 相连。当用于换档控制的车速传感器损坏时，ECU 可利用车速表信号控制换档。

③ 输入轴转速传感器出现故障时，ECU 停止减转矩控制，换档冲击增大。

④ 液压油温度传感器出现故障时，ECU 按液压油温度为 80℃ 的设定进行控制。

3）执行器出现故障。

① 换档电磁阀出现故障时，不同的 ECU 有两种不同的失效保护功能。一是不论有几个换档电磁阀出现故障，ECU 都将停止所有换档电磁阀的工作，此时自动变速器的档位完全由变速杆的位置决定；在 D 位和 S（或 2）位时被固定为 3 档，在 L（或 1）位时被固定为 2 档。另一种是几个换档电磁阀中有一个出现故障时，ECU 控制其他无故障的电磁阀工作，以保证自动变速器仍能自动升档或降档，但会失去某些档位，而且升档或降档规律有所变化，例如，可以直接由 1 档升到 3 档或超速档。

② 变矩器锁止离合器（TCC）处于关闭状态：一旦电控自动变速器处于失效保护状态时，汽车只能在 2 档或 3 档起步，如果在这种情况下锁止离合器仍处于作用状态，则可能引起起步颤抖，甚至无法起步。为了保证锁止离合器在该工况下是释放的，要求变矩器锁止离合器的控制电磁阀处于断电时，锁止离合器释放，而通电时锁止离合器可以作用。

③ 强制离合器或强制制动器电磁阀出现故障时，ECU 停止电磁阀的工作，让强制离合器或强制制动器始终处于接合状态，这样汽车减速时总有发动机制动作用。

④ 油压电磁阀出现故障时，ECU 停止锁止离合器控制，使油路压力保持最大。

任务实施

1. 电控液力自动变速器的故障自诊断

（1）自动变速器的自诊断步骤

1）自动变速器故障指示灯出现故障显示，说明电控系统有故障。

2）查找并确定诊断盒（控制盒）或诊断接口的位置。

3）确定故障码显示灯或连接专用诊断仪。

4）检查蓄电池电压是否正常，若不正常，修理或更换蓄电池。

5）若正常，检查故障码显示灯或诊断接口电路是否正常，若不正常，进行更换或修理。

6）确定故障码读取或调取的操作步骤。

7）利用故障诊断仪调取故障码，确定故障的部位及修理方法。

8）按照故障原因和部位进行排除和诊断，对确定的故障部位进行修理。

9）清除自动变速器 ECU 中存储的故障码。

（2）故障码的读取方法

1）诊断接口与故障诊断仪的连接。现代汽车自动变速器故障的诊断均使用故障诊断仪，诊断接口在仪表板下方，或在变速器前方、后方等地方，找到诊断接口并与诊断仪连接。

接通点火开关后，同时开启故障诊断仪，根据故障诊断仪的提示或使用说明，调取存储器的故障码。

2）故障码清除。清除故障码的方法通常有 3 种：

① 利用解码器或故障诊断仪器进行清除。

② 从蓄电池附近的仪表板熔断器中拆下发动机燃油喷射（EFI）熔断器（15A）10s 以上的时间来清除。

③ 断开蓄电池的负极连接线，这会将其他电子部件存储的记录一同清除。

清除故障码后，进行道路试验，检查自动变速器原先发生故障时的症状是否消失，并通过故障码指示灯看是否显示正常。否则，需要进行诊断和检修，直到故障排除。

2. 电控系统元件的检修

（1）空档起动开关检修

1）将点火开关置于 OFF 位置，拆卸空档起动开关。

2）将变速杆置于各档位，同时使用万用表检测空档起动开关各个端子的导通情况。

3）将使用万用表检测的结果与维修手册标准值进行比较，如果不符合技术要求，必须调整空档起动开关，并检查电路情况。

4）空档起动开关的调整。松开空档起动开关的固定螺栓，将变速杆置于 N 位。

5）将槽口调到空档基准位置，再拧紧空档起动开关的固定螺栓即可，如图 2-91 所示。

（2）电磁阀的检修　自动变速器电控系统的执行器是各种电磁阀，若电磁阀出现故障，则自动变速器无法正常工作。其检修内容主要是对换档电磁阀和油压调节电磁阀的检修。

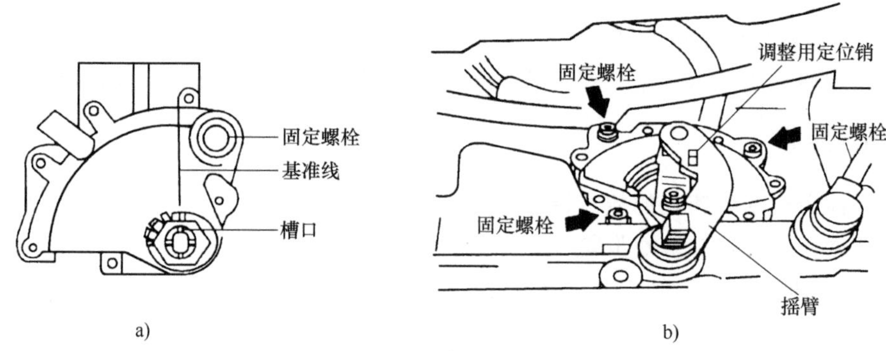

图 2-91 空档基准位置

1）换档电磁阀的检修。自动变速器电控系统的换档电磁阀大多数采用开关式电磁阀。

① 使用万用表测量电磁阀线圈的电阻，电阻值一般为 0~18Ω。如果电磁阀线圈短路、断路或电阻值不符合技术标准值，则应更换电磁阀。

② 将 12V 电源加到电磁阀线圈的两个接线柱上，如图 2-92a 所示，此时应听到电磁阀线圈工作的“咔嗒”声，否则应更换电磁阀。

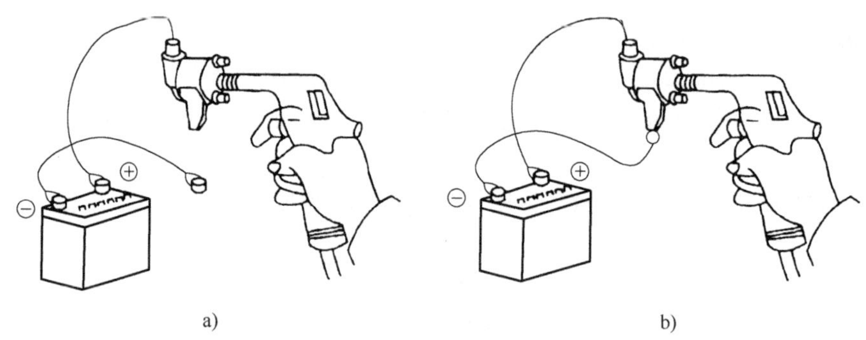

图 2-92 换档电磁阀的检修

③ 拆下换档电磁阀并对换档电磁阀进行检查。

④ 将压缩空气（0.5MPa）吹入电磁阀进油口中。

⑤ 当电磁阀线圈不通电时，进油口和泄油口应不通气；通电后，进油口和泄油口应相通。否则，说明电磁阀损坏，应予更换。其检查方法如图 2-92b 所示。

2）油压调节电磁阀的检修。油压调节电磁阀大多采用线性电磁阀，用于控制油压或锁止离合器锁止时 ATF 的油压。

① 使用万用表测量电磁阀线圈的电阻值，电阻值一般为 3.4~4.0Ω。如果电磁阀线圈短路、断路或电阻值不符合技术标准值，则应更换油压调节电磁阀。

② 将 12V 电源串联一个 8~10W 的灯泡，与电磁阀线圈连接。切记不可以直接与 12V 电源连接，否则会烧毁电磁阀。

③ 通电时，电磁阀阀芯向外伸出；断电时，电磁阀阀芯向内缩入，如图 2-93a 所示。如有异常，说明油压调节电磁阀损坏，应予更换。

④ 可以使用可调电源进行检测，如图 2-93b 所示。

（3）油温传感器的检查与更换 拆下变速器油温传感器，将传感器置于盛有水的烧杯

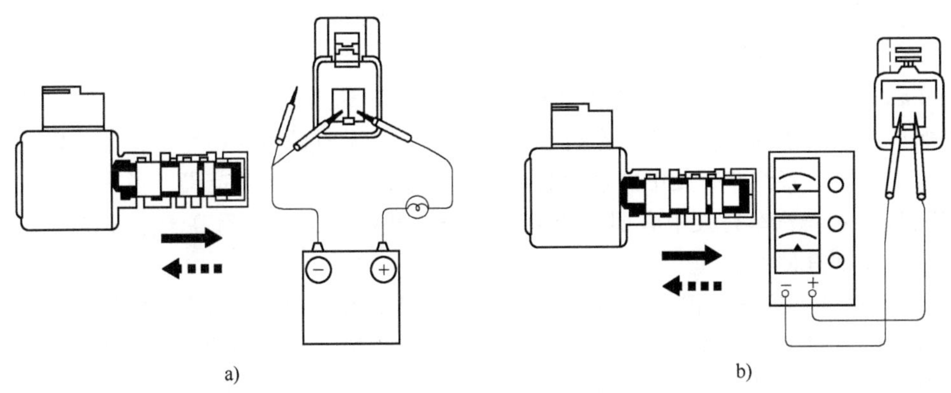

图 2-93　油压调节电磁阀的检修

中，加热杯中的水，测量在不同温度时接线端子之间的电阻。将测得的电阻值与规定值比较，若电阻值与规定值相差较大，则应予以更换。如某款汽车的油温传感器电阻值和温度的对应关系见表 2-6。

表 2-6　油温传感器电阻值和温度的对应关系

温度/℃	电阻值/kΩ	温度/℃	电阻值/kΩ
0	4~7	60	0.5~0.8
20	2~3	80	0.2~0.4
40	0.92~1.5		

（4）ECU 及其控制电路的检修　ECU 及其控制电路的故障可以用解码器检测。如果不具备解码器，可以通过测量 ECU 插接器各接线端子的工作电压，判断 ECU 及其控制电路是否正常。

当自动变速器控制系统工作不正常时，如果用上述方法检测未发现异常，可以采用互换法判断 ECU 是否有故障。

3. 自动变速器的试验

（1）道路试验　道路试验是诊断、分析自动变速器故障最有效的手段之一。此外，自动变速器在修复之后，也应进行道路试验，以检查其工作性能，检验检修质量。自动变速器的道路试验内容主要有：检查换档车速、换档质量以及检查换档执行元件有无打滑等。在道路试验之前，应先让汽车以中低速行驶 5~10min，让发动机和自动变速器都达到正常工作温度。在试验中，通常应将 OD 开关置于 ON 的位置（即 OD OFF 熄灭），并将模式选择开关置于常规模式或经济模式。

道路试验的方法如下：

1）升档检查。将变速杆置于 D 位，踩下加速踏板，使节气门保持在约 50%开度，让汽车起步加速，检查自动变速器的升档情况。自动变速器升档时，发动机会有瞬时的转速下降，同时车身有轻微的闯动感。正常情况下，汽车起步后随着车速的升高，试车者应能感觉到自动变速器能顺利地由 1 档升入 2 档，随后由 2 档升入 3 档，最后升入超速档。若自动变速器不能升入高速档（3 档或超速档），说明控制系统或换档执行元件有故障。

2）升档车速的检查。在上述升档检查过程中，当察觉到自动变速器升档时，记下升档车速。一般4档自动变速器在节气门开度50%时由1档升至2档的车速为25~35km/h，由2档升至3档的车速为55~70km/h，由3档升至4档的车速为90~120km/h。一般只要升档车速基本保持在上述范围内，而且汽车行驶中加速良好，无明显的换档冲击，都可以认为其升档车速基本正常。若汽车行驶中加速无力，升档车速明显低于上述范围，说明升档车速过低（即升档提前）；若汽车行驶中有明显的换档冲击，升档车速明显示高于上述范围，说明升档车速过高（即升档滞后）。

3）锁止离合器工作状况的检查。自动变速器液力变矩器中锁止离合器的工作是否正常，可以采用道路试验的方法进行检查。试验中，让汽车加速至超速档，以高于80km/h的车速行驶，并让节气门开度保持在低于50%的位置，使变矩器进入锁止状态。此时，快速将加速踏板踩下使节气门开度超过85%，同时检查发动机转速的变化情况。若发动机转速没有太大的变化，说明锁止离合器处于接合状态；反之，若发动机转速升高很多，则表明锁止离合器没有接合，其原因通常是锁止控制系统有故障。

4）发动机制动作用的检查。检查自动变速器有无发动机制动作用时，应将变速杆置于2或L位。在汽车以2档或1档行驶时，突然松开加速踏板，检查是否有发动机制动作用。若松开加速踏板后车速立即下降，说明有发动机制动作用；否则说明控制系统或换档执行元件有故障。

5）强制降档功能的检查。检查自动变速器强制降档功能时，应将变速杆置于D位，保持节气门开度约为30%，在以2档、3档或超速档行驶时突然将加速踏板完全踩到底，检查自动变速器是否被强制降低一个档位。在强制降档时，发动机转速会突然升至4000r/min左右，并随着加速升档，转速逐渐下降。若踩下加速踏板后没有出现强制降档，说明强制降档功能失效。若在强制降档时发动机转速升高反常，达到5000r/min，并在升档时出现换档冲击，则说明换档执行元件打滑，应拆修自动变速器。

（2）失速试验

1）失速试验的操作。失速试验操作步骤如图2-94所示，用三角木等将车轮塞住，实施驻车制动后，左脚踩住制动踏板，右脚迅速踏下加速踏板到最大加速位置，使发动机转速上升。当发动机转速上升到最大值（可通过发动机声音变化判断是否达到最大值）时，发动机的转速即为失速转速。

由于在试验时发动机功率全部在变矩器内损耗，会产生大量的热，所以失速时间不能过长，一般都在5s之内，即读完数据后立即放松加速踏板。

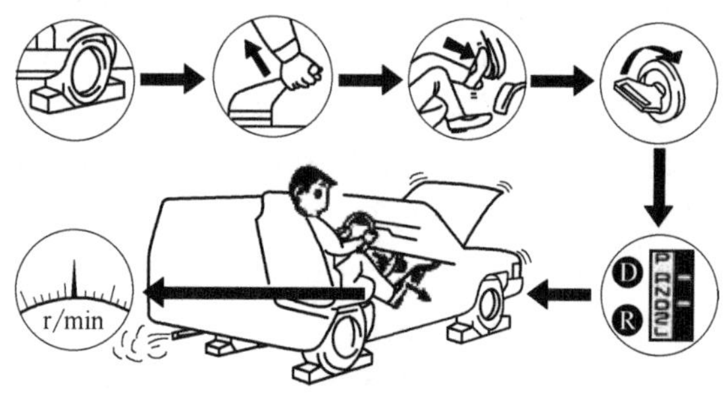

图2-94 失速试验操作步骤

影响失速转速的因素较多，不同发动机、不同液力变矩器的失速转速不同，但大部分汽车自动变速器的失速转速都在1500~3000r/min范围内。

2）利用失速转速值分析故障。失速转速的非正常情况有两种：高于规定值与低于规定值。当转速过低（低于500r/min）或转速过高（超过2000r/min）时，则认为异常。

① 失速转速过低故障分析。失速转速过低主要有液力变矩器与发动机工作不良两方面

的原因，可以利用动力断开法进行检查。将变速杆置于P、N两位中任一位，让变矩器涡轮不带负荷，对发动机进行急加速。如果发动机转速能在急加速时很顺畅地上升，则说明发动机是正常的。如果汽车在行驶中出现加速不良，而高速时却很正常，则可判断为变矩器故障。

② 失速转速过高故障分析。从测试原理可知，出现失速转速过高时，发动机与液力变矩器的故障可能性较小，故障一般发生在变速器部分，主要是因换档执行元件打滑引起的。如果在所有行驶档位失速转速均高，则原因可能为液压系统主油路压力过低，或内部换档执行元件损坏较严重。

任务小结

1. 电控自动变速器主要由液力变矩器、齿轮变速机构、换档执行机构、液压控制系统和电控系统组成。

2. 液力变矩器安装在发动机与变速器之间，将发动机转矩传给变速器输入轴。它相当于手动变速器汽车上的离合器，但传递力矩的方式不同。手动变速器汽车离合器是靠摩擦传递力矩，而液力变矩器是靠液力来传递力矩，而且液力变矩器可改变发动机转矩，并能实现无级变速。

3. 自动变速器电控系统将发动机转速、节气门开度、车速、发动机冷却液温度、自动变速器油温等参数转变为电信号，并输入ECU。ECU根据这些信号，控制换档执行元件的动作，实现自动换档。

4. 换档执行机构主要包括离合器、制动器和单向离合器，离合器和制动器以液压方式控制行星齿轮机构元件的旋转，单向离合器以机械方式对行星齿轮机构的元件进行锁止。

5. 三元件单排行星齿轮机构运动规律的特性方程式为 $n_1+\alpha n_2-(1+\alpha)n_3=0$。

6. 液压控制系统的动力源是由液力变矩器泵轮驱动的油泵，除了向控制机构、执行机构供给液压油实现换档外，还向液力变矩器提供冷却补偿油，向行星齿轮变速器提供润滑油。

7. 当发动机冷却液温度低于设定温度（如60℃）时，发动机ECU会发送一个信号给自动变速器ECU，以防止自动变速器换入超速档，同时锁止离合器不能工作。

8. ECU通过节气门传感器可以获得表示节气门所有开启角度的连续变化的模拟信号以及节气门开度的变化速率，以作为其控制不同行驶条件档位变换的主要依据。

9. 油温传感器安装在自动变速器油底壳内的阀板上，用于检测自动变速器内液压油的温度，以作为ECU进行换档控制、油压控制和锁止离合器控制的依据。

10. 空档起动开关有两个功用，一是给自动变速器ECU提供档位信息，二是保证只有变速杆置于P位或N位时才能起动发动机。

思考题

1. 安装有自动变速器的汽车能够依靠推车起动吗，为什么？
2. 若是自动变速器的油压系统压力低，自动变速器还能正常工作吗，为什么？

练 习 题

一、填空题

1. 电控自动变速器主要由____________、齿轮变速机构、____________、液压控制系统和电控系统组成。

2. 电控自动变速器的换档执行机构有________、制动器和____________。

3. 只有在变速杆位于______位或______位时，汽车才能起动，此功能靠空档起动开关来实现。

4. 液力控制自动变速器将汽车行驶时的____________和____________这两个参数变为液压控制信号，按照设定的换档规律，通过控制换档执行元件的动作，实现自动换档。

5. 电控自动变速器通过各种传感器，将发动机转速、____________、车速、发动机冷却液温度、____________等参数转变为电信号，并输入 ECU，ECU 根据这些信号，按照设定的换档规律，向____________、____________等发出电子控制信号，实现自动换档。

6. 典型的液力变矩器由________、涡轮和________组成。

7. 目前常用的自动变速器的行星齿轮装置有____________和____________。

8. 拉维娜式行星齿轮系统的结构特点是____________。

9. 电控自动变速器信号输入装置中常用的传感器包括____________、发动机转速传感器、____________、输入轴转速传感器和____________。

10. 电磁阀是电控自动变速器控制系统的执行元件，按其作用可分为____________、锁止电磁阀和____________。

二、问答题

1. 电控液力自动变速器的工作原理是什么？
2. 液力变矩器的工作原理是什么？
3. 电控自动变速器锁止离合器进入锁止工况的条件是什么？
4. 电控系统电磁阀的分类及工作原理是什么？
5. 主油路系统对不同工况、不同档位时油压的要求是什么？
6. 液压控制系统的构成及各部分的作用是什么？

三、论述题

1. 电控自动变速器有哪些失效保护功能？
2. 电控自动变速器如何控制换档时刻？
3. A341E 型自动变速器行星齿轮机构的结构及各档动力传递路线是什么？
4. 01M 型自动变速器行星齿轮机构的结构及各档动力传递路线是什么？

四、故障诊断

1. 自动变速器控制系统故障码如何读取？
2. 如何进行开关式电磁阀的性能检验？
3. 如何进行脉冲线性电磁阀的检修？

项目 3　CVT/AMT/DCT 检修

案例导入

国内自动变速器技术研发早、革新生产能力强的公司当数长城汽车。长城汽车旗下的各种车型大部分都是搭载自家生产的变速器，完全摆脱了外来品牌的束缚。长城汽车主打双离合器自动变速器。2018 年，长城汽车自主研发的 7DCT 450 湿式双离合器变速器，最大转矩达到 450N · m，传动效率高达 94.41%，正式入围“世界十佳变速器”评选。在 2019 年，这台 7DCT 变速器的装车量正式突破百万。随后，长城汽车研发了 9 速双离合变速器，是基于全新构架开发的一款高承载、轻量化、小型化的全新产品。在性能方面，9DCT 变速器不仅拥有 7DCT 全部优异性能，还采用了内置集成式 TCU、窄齿宽和薄型同步器设计、双泵系统以及自主设计的 DCM、HCM 等技术，提高了变速器性能，使其工作综合效率提升了 3.5%，质量降低了近 10%，搭载长度缩短了近 10%。

根据上述案例，请思考下列问题：

1）长城汽车取得了哪些傲人的成绩？

2）DCT 变速器的组成及工作原理是怎样的？

学习任务 3.1　无级自动变速器（CVT）检修

学习目标

【知识目标】

1. 掌握无级变速器的组成。
2. 掌握无级变速器的工作原理。

【能力目标】

1. 能够识别无级变速器。
2. 能够检修无级变速器。

【素养目标】

1. 培养学生对事负责、与人合作的精神，严谨细致的作风，坚持不懈的奋斗精神。
2. 培养学生爱岗敬业的职业道德意识。
3. 培养学生的安全意识和环保理念。

理论知识

电控液力自动变速器是将液力变矩器和行星齿轮系组合的自动变速器，但是其只能实现分段范围内的无级变速，而且液力变矩器的效率较低，影响了整车的动力性能与燃料经济性，因此无级变速技术快速发展。

CVT（Continuously Variable Transmission）可以实现传动比的连续改变，从而得到传动系统与发动机工况的最佳匹配，提高了整车的燃油经济性和动力性，如图 3-1 所示。

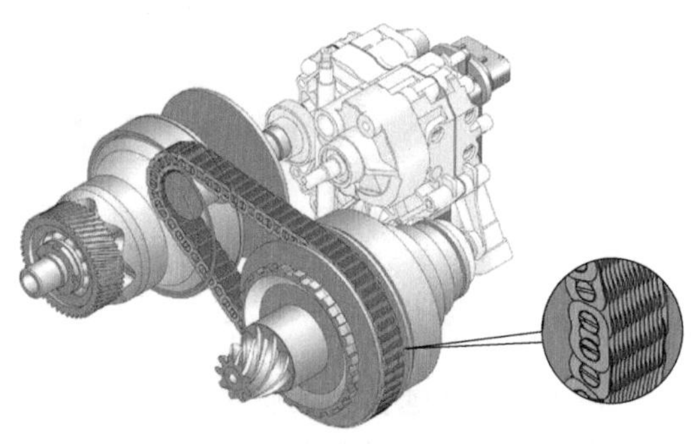

图 3-1 CVT 结构

1. CVT 的分类

无级变速器（CVT）按结构分为电力式、液力式和机械式 3 种。其中，电力式和液力式无级变速器因为成本高、效率低、结构复杂，应用较少，而机械式无级变速器由于结构简单紧凑、成本低、操纵方便等优点而被广泛应用。

无级变速器（CVT）按传动方式分为带式 CVT、环形 CVT 和 E-CVT。各类型 CVT 的特点见表 3-1。

表 3-1 CVT 的分类

类型		特点	应用车型
带式 CVT	传动带	最早的 CVT 传递形式，传输转矩小，不适合汽车使用	小转矩车型
	钢链	钢链与滑轮机构接触面积较小；依靠钢带“拉”动传输转矩；高速时会产生一定的振动和噪声，可传输较大转矩	斯巴鲁系列、老款奥迪 A4、A6 等车型
	钢带	钢带与滑轮机构接触面积较大；依靠推片“推”动传输转矩；推片有能耗	日产天籁、阳光、骐达、轩逸和雷诺等车型
环形 CVT	滚轮盘	不会出现打滑现象，传输转矩较大；一般用于高性能后驱车型；构造复杂，维修难	日产 Skyline 350 GT-8
E-CVT	行星齿轮	通过一组行星齿轮和两台电动机的配合实现无级变速，多用于混合动力车型	普锐斯等混合动力车型

带式 CVT 是最常见的 CVT 结构，其核心部件由滑轮机构和传动带组成，如图 3-2 所示。滑轮机构的锥形盘呈 V 形结构，锥形盘可在液压的推力作用下收紧或张开，挤压传动带以此来调节 V 形槽的宽度。当锥形盘向内侧移动收紧时，传动带在锥形盘的挤压下向圆心以外的方向（离心方向）运动，相反会向圆心以内运动。这样，传动带带动的圆盘直径增大，传动比发生变化。

图 3-2 带式 CVT

带式 CVT 中带的结构形式不同，如图 3-3 所示。

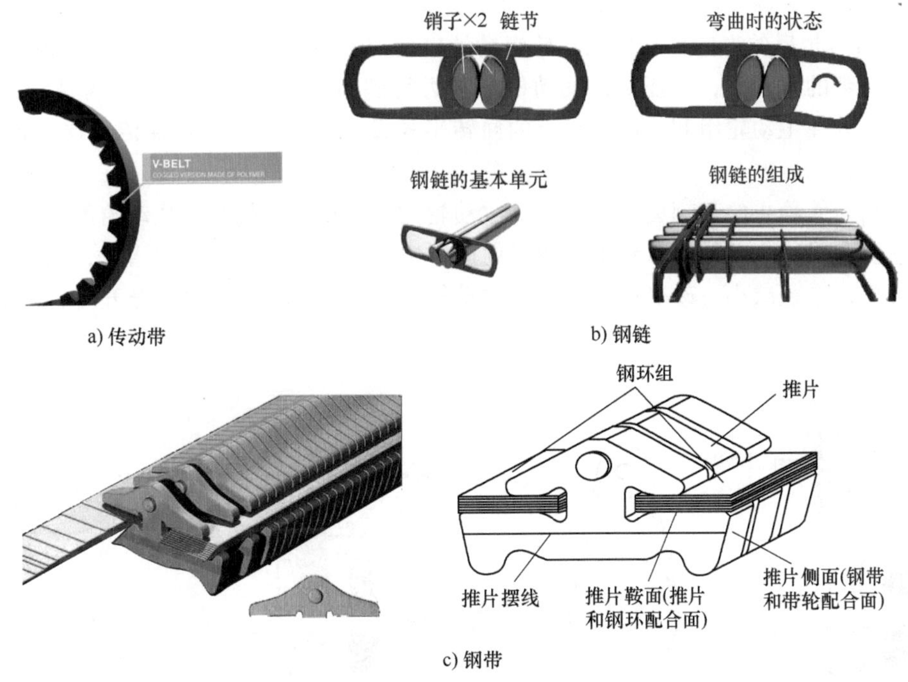

图 3-3 带的结构形式

传动带不能承受高转矩，常用于传输小于 200N · m 的低转矩。钢链和钢带虽然都是以钢为材料，但是两种传送带的传动原理不同。

钢链是由 2 个圆弧曲面的销子组成销子组，并通过链节固定组成钢链最基本的单位，两个链节之间的弯曲通过销子两配合曲面的滚动完成，钢链的销子和链节之间没有相对滑动。钢链的传动是靠销子侧面和轮锥面摩擦传递动力，通过一侧链条的拉力来传递转矩。

钢带动力传递分为 2 个阶段：起初转矩是通过钢环内侧和推片接触面之间的摩擦力来传递的，动力通过一侧钢带的拉力来传递转矩。随着转矩的逐渐增大，钢环内侧和推片之间发生打滑，使得另外一侧推片被挤压，增加部分的转矩开始通过钢带推片之间的推力来传递。在实际工作中，钢带的大部分转矩传递都是通过推片之间相互挤压来传递的，所以这种钢带也被称为推力带。

环形 CVT 由动力输入盘（横截面为弧槽）、动力滚子（半球形）和动力输出盘等组成，如图 3-4 所示。动力滚子夹在输入盘和输出盘之间，在中心轴两侧呈对称布置，同步工作，它们通过润滑油与输入盘、输出盘的圆弧表面接触。通过改变滚子的角度可以改变滚子与输入盘、输出盘的接触半径，从而实现速比变化。

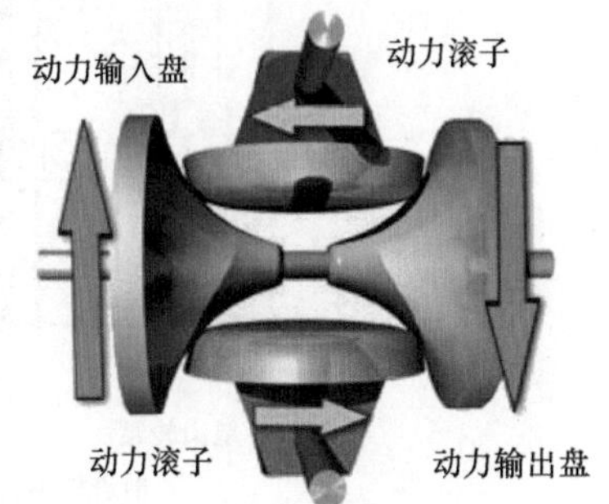

图 3-4 环形 CVT

2. CVT 的工作原理

金属带式无级变速器主要是通过改变主、从动轮和金属带的接触半径，也就是工作半径实现传动比的连续变化。主、从动轮组都由可动锥盘和固定锥盘组成，可动锥盘可以在主、从动轴上沿轴向移动。可动锥盘与固定锥盘之间形成的 V

形槽与 V 形金属带相啮合。主动轮组的油缸控制主动轮组的可动锥盘沿轴向移动时，主动轮组一侧的金属带随之沿 V 形槽移动，由于金属带的长度固定，因此从动轮组一侧的金属带沿 V 形槽向相反的方向移动，从动轮组的油缸此时控制从动轮组的可动锥盘沿轴向移动，以保持金属带的张紧力，保证来自发动机的动力得到高效可靠的传递。金属带沿 V 形槽方向移动时，其在主动轮组和从动轮组上的回转半径发生变化，从而实现传动比的连续变化，如图 3-5 所示。

低速档为使静止的车辆更容易起步，主动轮的直径相对比较小，从动轮的直径相对比较大。车速提高时，主动轮的移动锥盘逐渐向固定锥盘靠近，锥盘的轮周增大，同时，从动锥盘被迫分离，半径减小，改变传动比。当主动轮完全闭合、从动轮完全分开时，产生超速档的传动比。

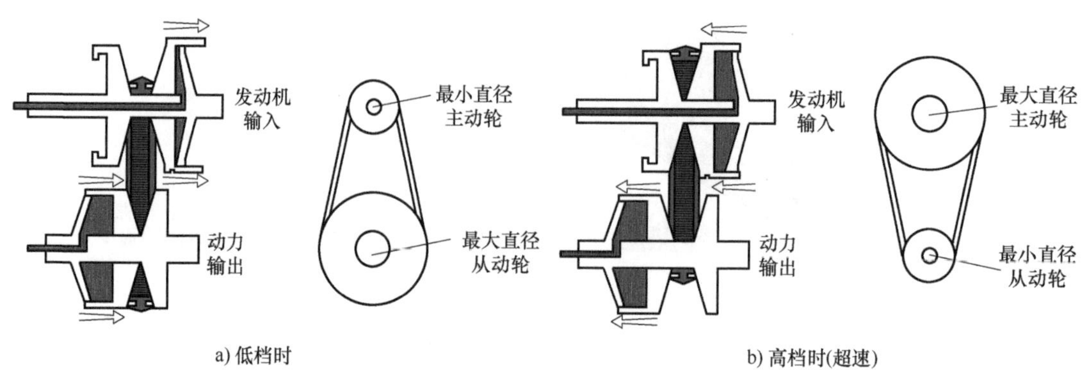

图 3-5　CVT 变速示意图

3. 无级变速器的组成

带式无级变速器主要包括机械转矩传递系统（行星齿轮系、前进档离合器、倒档离合器、主动轮、从动轮和钢带等）、液压系统和电控系统，如图 3-6 所示。

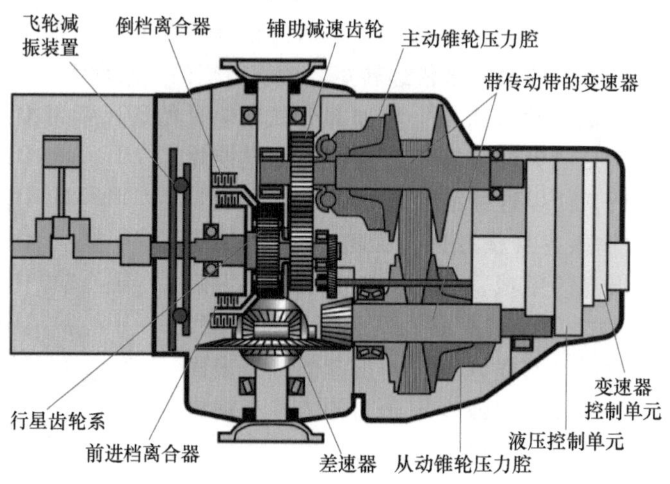

图 3-6　无级变速器的组成

（1）机械转矩传递系统　机械转矩传递系统用于提供机械传动和转矩传递，包括行星齿轮机构、离合器、V 形锥轮、差速器等。

1）行星齿轮机构。行星齿轮机构包括行星轮、太阳轮、齿圈等部件，为变速器提供前进、后退两个方向的驱动力矩，如图 3-7 所示。发动机提供的转矩通常通过行星架上的输入轴传递给变速器。接合前进方向的多片离合器可以使行星架直接连接到太阳轮上，此时通过啮合，行星架和太阳轮成为一个旋转整体，发动机转矩直接传递到主动轮上。行星齿轮并不传递任何转矩，因此行星机构不存在机械损失，并且主动轮的旋转方向将与发动机的旋转方向一致，这就是前进模式。

倒车模式中，接合倒档离合器可以使行星齿轮机构中的齿圈保持静止，行星架驱动行星齿轮组使太阳轮反向旋转，此时将有微小的减速增矩的速比以补偿行星齿轮机构的摩擦损失。

2）离合器。在机械转矩传递系统中共有两组多片湿式离合器，如图 3-8 所示。一组用于汽车的前进，为前进档离合器；一组用于汽车的倒车，为倒档离合器。每组离合器有 3 个摩擦盘，共有 6 个摩擦面。液压系统控制离合器使汽车在任何节气门开度时都能平稳地向前运动；驱动齿轮啮合时，控制离合器的接合程度可以使车辆停车。

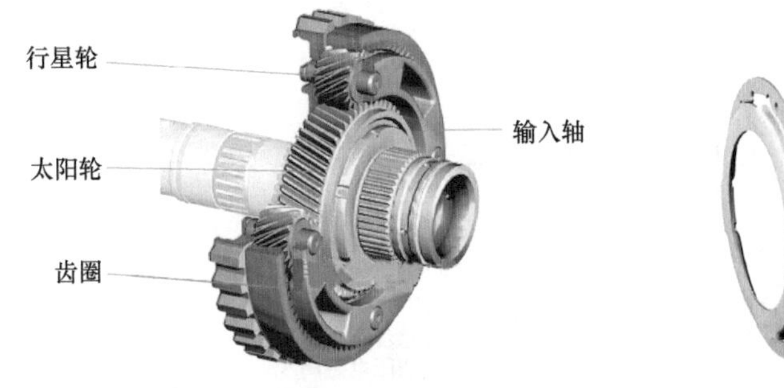

图 3-7 行星齿轮机构

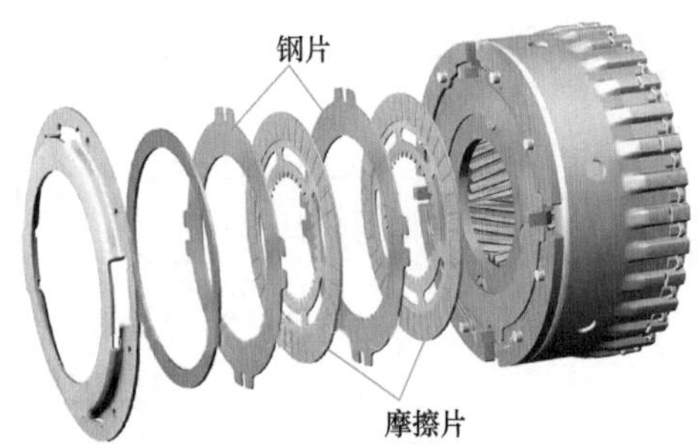

图 3-8 湿式离合器

3）V 形锥轮。CVT 包括一对 V 形锥轮，由一条传动钢带连接，通过喷油射流的方式润滑并冷却。主动轮和从动轮中心距为固定值，如 155mm。每个轮组分为两部分：一部分固定，另一部分可以沿轴向滑动，两者的倾斜度相同，如 11°。为了缩小换档时传动带的角度误差，两个移动的锥盘置于两者的对角线位置，每个移动的锥盘连接到液压缸/活塞，液压由控制系统控制。

因为太阳轮由花键连接在主动锥轮上，所以行星齿轮组传送的转矩可以直接作用于主动轮。钢带将动力从主动轮传送到从动轮，然后动力从从动轮传送到中间齿轮轴。

从动轮的转矩和速率由传动带的位置决定。改变两组轮的尺寸，可以提供不同的传动比，如 2.416：1～0.443：1，最大传动比是最小传动比的 5.45 倍。超速传动比时，油耗最低。

4）差速器。如图 3-9 所示，差速器冠状轮的转矩通过差速器传送到车轮，冠状轮由 8 个螺栓固定到差速器壳内，传动轴由传统的笼式万向节和密封垫固定到差速器内。圆锥轴承用来固定差速器。

（2）液压系统 液压系统由油泵、手控阀体中的手动阀及倒档限止滑阀等部件组成。

发动机驱动油泵轴，油泵轴通过空心的主动锥轮轴到达油泵内部，如图 3-10 所示。泵轴用花键连接到行星齿轮架上，该泵轴一直以发动机转速运转，泵油量约为 $10cm^3$/转。油泵既用于变速器液压控制，也起到润滑作用。系统压力取决于输入转矩。

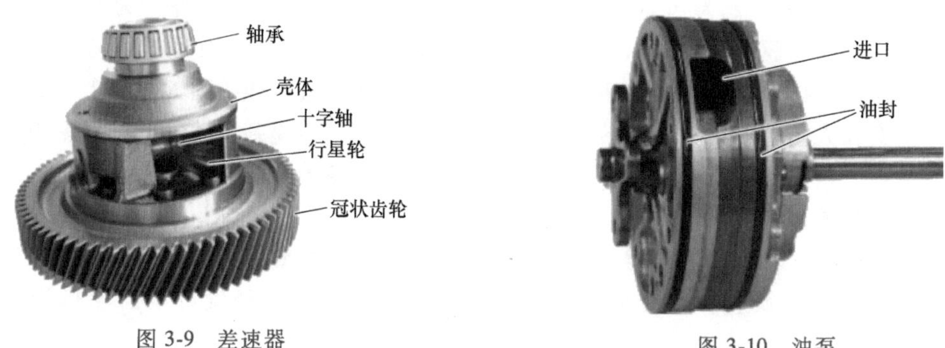

图 3-9 差速器

图 3-10 油泵

（3）电控系统 无级变速器电控系统由控制器、开关及传感器、电磁阀构成，如图 3-11 所示。开关及传感器包括 A/T 档位开关、手动模式开关、主动带轮转速传感器、从动带轮转速传感器；电磁阀包括主动带轮调压电磁阀、从动带轮调压电磁阀、起步离合器调压电磁阀及倒档限止电磁阀等。CVT 控制系统与其他电控系统共用节气门位置传感器、发动机转速传感器、冷却液温度传感器和车速传感器。

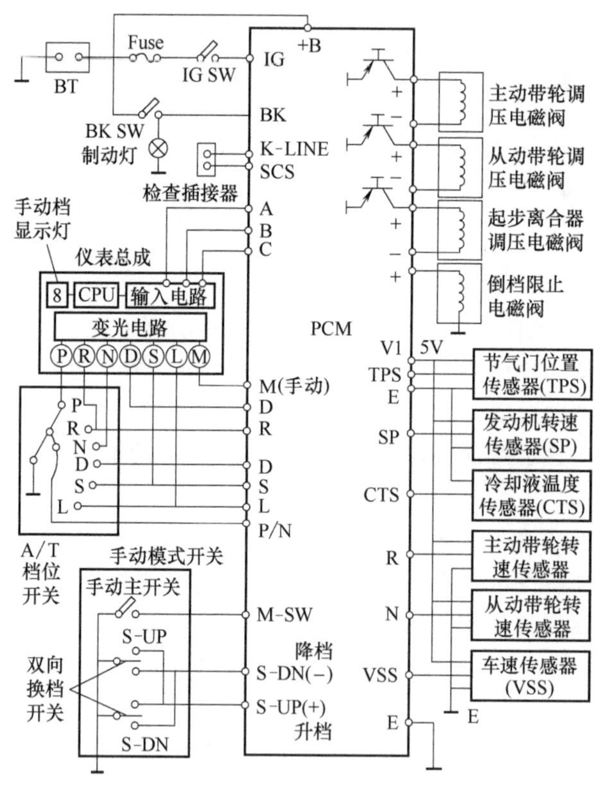

图 3-11 电控系统组成

CVT 控制器根据各传感器信号确定变速器的传动比，以占空比方式控制带轮调压电磁阀，然后通过液压元件改变控制油压，移动可移动锥盘，进行换档变速。当控制电路产生故障时，主油路换档滑阀、换档锁定滑阀和离合器调压滑阀将电子控制转变为液压控制，此时控制油压由起步离合器后备阀提供，手动阀使汽车能在低档下继续行驶。

4. 动力传递路线

（1）驻车档　没有液压作用于起步离合器、前进档离合器和倒档制动器。无动力传递至中间主动轮；中间主动轮被与驻车齿轮联锁的驻车棘爪锁定，如图 3-12a 所示。

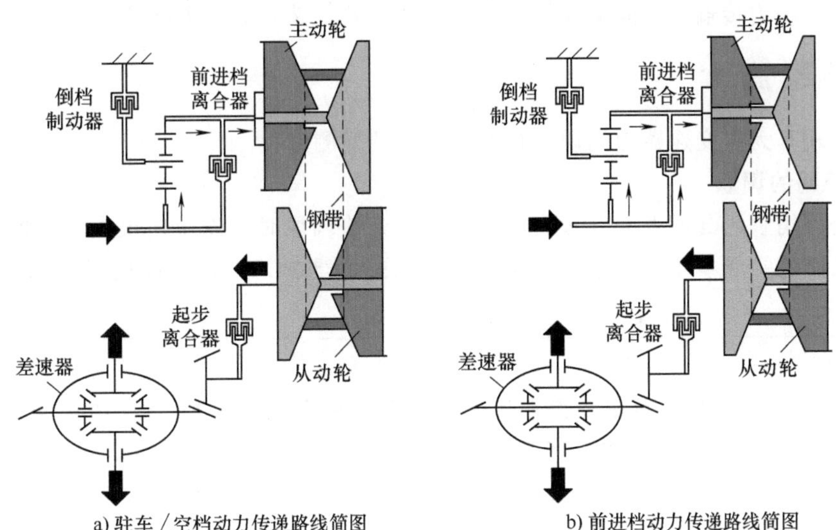

a) 驻车 / 空档动力传递路线简图　　b) 前进档动力传递路线简图

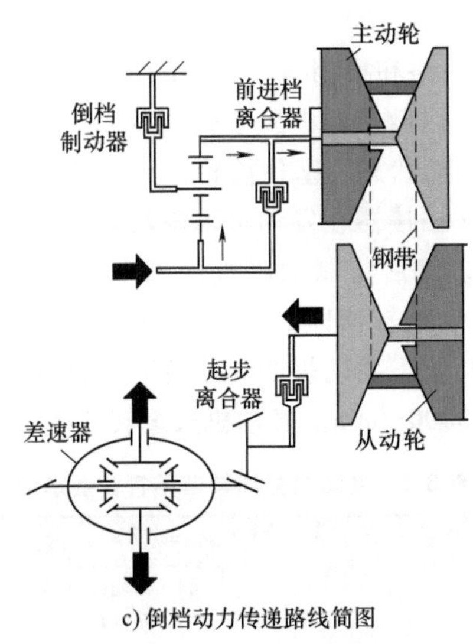

c) 倒档动力传递路线简图

图 3-12　动力传递路线

（2）空档　来自飞轮的发动机动力驱动输入轴，但无液压作用于前进档离合器和倒档制动器。动力没有传递给主动带轮轴，也没有液压作用于起步离合器，如图 3-12a 所示。

（3）前进档　前进档动力传递路线如图 3-12b 所示。前进档离合器啮合，倒档制动器分离，起步离合器啮合，前进档离合器和起步离合器上均有液压作用，并且太阳轮驱动前进档离合器，前进档离合器驱动主动带轮轴，主动带轮轴通过钢带驱动从动带轮轴，从动带轮轴通过起步离合器驱动中间主动轮，动力传递至中间从动轮和主减速主动轮，而主减速主动轮驱动主减速从动轮。

（4）倒档　倒档动力传递路线如图 3-12c 所示。前进离合器分离，倒档制动啮合，起步离合器啮合，倒档制动器和起步离合器有液压作用，行星架由倒档制动器锁定，太阳轮驱动行星齿轮自转，行星齿轮驱动齿圈沿与太阳轮相反的旋向旋转，齿圈通过前进档离合器鼓驱动主动带轮轴，主动带轮轴通过联接钢带驱动从动带轮轴，从动带轮轴通过起步离合器驱动中间主动轮，动力传输至中间从动轮和主减速主动轮，然后驱动主减速从动轮。

任务实施

以本田轿车无级变速器为例说明自动变速器的检测过程。

1. 故障码的调取

故障码可用解码器或人工方法调取。用人工方法调取时，先短接仪表盘下的 16 孔 OBD II 检查插接器的端子 9 和 4，然后接通点火开关，读取 CVT 故障灯用闪烁方式表示的故障码。

> 严规守制
>
> 在无级变速器检修过程中，要严守规则，严格按照检修标准进行。在比亚迪汽车生产过程中，严守规则就是“三守三不”。“三守”是指守制度、守流程、守标准；“三不”是指不接收、不制造、不流出不良品。这也是比亚迪汽车的企业文化，保证了比亚迪汽车的产品品质。

2. 失速试验

失速试验的目的是检查油路和换档执行元件的工作。失速试验的方法如下：

1）使发动机温度正常（以散热器电风扇转动为标准）。

2）使驻车制动器处于制动状态，塞住前轮，并断开空调电路。

3）连接专用的转速表（插接器在发动机罩内左减振器盖附近）。

4）将变速杆置于 D 位，然后将制动踏板踩到底，再将加速踏板踩到底（持续 6～8s，但不超过 10s），同时观察发动机转速即 D 位下发动机的失速转速 1；待发动机冷却 2min 后，用相同方法测试在 S、L 和 R 位下发动机的失速转速。在 D、R 位和 S、L 位下发动机的失速转速应分别为 2500r/min 和 3000r/min。发动机失速转速不符合要求的原因见表 3-2。

表 3-2　发动机失速转速不符合要求的原因

状况	原因
在 D、R 位和 S、L 位下发动机的失速转速都过高	1. 自动变速器油位低、油泵输出油压低、油泵滤网脏堵 2. 前进档离合器打滑 3. 主油路调压阀卡滞 4. 起步离合器有故障
在 R 位，发动机的失速转速过高	1. 倒档制动器有故障 2. 起步离合器有故障
在 D、R 位和 S、L 位下发动机的失速转速都过低	1. 发动机的输出功率低 2. 起步离合器有故障 3. 带轮控制滑阀卡滞

3. 电控系统的检修

（1）空档起动开关（P/N 开关）的检查与更换　空档起动开关由变速杆通过拉索控制，对空档起动开关的检查主要是测量其各端子在变速杆处于不同位置时是否导通。变速杆处于不同档位时，各端子的导通状态见表 3-3。

表 3-3 空档起动开关的导通状态

档位	端子									
	1	2	3	4	5	6	7	8	9	10
P				○	—	○	—	—	—	○
R							○	—	—	○
N		○	—	○	—	—	—	—	—	○
D								○	—	○
S			○	—	—	—	—	—	—	○
L									○	○

安装后，应进行试车，确认仪表显示和变速杆位置正确，变速杆在 P 位和 N 位时能够起动发动机，变速杆位于 R 位时能接通倒车灯。

（2）起步离合器压力控制阀的测试　拆卸空气滤清器壳体和进气导管，如图 3-13 所示。断开起步离合器压力控制阀电气插头，用万用表电阻档测量电磁阀的电阻值，规定值为 3. 8~6. 8Ω。也可以将蓄电池正极接电磁阀的端子 1，当将端子 2 短暂接通时，应能听到电磁阀发出的“咔嗒”声。

（3）主动带轮压力控制阀的测试　拆卸空气滤清器壳体和进气导管，如图 3-14 所示。断开主动带轮压力控制阀电气插头，用万用表电阻档测量电磁阀的电阻值，规定值为 3. 8~6. 8Ω。也可以将蓄电池正极接电磁阀的端子 1，当将端子 2 短暂接通时，应能听到电磁阀发出的“咔嗒”声。

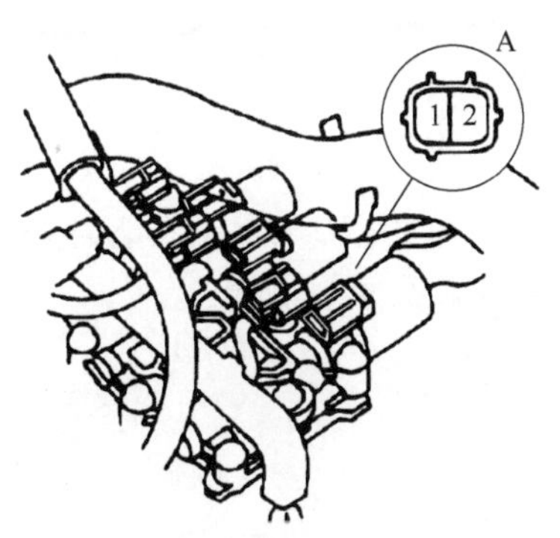

图 3-13　起步离合器压力控制阀的测试

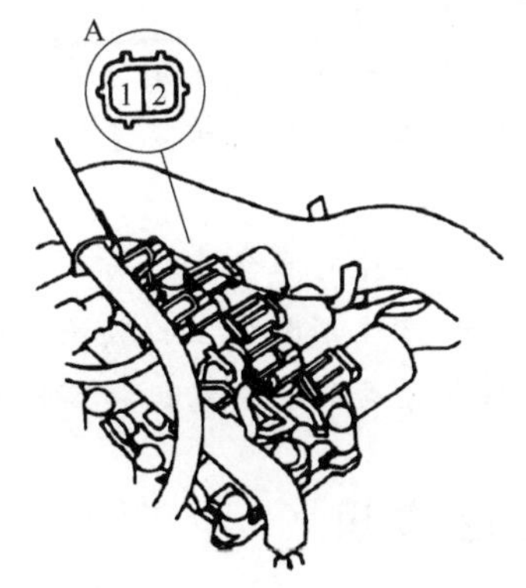

图 3-14　主动带轮压力控制阀的测试

（4）从动带轮压力控制阀的测试　拆卸空气滤清器壳体和进气导管，如图 3-15 所示，断开从动带轮压力控制阀电气插头，用万用表电阻档测量电磁阀的电阻值，规定值为 3. 8~6. 8Ω。也可以将蓄电池正极接电磁阀的端子 1，当将端子 2 短暂接通时，应能听到电磁阀发出的“咔嗒”声。

（5）锁止电磁阀的测试　如图 3-16 所示，断开锁止电磁阀的电气插头。用万用表电阻档测量电磁阀的电阻值，规定值为 11. 7~21. 0Ω。也可以将蓄电池正极接电磁阀的端子 2，当将端子 1 短暂接通时，应能听到电磁阀发出的“咔嗒”声。如果不符合上述要求，应更换锁止电磁阀。

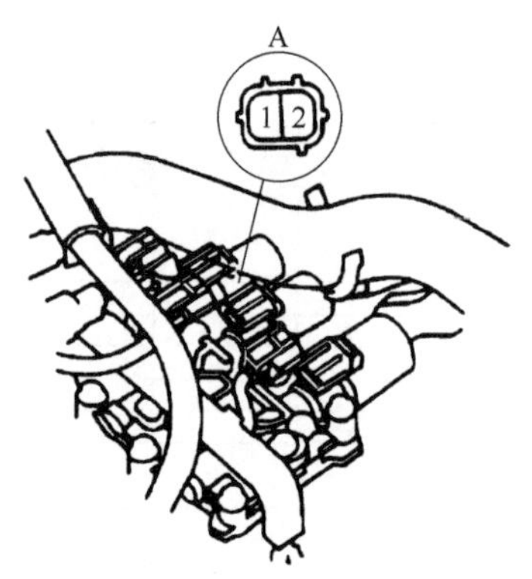

图 3-15　从动带轮压力控制阀的测试

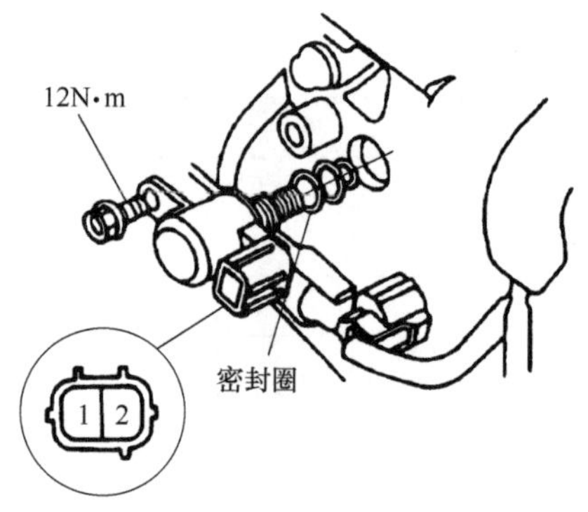

图 3-16　锁止电磁阀的测试

学习任务 3.2　电控机械自动变速器（AMT）检修

学习目标

【知识目标】

1. 掌握电控机械变速器（AMT）的组成。
2. 掌握电控机械变速器（AMT）的工作原理。

【能力目标】

1. 能够识别电控机械变速器（AMT）。
2. 能够检修电控机械变速器（AMT）。

【素养目标】

1. 培养学生对事负责、与人合作的精神，严谨细致的作风，坚持不懈的奋斗精神。
2. 培养学生不断向上的敬业精神和诚实守信、吃苦耐劳的职业品质。
3. 培养学生的安全意识和环保理念。

理论知识

电控机械式自动变速器（Automated Mechanical Transmission，AMT）是在传统的机械齿轮式变速器基础上改进而来的，它将机械变速器的离合器分离及换档拨叉等靠人力操纵的部件变成了自动操纵。

1. 电控机械自动变速器的类型

根据选、换档和离合器操纵方式的不同，电控机械自动变速器分为电动机驱动式、液压驱动式和气压驱动式 3 种。气压驱动式电控机械自动变速器中，选、换档和离合器的操纵靠气压实现。由于气压系统压力波动较大，不利于离合器的精确控制，因此，目前气压驱动式很少使用。

电动机驱动式 AMT 采用直流电动机驱动选档、换档机构和离合器，如图 3-17 所示。

图 3-18 所示为 AMT 选、换档机构的工作原理。换档过程由选、换档电动机完成。由于 AMT 选档机构需要的转矩为 7~8N·m，而换档力需要 150N 左右，为增大电动机提供的力矩，常在电动机上加装减速齿轮机构。

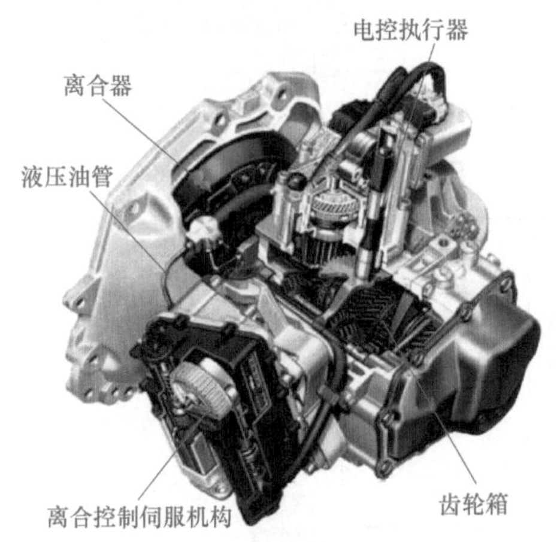

图 3-17 电动机驱动式电控机械自动变速器

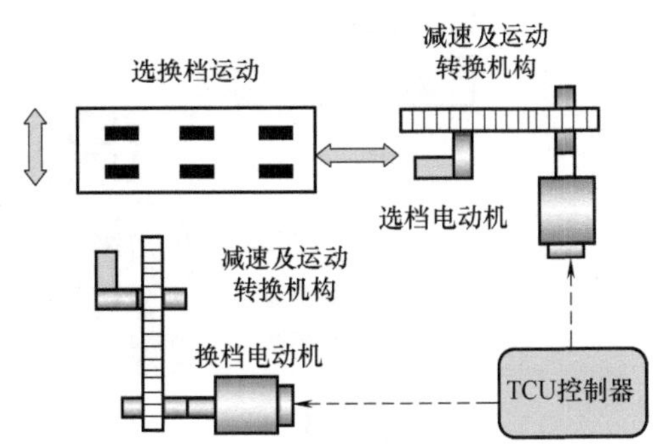

图 3-18 AMT 选、换档机构的工作原理

液压驱动式 AMT 的选档、换档和离合器的操纵靠油压实现，其主要是在发动机控制单元和变速器控制单元的控制下，由液压泵驱动液压油提供动力，液压油进入选、换档机构和离合器阀体中，实现选档、换档和离合器的分离与接合。图 3-19 所示为液压驱动式 AMT 的组成。

图 3-20 所示为液压驱动式选、换档机构的工作原理。对于液压驱动式选换档机构，档位由液压缸所处的位置判断，选档油缸与换档油缸均有 3 个停靠位置。

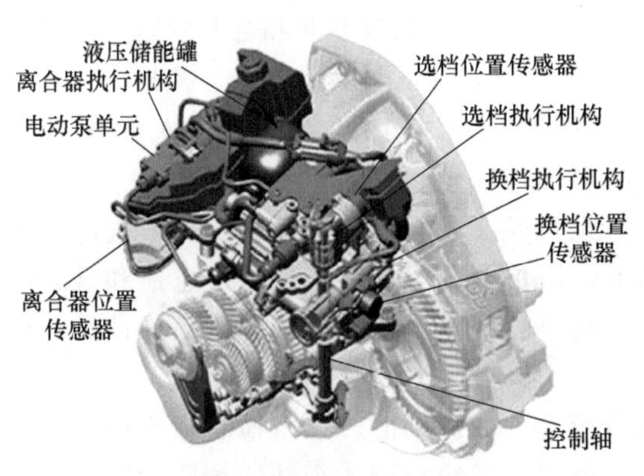

图 3-19 液压驱动式 AMT 的组成

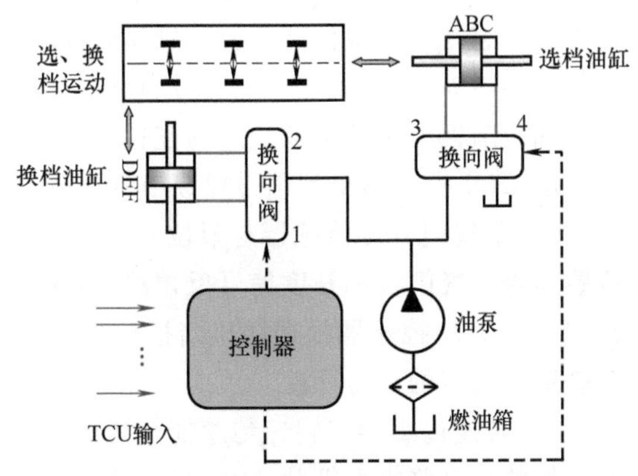

图 3-20 液压驱动式选、换档机构的工作原理

2. AMT 的组成

液压驱动式 AMT 主要由四部分组成：被控制系统、传感器、控制器（TCU）和液压操纵系统。

（1）被控制系统　如图 3-21 所示，被控制系统包括变速器、离合器、发动机。换档时，变速器的选档和换档机构、离合器的分离和接合、发动机节气门开度的调节需要进行自动控制。为实现自动控制，AMT 控制由车速和节气门开度以及实际工作环境决定，将压力信号或电信号传到控制单元处理，根据逻辑判断，将运算后的控制信号输出给电液、电控单元执行。

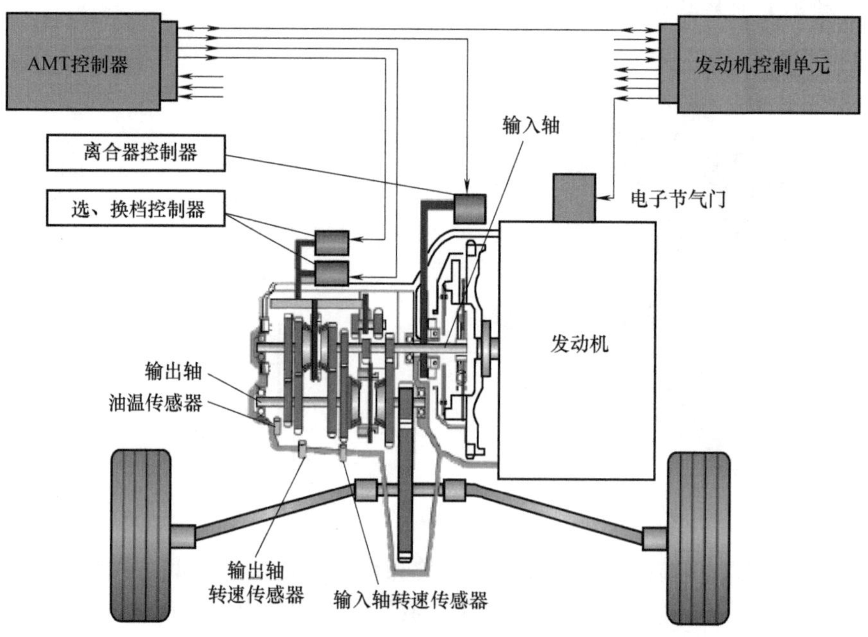

图 3-21 AMT 被控制系统

（2）传感器 传感器包括加速踏板传感器与限位开关、节气门开度传感器与限位开关、转速传感器、离合器行程传感器、档位传感器、液压油压力传感器、换档功能选择开关等。

1）加速踏板传感器与限位开关。加速踏板传感器与加速踏板轴相连，是电阻式角位移传感器。它有 2 个限位开关，分别反映加速踏板的极限位置：怠速状态和全开状态。加速踏板传感器能够反映驾驶人对加速踏板的控制意图，使车辆加速、减速、起步、换档。

加速踏板与发动机节气门的连接是间接的，传感器将加速踏板位置信号输入 ATM 控制器，由 ATM 控制器根据信号操纵节气门的步进电动机。

2）节气门开度传感器与限位开关。节气门开度反映了发动机的负荷状况，节气门开度传感器将节气门实际开度信号反馈给 ATM 控制器。限位开关只在节气门处于怠速和全开时起作用。ATM 控制器根据加速踏板信号算出步进电动机对应于怠速位置的驱动脉冲数，依此确定节气门的相对开度。

3）转速传感器。转速传感器是磁电式转速传感器，相应轴的转速由检测头测得脉冲频率，经整形电路得到等脉宽方波后，输入 ATM 控制器。系统检测 3 个转速参数：发动机转速、变速器中间轴转速和变速器输出轴转速（车速）。

4）离合器行程传感器。离合器行程传感器安装在发动机飞轮上，反映离合器的行程。

5）档位传感器。选档和换档作动器油缸分别装有微动行程开关，将 2 个作动器的工作位置信号送给 ATM 控制器，反映变速器选档与换档动作的完成情况和工作状态。

6）液压油压力传感器。液压油压力传感器安装在液压油路的主油道中，反映液压油的压力情况。当油压低于要求值时，ATM 控制器发出警报，提醒驾驶人停车检查，排除故障。

7）换档功能选择开关。一般五档 AMT 的自动换档方式选择开关有 7 个选择位，分别标有 D5、D4、2、1、P、R、N 等字母和数字符号。

当汽车处在静止状态时，驾驶人选择倒档开关“R”，则自动换入倒档；当汽车向前行驶时，即使驾驶人错误地拨动了倒档开关，ATM 控制器也会将其判断为错误信息，而拒绝发出倒车指令。若选择了空档开关“N”，微机置变速器于空档位置；“P”为停车指令位。

(3) 控制器（TCU）功能　图 3-22 所示为控制器（TCU）的组成。传感器在 AMT 中担负采集和传输信号的功用，随时将 AMT 的状态信息传递给 TCU 分析处理，并由 TCU 形成指令控制执行器动作。位置和角度传感器主要检测节气门开度、离合器位移，转速传感器主要检测发动机输出转速、变速器输入和输出转速，温度传感器主要检测变速器工作温度，压力传感器主要检测变速器油压等。

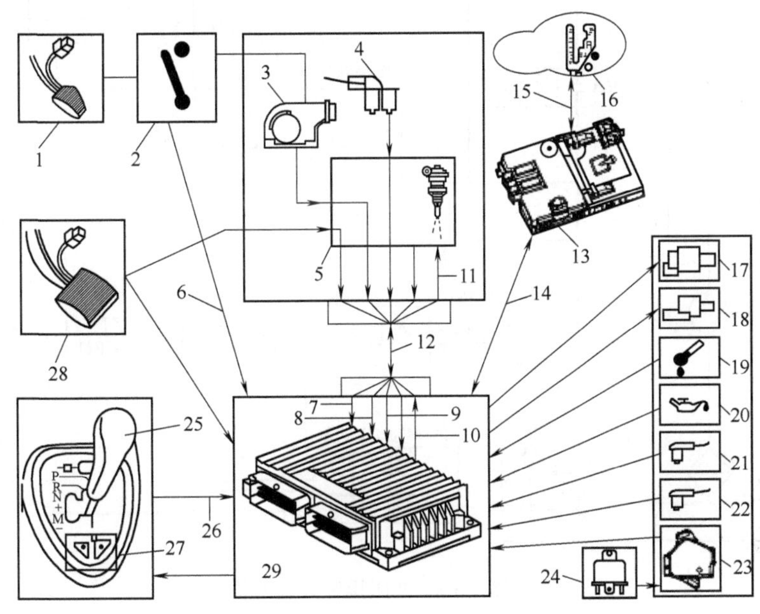

图 3-22　控制器（TCU）的组成

1—加速踏板　2—降档指令开关　3—踏板位置传感器　4—发动机转速传感器　5—发动机电控单元　6—降档指令传感器　7—制动信息　8—“驾驶者意图”信息　9—发动机转速信息　10—发动机转矩信息　11—转手动模块　12、14—多路传输 CAN 网通道　13—智能控制盒　15—多路传输 VAN 网通道　16—液晶显示屏　17—顺序电磁阀　18—压力调节电磁阀　19—变速器油温传感器　20—变速器油压传感器　21—变速器输入速度传感器　22—变速器输出速度传感器　23—多功能开关　24—起动机禁止继电器　25—变速杆　26—手动脉冲指令　27—运动/雪地/标准程序选择钮　28—制动踏板　29—控制单元

(4) 液压操纵系统　AMT 液压操纵系统由液压动力源、离合器控制回路、变速器选换档控制回路和节气门控制回路 4 个部分组成，其构成如图 3-23 所示。液压动力源主要由直流电动机、油泵、溢流阀（DCF1）、蓄能器、粗滤器和精滤器、单向阀、油温和油压传感器及油箱等组成。驱动油泵的 12V 直流电动机由微机控制，可以按需要自动启停。系统工作时，安装在油路中的压力传感器将感受到的压力信息传送给 AMT 控制器，AMT 控制器根据实际油压和设定油压决定是否向油泵电动机发出启动运转或停止指令。当压力升至设定的上限值时，AMT 控制器控制油泵电动机停止运转；反之，控制油泵电动机启动运行。粗滤器

安装在油泵入口处，避免油箱内杂质进入油路系统。精滤器安装在回油道中，避免系统元件中的磨损杂质进入油箱。精滤器并联 1 个单向阀，以防止液压控制单元因精滤器中杂质积存过多导致回油道阻塞而不能正常工作。

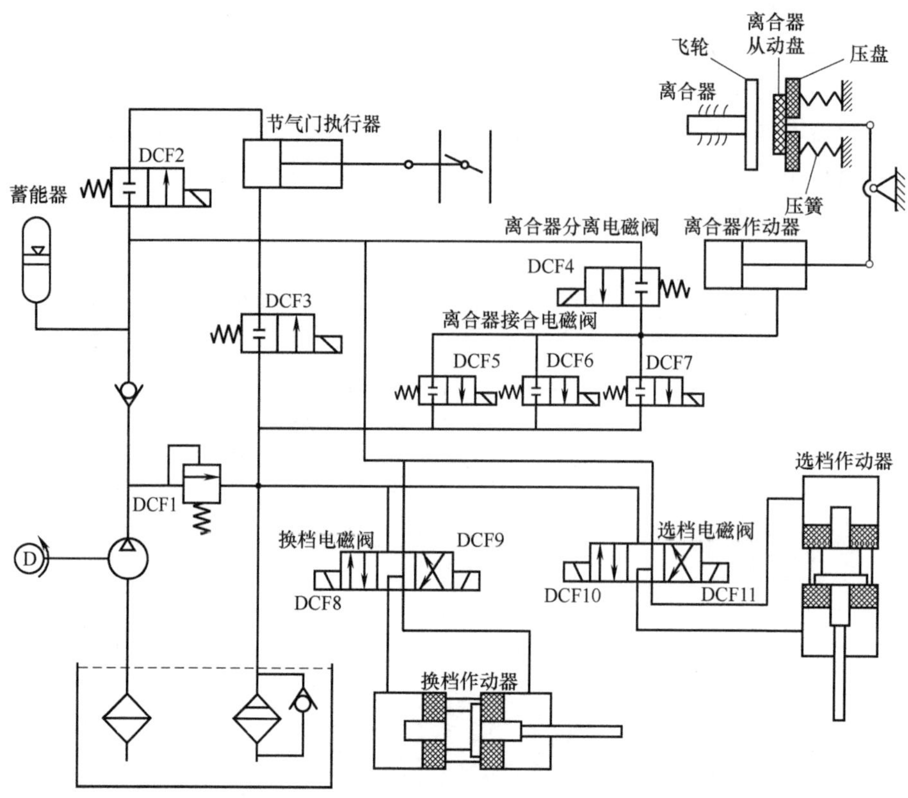

图 3-23　AMT 液压操纵系统的构成

离合器起步或换档过程中的接合速度取决于离合器的主、从动盘间的转速差以及汽车负荷等因素。一般以发动机转速（即离合器主动盘转速）、变速器输入轴转速（即离合器从动盘转速）、离合器从动盘接合时的行程的 3 个信号作为控制单元输入信号，通过这些信号计算离合器接合过程中主、从动盘的角加速度，从而推断汽车的负荷，对离合器的速度和行程进行精确控制，以达到离合器接合时平稳、快速、摩擦损耗最小的目的。

变速器选换档控制回路主要由选档作动器（双向作用油缸）和换档作动器（双向作用油缸）以及 2 个分别控制选档和换档的三位四通电磁阀组成。当油缸在电磁换向阀作用下，左腔进油、右腔回油时，左、右两腔形成压力差，从而推动柱塞右移，活塞杆外伸。反之，右腔进油、左腔回油则使柱塞左移，活塞杆向内缩。当左、右两腔均处于进油状态时，在缸壁内和柱塞上的定位凸台及两腔油压作用下按差动原理自动定位于中心位置。

电液式节气门执行器为单向作用数字控制式液压缸。油缸活塞的进程运动靠液压力驱动，而回程运动以节气门回位弹簧及执行器回位弹簧作为动力，通过 2 个高速开关电磁阀调节进、出油的流量来实现活塞运动速度的控制。高速开关电磁阀采用二位二通电磁阀，其启闭响应时间：开启时间<3. 5ms，关闭时间<2. 5ms。

任务实施

1. AMT 故障

AMT 故障大致可分为 5 类：与发动机有关的故障、与变速器有关的故障、与离合器有关的故障、与执行器有关的故障。

> 劳模精神
>
> 世界技能大赛冠军获得者陈思良分享的故障诊断“秘籍”：行驶中的轻微抖动、进气温度的少量异常，都要仔细地“问”；老办法的原理是什么，新问题又新在哪里，都要用心地“想”；摸得到的外在损伤，触不到的机械疲劳，都要反复地“看”；一个螺钉用多大力拧紧、一根线束怎么保护，都要认真地“修”。他说，一名优秀的技师，不应只是技术精湛，还应懂得传承，这才是新时代的“劳模精神”。
>
> 习近平总书记强调劳模精神、劳动精神、工匠精神是以爱国主义为核心的民族精神和以改革创新为核心的时代精神的生动体现，是鼓舞全党全国各族人民风雨无阻、勇敢前进的强大精神动力。

（1）与发动机有关的故障

1）节气门位置传感器故障：汽车的档位和车速与节气门开度有相对应的关系，当汽车在某一车速和档位下，节气门位置超出对应的范围时即可知节气门位置传感器故障。

2）发动机转速传感器故障：若变速器输入轴转速与发动机转速不同且输入轴转速与车速比符合档位关系，可知发动机转速传感器故障。

3）节气门调节机构故障：若 ECU 发出命令对节气门位置进行调节，而节气门位置传感器显示其位置不变或位置调整的大小与 ECU 的指令不对应，可知节气门调节机构故障。

（2）与变速器有关的故障

1）档位有前进档，无倒档；或有倒档，无前进档。

如果档位开关显示为倒档而档位传感器显示不是倒档，则是执行机构故障：

① 气缸活塞位置不正确，则是气缸故障。

② 如果气缸活塞位置正确，则为连接传动部分故障。档位开关显示为倒档，档位传感器也显示为倒档，则是齿轮或变速器轴或分动器故障。

2）汽车在行驶过程中，突然回到空档位置。

① 齿轮或齿套磨损成锥形，锥形的齿相互传递转矩会产生轴向力，轴向增大到足以克服自锁装置中弹簧弹力时，便使滑动齿轮（或接合套）脱离啮合而导致脱档。

② 变速器轴承松旷，壳体变形，使变速器壳上的轴承孔轴线平行度误差增大，导致齿轮轴产生倾斜，破坏齿轮的正常啮合，产生了轴向力。轴承止动弹性环或齿轮背面的止动垫松动或严重磨损，引起轴或齿轮轴向窜动。

③ 换档叉弯曲变形或过度磨损，导致换档叉和接合套上槽的间隙过大。

（3）与离合器有关的故障　离合器分离不彻底的原因主要有：

1）气压或机械操纵系统故障。

2）机械系统磨损过多。

3）分离行程不足。

4）从动盘总成的摩擦片变形。

5）半离合使用过度产生热变形。

6）安装前施加了异常的外力导致摩擦片变形或压盘壳变形。压盘总成传动片因跌、甩而变形。

7）压盘总成与飞轮的紧固螺钉松动。

8）从动盘正、反面装错，造成从动盘仍与飞轮有摩擦。

2. 拆卸 AMT 的执行元件

1）先拆蓄电池固定架，然后拆卸蓄电池，如图 3-24 所示。

2）拆卸蓄电池底座，如图 3-25 所示。拆卸蓄电池底座便于拆卸执行器以及和执行器连接的油泵。

图 3-24 拆卸蓄电池

图 3-25 拆卸蓄电池底座

3）拆卸执行器和变速器连接螺栓，如图 3-26 所示。

4）拆卸油泵，如图 3-27 所示。

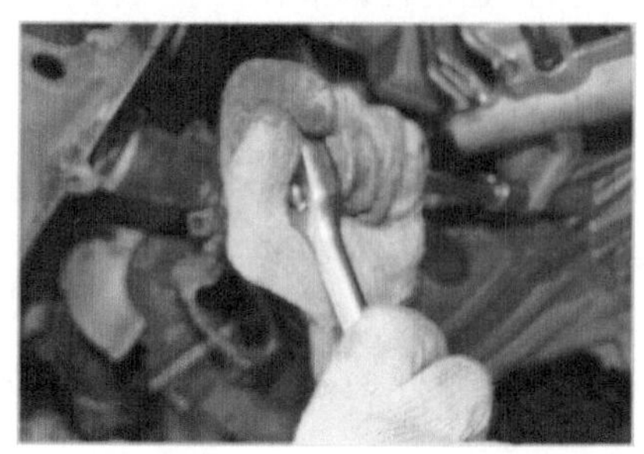

图 3-26 拆卸连接螺栓

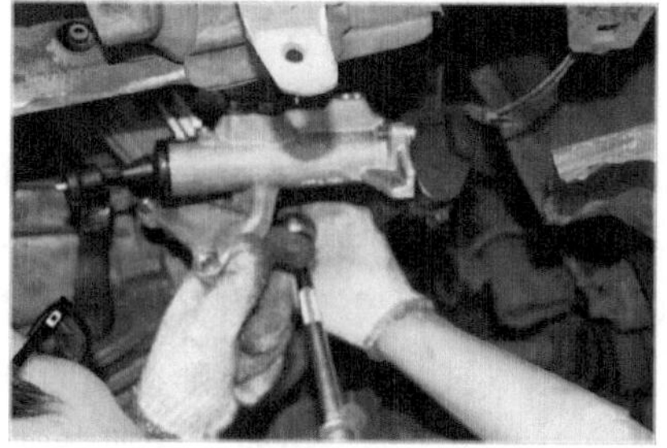

图 3-27 拆卸油泵

5）拆除连接执行器的附件，包括传感器、螺栓、线卡等，如图 3-28 所示。

6）拆除执行器，包括执行器和油泵，如图 3-29 所示。

图 3-28 拆除连接执行器的附件

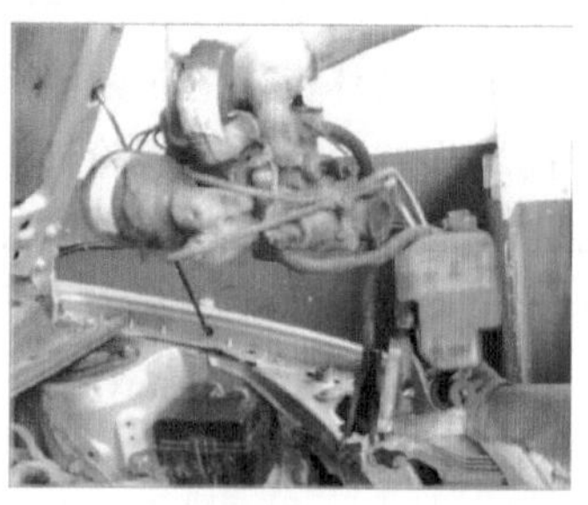

图 3-29 拆除执行器和油泵

学习任务 3.3 双离合器式自动变速器（DCT）检修

学习目标

【知识目标】

1. 掌握双离合器式自动变速器（DCT）的组成。
2. 掌握双离合器式自动变速器（DCT）的工作原理。

【能力目标】

1. 能够识别双离合器式自动变速器（DCT）。
2. 能够检修双离合器式自动变速器（DCT）。

【素养目标】

1. 培养学生对事负责、与人合作的精神，严谨细致的作风，坚持不懈的奋斗精神。
2. 培养学生爱岗敬业的职业道德意识。
3. 培养学生的安全意识和环保理念。

理论知识

双离合器式自动变速器（Dual Clutch Transmission，DCT）如大众的 DSG（Direct Shift Gearbox），保时捷的 PDK（Porsche Doppel Kupplung）以及福特、沃尔沃的 Powershift，综合了 AMT 的优势和 AT 动力换档的优点，具有很好的换档品质和车辆动力性、经济性。

1. DCT 的组成

双离合器变速器中，各离合器独立运转，如图 3-30 所示。一个离合器控制奇数档（1 档、3 档、5 档），另一个离合器控制偶数档（2 档、4 档、6 档和倒档）。这样，不需要中断从发动机到变速器的动力就可以换档。

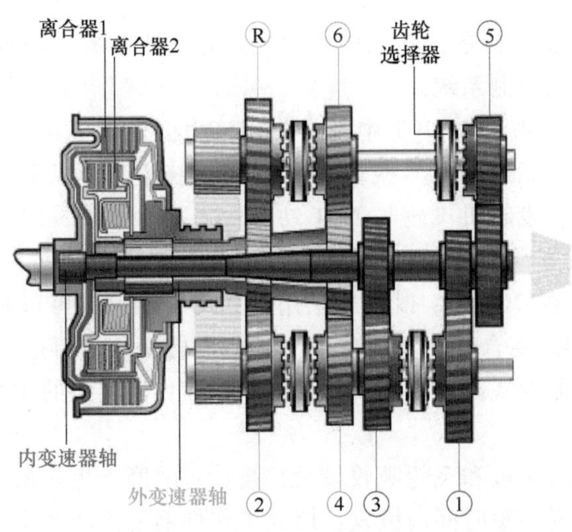

图 3-30 DCT 的组成

双离合器变速器的中央是一个由两部分构成的变速器轴。普通的机械变速器将所有档位的齿轮安装在一根输入轴上，而双离合器变速器将奇数档齿轮和偶数档齿轮分别安装到两根输入轴上。外轴是中空的，其中留有嵌套内轴的空间。外部的中空轴为 2 档、4 档和 6 档提供动力，而内轴为 1 档、3 档和 5 档提供动力。

湿式多片离合器和变矩器一样，都是使用液压来驱动齿轮。液体作用于离合器活塞内部。活塞内部的液压迫使一组螺旋弹簧分离，从而将一系列离合器片和摩擦盘推向固定的压板。摩擦盘有内部齿形，其大小和形状可以与离合器从动鼓上的花键啮合，而从动鼓又连接到将接收传动力的齿轮，如图 3-31a 所示。奥迪的双离合器变速器在其湿式多片离合器中既有一个小的螺旋弹簧，又有一个大的膜片弹簧，如图 3-31b 所示。

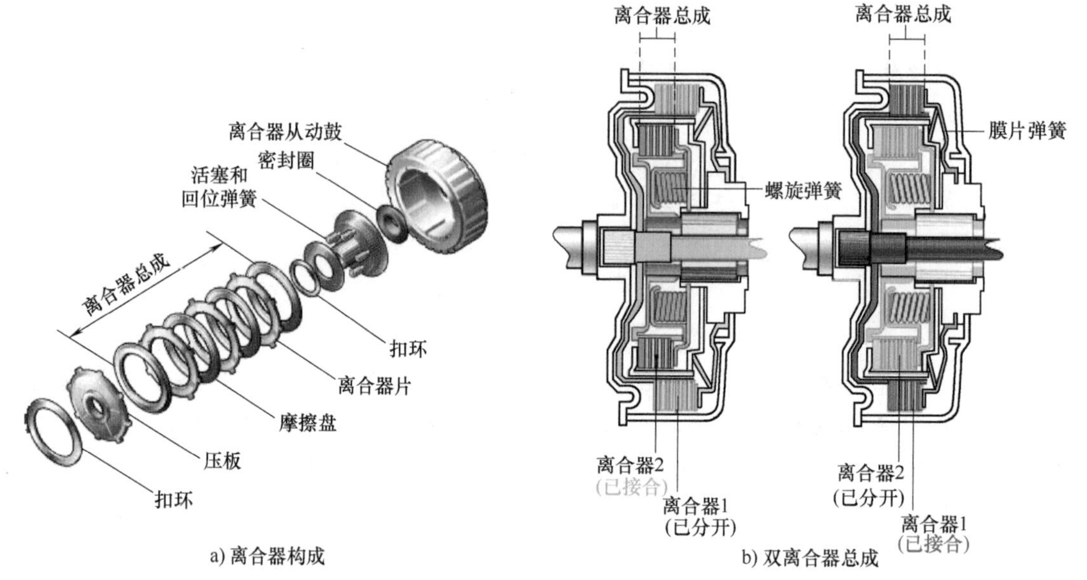

图 3-31　双离合器

2. DCT 的工作系统

DCT 的工作系统主要包括带扭转减振器的湿式离合器系统、按 DCT 工作原理配置的变速器及换档系统和相应的控制系统。

（1）扭转减振系统　由于在 DCT 中没有使用液力变矩器等可以吸收系统振动的元件，需要采用扭转减振器吸收系统的扭转振动。在 DCT 系统中，可以采用普通的单级或多级扭转减振器，其安装位置在发动机飞轮与 DCT 动力输入部件之间，因此需要将飞轮的转动惯量与 DCT 动力输入件的惯量综合匹配，并确定系统的扭转刚度。

（2）离合器系统　在 DCT 中，既可以采用干式离合器，也可以采用湿式离合器。相对而言，在 DCT 中使用湿式离合器更具有优势，其传递转矩大，可以通过增加摩擦片数增大摩擦转矩；可以通过控制湿式离合器的工作压力控制其传递转矩的大小，实现动力传递系统的转矩控制。

干式离合器可以通过压板和飞轮吸收较大热量，对滑磨产生热量的速度不敏感，但因为空气散热较慢，热量不易在短时间内散发，因此工作性能受滑磨产生的总热量的限制。干式离合器适于在短时间内结合，滑磨时间短、产生热量少。

湿式离合器用油冷却摩擦片，受限于产生热量的速度，但不受总热量的限制，适用于离合器结合过程中压力逐步增大、发热速度较慢的场合。在设计中，可以选用较小的离合器储备系数，并控制加压油缸的油压增大速度，使摩擦力矩逐步增加。

工匠精神

产品设计要仔细分析、研究各个产品的优点、缺点，从而提高整个产品的品质。大力弘扬工匠精神，有助于巩固我国制造业中的“长板”、补足“短板”，完善我国制造业体系。大力弘扬工匠精神有助于深入推进质量提升行动，促进以精工细作提升中国品质、以制造实力打造中国品牌，实现中国速度向中国质量转变、中国产品向中国品牌转变、中国制造向中国创造转变，并最终达成制造强国的目标。

（3）液压控制系统　DCT 的液压控制系统主要负责接收电控系统的控制指令，对离合器和变速器的换档机构进行操纵。液压控制系统主要包括双离合器控制部分、换档机构控制部分和冷却部分。

双离合器控制部分通过对离合器油缸充入和释放高压油实现离合器的分离和接合。离合器油缸通过直接使用电磁阀或采用电磁阀做先导阀进行动作控制，并且可以使用线性电磁阀对离合器接合实现压力控制，这对实现动力传动系统的转矩控制有利。

在 DCT 中，对离合器进行滑差控制必然产生滑摩热量，使油液温度升高，如果热量不能及时排出去，将使离合器的性能受到影响，因此要对其冷却油路进行散热。

（4）电控系统　DCT 的电控系统负责采集车辆运行信息、驾驶人的操作指令，实时在线地对车辆的运行状态进行综合处理和判断，并控制 DCT 的运行。同时，电控系统还要负责与发动机电控单元以及其他系统电控单元的协调工作。

任务实施

1. 故障诊断类别

1）仪表显示“Tiptronic 功能失效——无法正常换档”：检查变速器上部变速杆拉索底座上的防松垫片。

2）驱动力不足：首先应检查变速器油是否过少，然后检查机械部分及控制部分。

3）存在故障码的故障：应借助诊断仪进行故障引导查询，协助维修。

4）存在“与变速器无关”的故障：如“ABS 信号缺失”，而 ABS 控制单元内也存在同样的故障，此时应将检查转至“ABS”。

5）4000~6000r/min 之间所有档位都存在脉冲式杂音：检查变速器油高度或更换油泵。

6）存在蠕行、颤抖，油压补偿不正常，升档延迟：更换双离合器。

7）在转弯时车辆进入紧急模式：由于变速器油液面过低引起。

2. 双离合器式自动变速器的检修

（1）油位检测

1）确认变速器没有故障，连接智能测试仪 IDS。

2）拉紧驻车制动器手柄，踩下制动踏板，起动发动机。

3）使变速杆在所有档位停留至少 20s。

4）使用智能测试仪 IDS 检查油温是否为 35~45℃。

5）将点火钥匙转至 OFF 位置。

6）拆下空滤和油液添加孔螺栓。

7）举升车辆，拆下下护板。

8）准备测量容器，拆下油位检查孔螺栓。

9）每次将 250mL 变速器油缓慢倒入变速器油液添加孔，直至油液从油位检查孔流出，此时变速器油位为正常位置。

（2）双离合器式自动变速器的学习功能

1）将智能检测仪 IDS 的语言设置设定为英文，进行变速器学习。

2）通过菜单 Powertrain-Service Function-TCM 进入学习界面，分别进行换档拨叉和离合器的学习。

3）按系统要求依次打钩进行学习。

4）按照智能检测仪 IDS 的提示起动发动机后进入 IDS 操作界面，此时应同时将节气门踏板和制动踏板踩到底，并保持住。同时踩下制动踏板和节气门踏板后，2 个红色菜单会变绿，此时不能松开制动踏板和节气门踏板，保持住。保持制动踏板和节气门踏板处于踩下状态 2~3min，能感到拨叉作动时的噪声和振动。

5）当显示成功时，先在屏幕上打钩，再松开节气门踏板和加速踏板。

6）关闭点火开关，完成拨叉学习。离合器的学习方法与拨叉学习一样。

3. 双离合器总成的拆卸

1）驱动盘的安装位置：检查驱动盘上的标记是否对准外板支架上的标记，如图 3-32 中箭头所示。如果没有标记，使用永久性记号笔在驱动盘相对于外板支架边缘的安装位置做标记。安装时，必须将驱动盘与外板支架边缘的记号互相对齐。

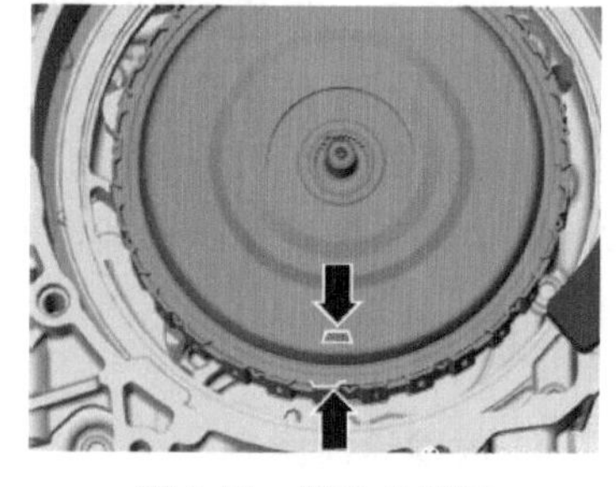

图 3-32 驱动盘标记

2）使用螺钉旋具按图 3-33 中箭头所示方向撬出驱动盘上的卡环。

3）将顶拔器安装到驱动盘上的花键上，并沿图 3-34 中箭头所示的方向拉出驱动盘。

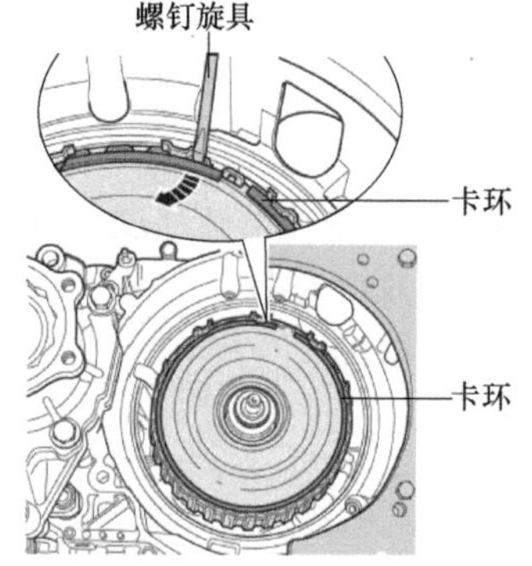

图 3-33 撬出驱动盘卡环

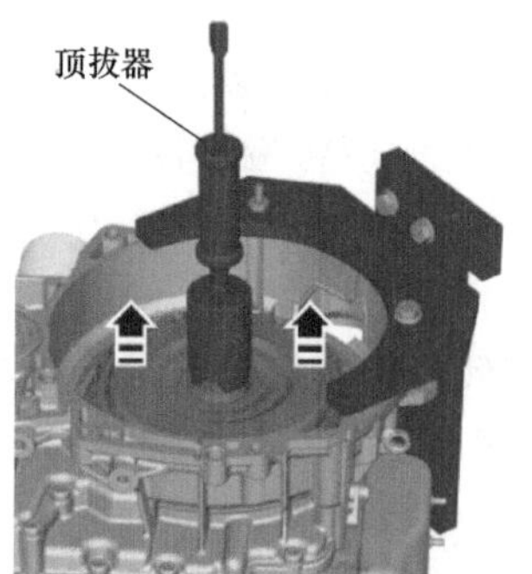

图 3-34 拉出驱动盘

4）使用卡簧钳拆下图 3-35 中箭头所示的卡环并将其保存好。

5）取下图 3-36 中箭头所示的垫片。

图 3-35 拆卸卡环

图 3-36 取下垫片

注意：小心拆下离合器，不要让离合器驱动盘和其他部件掉出。因此，在任何情况下都不允许翻转离合器。

6）将两个钩子安装在离合器的两个相对位置，如图 3-37 箭头所示。

7）使用钩子沿图 3-38 中箭头方向拉出双离合器总成。

图 3-37 安装钩子

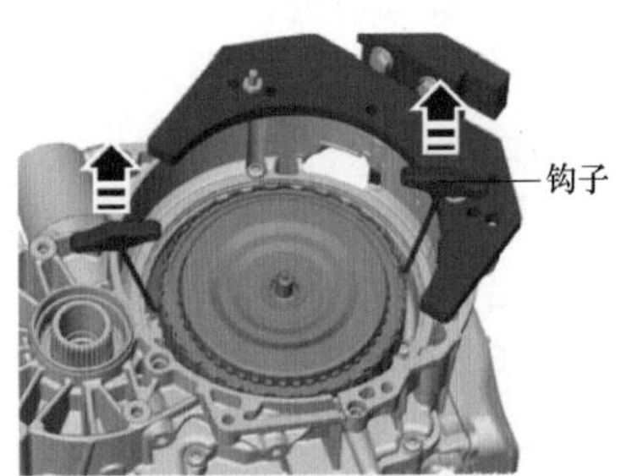

图 3-38 拉出双离合器总成

任务小结

1. 金属带式无级变速器主要是通过改变主、从动轮和金属带的接触半径，也就是工作半径实现传动比的连续变化。主、从动轮组都由可动锥盘和固定锥盘组成，可动锥盘可以在主、从动轴上沿轴向移动。

2. 无级变速器低速档为使静止的车辆更容易起步，主动轮的直径相对比较小，从动轮的直径相对比较大。车速提高时，主动轮的移动锥盘逐渐向固定锥盘靠近，锥盘的轮周增大，同时，从动锥盘被迫分离，半径减小，改变传动比。

3. 液压驱动式 AMT 的选档、换档和离合器的操纵靠油压实现，其主要是在发动机控制单元和变速器控制单元的控制下，由油泵驱动液压油提供动力，液压油进入选换档机构和离合器阀体中，实现选档、换档和离合器的分离与接合。

4. 电动机驱动式自动变速器选换档过程由选换档电动机完成。

5. 双离合器变速器中，各离合器独立运转，一个离合器控制奇数档（1 档、3 档、5 档），另一个离合器控制偶数档（2 档、4 档、6 档和倒档）。

思 考 题

1. CVT 相比传统自动变速器有哪些优点？
2. DCT 相比传统自动变速器有哪些优点？

练 习 题

一、填空题

1. CVT 的英文全称是____________________。

2. CVT 技术即无级变速技术，采用____________和____________可变的主、从带轮相配合传递动力。

3. CVT 系统主要包括____________、从动轮组、金属带和____________等基本部件。

4. CVT 中行星齿轮传动机构采用一个双行星排，通过操纵 1 个____________或 1 个____________实现前进档和倒档的转换。

5. AMT 换档时，变速器的选换档机构、____________、发动机节气门开度的调节都需要进行自动控制。

6. AMT 传感器包括速度传感器、温度传感器、压力传感器、____________、____________、加速度传感器等。

7. 由于在 DCT 中没有使用液力变矩器等可以吸收系统振动的元件，所以需要采用____________来吸收系统的扭转振动。

8. DCT 的英文全称是____________________________________。

二、问答题

1. CVT 的主要结构和工作原理是什么？
2. 干式离合器、湿式离合器的工作特性区别是什么？
3. AMT 的组成和工作原理是什么？
4. DCT 的工作系统组成及工作原理是什么？

三、论述题

请进行大众 OAM 型 7 档双离合器自动变速器工作过程分析。

四、故障诊断

1. 如何进行 CVT 自动变速器油油位检查？
2. 如何进行 CVT 锁止电磁阀的测试？
3. 如何进行 AMT 故障类型判定及故障诊断？
4. 如何进行 DCT 学习功能的操作？

项目4　车轮防滑转电控系统检修

案例导入

红旗轿车 HS5 车辆配置有主动制动系统，在判定车辆将要产生碰撞时，主动制动系统会自动启动，防止或缓解碰撞导致的损害。当车辆的速率达到 30km/h 时，主动制动系统自动启动。主动制动系统根据前风窗玻璃上的毫米波雷达即时监控交通条件，尤其是车前 6m 内的状况。当前车制动、停止或者有其他障碍物的时候，系统首先会自动在制动系统上加力，在驾驶人做出动作前缩短制动距离。当汽车以低于 30km/h 的车速撞向正前方车辆时，主动制动系统会在碰撞前应用全制力把汽车制动停车。当车速高于 30km/h 时，主动制动系统为了防止后面车辆发生追尾，并不会使用 100%的制动力把车制动停车，而是采取主动减速动作，有效地降低损毁程度。

根据上述案例，请思考下列问题：

1）红旗轿车的发展历史是怎样的？

2）红旗轿车有哪些新技术？

3）主动制动系统有什么功能？

学习任务 4.1　防抱死制动系统（ABS）检修

学习目标

【知识目标】

1. 掌握 ABS 的组成及各部分的作用。
2. 掌握 ABS 的工作原理。
3. 掌握 ABS 循环式制动压力调节器的工作过程。
4. 掌握 ABS 可变容积式制动压力调节器的工作过程。

【能力目标】

1. 能正确选择诊断设备对 ABS 进行检修。
2. 能正确记录、分析各种检测结果。
3. 能根据环保要求，正确处理对环境和人体有害的废料和损坏的零部件。

【素养目标】

1. 培养学生对事负责、与人合作的精神，严谨细致的作风，坚持不懈的奋斗精神。
2. 培养学生不断向上的敬业精神和诚实守信、吃苦耐劳的职业品质。
3. 培养学生的安全意识和环保理念。

理论知识

汽车防抱死制动系统（Anti-Lock Brake System，ABS）是汽车上的一种主动安全装置，其作用是在汽车制动时，防止车轮抱死后在路面上拖滑，以提高汽车制动过程中的方向稳定性、转向控制能力和缩短制动距离，使汽车制动更为安全有效。

1. 汽车制动性能

制动性能是汽车的主要性能之一。评价制动性能的指标主要有制动效能和制动稳定性。

（1）制动效能　制动效能即制动距离、制动时间和制动减速度。由汽车理论可知，制动效能主要取决于制动力的大小，而制动力不仅与制动器的摩擦力矩有关，还受车轮与地面附着系数的制约，即制动力的最大值等于附着力

$$F_t \leqslant F_\mu = G\varphi_B$$

式中，F_μ 是车轮与路面间的附着力；G 是车轮对路面的垂直载荷；φ_B 是轮胎与路面间的纵向附着系数。

车轮对路面的垂直载荷 G 一定时，制动力的最大值取决于车轮与地面的纵向附着系数 φ_B，而 φ_B 与车轮相对地面的滑移率 S 有关。滑移率 S 的定义为

$$S = \frac{(v - v_C)}{v} \times 100\% = \frac{(v - r\omega)}{r} \times 100\%$$

式中，v 是车身瞬时速度；v_C 是车轮圆周速度；r 是车轮半径；ω 是车轮角速度。

纵向附着系数 φ_B 与滑移率 S 的关系如图 4-1 所示。

由曲线可知，纵向附着系数在滑移率为 20%左右时最大，此时制动力最大。当车轮抱死滑移率为 100%时，纵向附着系数反而有所下降，因而制动力亦有所下降，即制动效能下降。

（2）制动稳定性　制动时汽车的方向稳定性是指汽车在制动时仍能按指定方向的轨迹行驶，即不发生跑偏、侧滑以及失去转向能力。

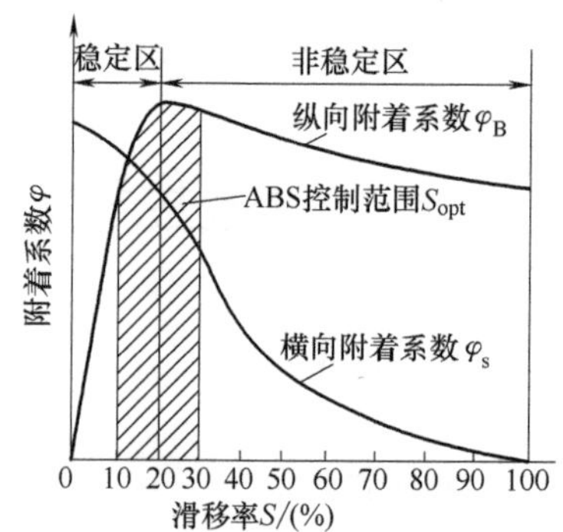

图 4-1　附着系数与滑移率的关系

汽车制动时，产生侧滑及失去转向能力与车轮和地面间的横向附着力有关，即与横向附着系数有关，而横向附着系数和车轮与路面的滑移率 S 有关。由图 4-1 可知，当滑移率增大时，横向附着系数减小，当 $S = 100\%$，即车轮抱死时，横向附着系数下降至零。此时，车轮在极小的侧向外力的作用下即产生侧滑。转向轮抱死后将失去转向操纵能力。因此，车轮抱死后将导致制动时汽车的方向稳定性变坏。

从以上分析可知，制动时车轮抱死，制动效能和制动时的方向稳定性均变差。如果制动时将车轮滑移率 S 控制在 15%～20%，此时纵向附着系数最大，可以得到最大的制动力。同时，横向附着系数也保持较大值，使汽车具有良好的抗侧滑能力及制动时的转向操纵能力，因而得到最佳的制动效果。

（3）理想的制动控制过程　ABS 的功用是使实际制动过程控制接近于理想制动过程，如图 4-2 所示。制动时，当车轮滑移率刚刚超过 S_{opt} 出现抱死趋势时，ABS 迅速适当降低制动压力，减小车轮制动力矩，使车轮滑移率恢复至略小于 S_{opt} 的附近。随后再次将制动压力

提高至使滑移率 S 稍微超过 S_{opt} 的附近，再次迅速降低制动压力，使滑移率 S 又恢复至略小于 S_{opt} 的附近。如此反复将车轮滑移率 S 控制在 S_{opt} 附近狭小范围内，以获得最佳的制动效能和制动时的方向稳定性和转向操纵能力。

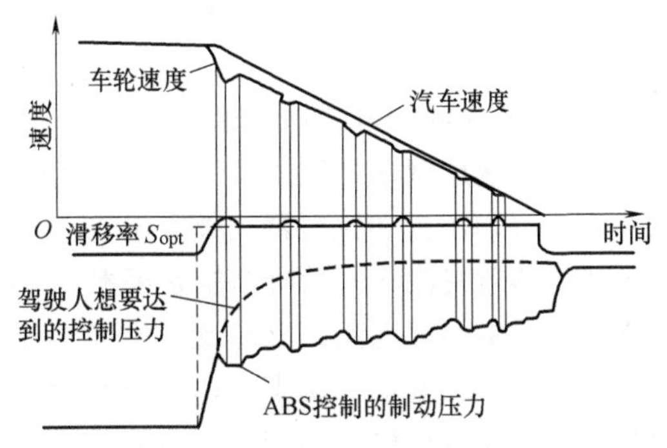

图 4-2 ABS 理想的制动控制过程

2. ABS 的分类

ABS 的分类方法一般有两种：一是按控制通道分类，二是按控制参数分类。

（1）按控制通道分类 在 ABS 中，能够独立进行制动压力调节的制动管路称为控制通道。ABS 装置的控制通道分为四通道式、三通道式、两通道式和单通道式，如图 4-3 所示。

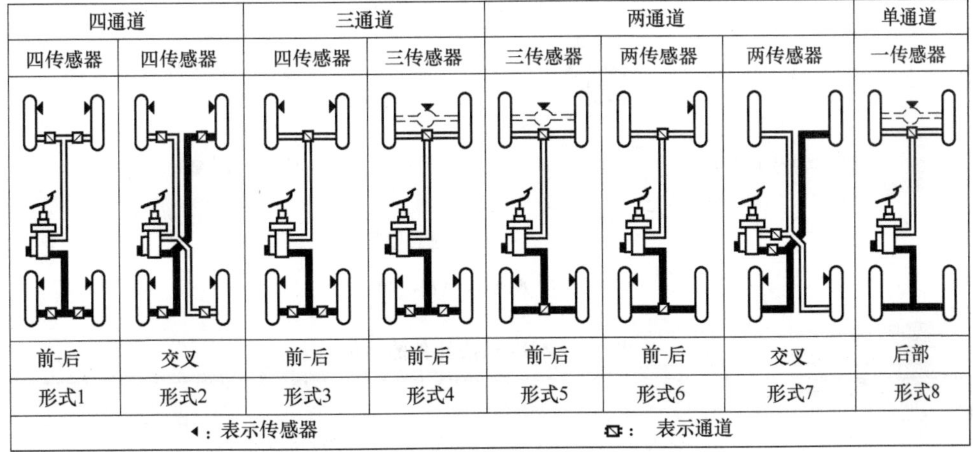

图 4-3 按控制通道分类

四通道式 ABS 特别适用于汽车左、右两侧车轮附着系数接近的路面，不仅可以获得良好的方向稳定性和方向控制能力，而且可以得到最短的制动距离。如果汽车左、右两个车轮的附着系数相差较大（如路面部分积水或结冰），制动时两个车轮的地面制动力就相差较大，会产生横摆力矩，影响汽车的制动方向稳定性。三通道式 ABS 在两后轮按低选原则控制时，可能出现附着系数较大的一侧后轮附着力不能充分利用，使汽车的总制动力减小。两通道式 ABS 难以在方向稳定性、转向控制性和制动效能各方面得到兼顾，目前很少采用。单通道式 ABS 一般对两后轮按低选原则进行控制，在轻型载货车上应用较多。

（2）按控制参数分类

1）以车轮滑移率 S 为控制参数的 ABS：ECU 根据车速和轮速传感器的信号计算车轮的滑移率，作为控制制动力的依据。当算得滑移率 S 超出设定值时，ECU 输出减小制动力信号，通过制动压力调节器减小制动压力，使车轮不被完全抱死；当滑移率低于设定值时，ECU 输出增大制动力信号，制动压力调节器使制动力增大。

2）以车轮角加速度为控制参数的 ABS：ECU 根据轮速传感器信号计算车轮角加速度，作为控制制动力的依据。一个是角减速度的门限值，作为被抱死的标志；一个是角加速度的门限值，作为制动力过小、车速过高的标志。制动时，当车轮角减速度达到门限值时，ECU输出减小制动力信号；当车轮转速升高至角加速度门限值时，ECU 输出增大制动力信号。

3. ABS 的结构与工作原理

无论是液压制动系统还是气压制动系统，防抱死制动系统（ABS）的组成均由传感器、电控单元（ECU）和执行器三部分组成，如图 4-4 所示，其功能见表 4-1。电控单元（ECU）通过传感器监视汽车制动时车轮是否抱死。在一般制动情况下，驾驶人踩在制动踏板上的力较小，车轮不会被抱死，ECU 无控制信号输出，这时，制动力完全由驾驶人踩在制动踏板上的力控制。在紧急制动或是在滑溜路面制动，车轮将要被抱死的情况下，ECU 输出控制信号，通过执行机构（即制动压力调节器）控制制动器的制动力，使车轮不被抱死。

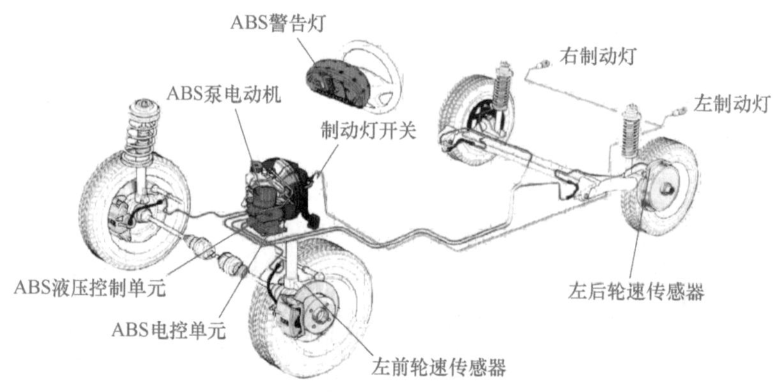

图 4-4 典型的 ABS 组成

表 4-1 ABS 组成元件的功能

组成元件		功能
传感器	车速传感器	检测车速,给 ECU 提供车速信号,用于滑移率控制方式
	轮速传感器	检测车轮转速,给 ECU 提供轮速信号,各种控制方式均采用
	减速度传感器	检测制动时汽车的减速度,识别是否是冰雪等路面,只用于四轮驱动控制系统
执行器	制动压力调节器	接收 ECU 的指令,通过电磁阀的动作控制制动系统压力的增大、保持或降低
	液压泵	受 ECU 控制,在可变容积式制动压力调节器的控制油路中建立控制油压
	回油泵	受 ECU 控制,将由轮缸流出的制动液回流主缸,以防止制动踏板行程发生变化
	ABS 警告灯	ABS 出现故障时,由 ECU 控制将其点亮,并由 ECU 控制闪烁显示故障码
ECU		接收车速、轮速、减速度等传感器的信号,计算出车速、轮速、滑移率和车轮的减速度、加速度,并将这些信号加以分析,输出控制指令,控制执行器工作

（1）车轮转速传感器　目前 ABS 的车轮转速传感器主要有电磁式轮速传感器和霍尔式轮速传感器两种类型。如图 4-5 所示，一般汽车前轮上的传感器被固定在车轮转向架上，转子安装在车轮轮毂上，与车轮同步转动；汽车后轮上的车速传感器则被固定在后车轴支架上，转子安装在驱动轴上，与车轮同步转动。

1）电磁式轮速传感器。电磁式轮速传感器由传感头（感应线圈、永久磁铁）和齿圈（转子）组成，如图 4-6 所示。

传感头是一个静止部件，一般安装在车轮附近不随车轮转动的部件上，如转向节、半轴

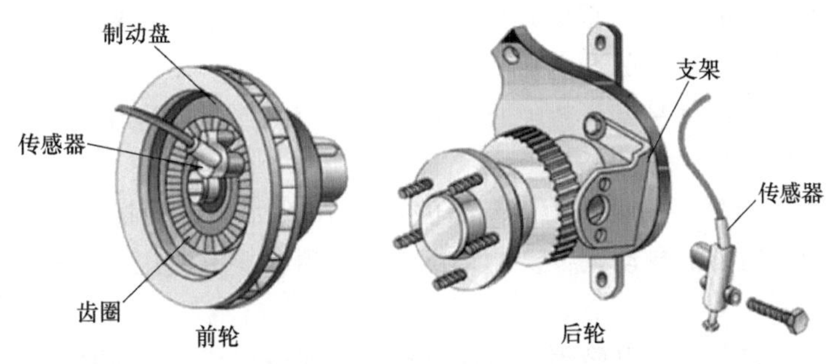

图 4-5　轮速传感器的安装位置

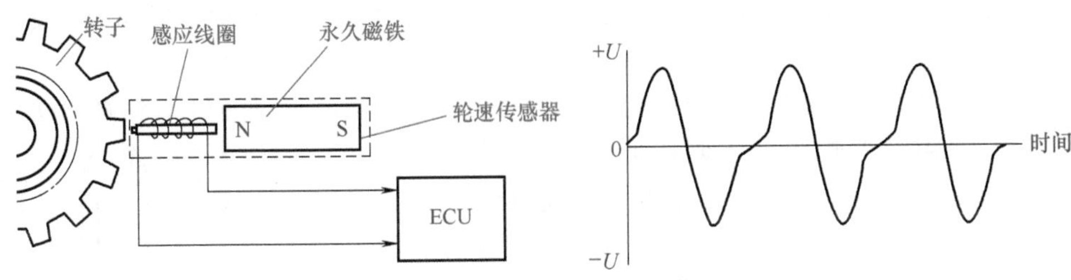

图 4-6　电磁式轮速传感器

套管、悬架构件等。传感头由永久磁铁、感应线圈等组成。齿圈（转子）多为一个带齿的圆环，一般安装在随车轮一同转动的部件上，如轮毂、制动盘等。传感头与齿圈之间的空气间隙很小，通常只有 0.5~1mm。

当转子随车轮转动时，带齿的转子与传感器之间的空气隙发生变化，使磁电传感器中磁路的磁通发生变化，从而切割传感线圈产生交流电，交流电频率随转子的转速快慢而变化。根据磁电传感器感应出的交流电频率，电控单元（ECU）能计算出该转子或车轮的转速。在规定范围内（一般车速为 15~160km/h），交变电压的幅值一般在 1~15V（有的在 0.1~0.9V）内变化。当车轮不转时，感应电压幅值为 0V。

2）霍尔式轮速传感器。霍尔式轮速传感器由传感头和齿圈组成。传感头由磁体、霍尔半导体元件和电子电路等组成，永磁体的磁力线穿过霍尔元件通向转子叶片，如图 4-7 所示。

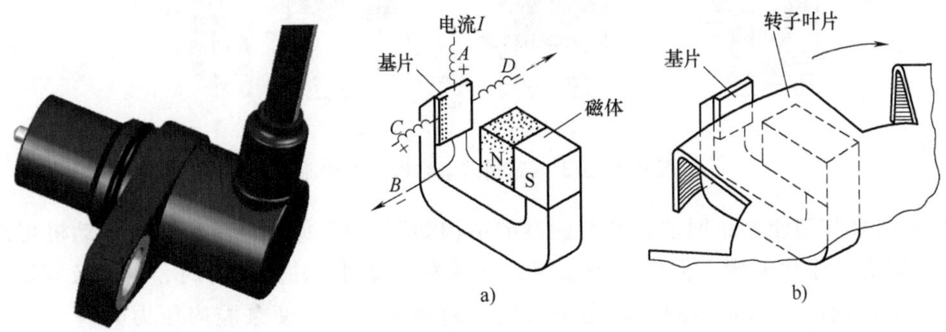

图 4-7　霍尔式轮速传感器

当转子叶片穿过霍尔元件的磁力线分散区，磁场相对较弱；当转子叶片穿过霍尔元件的磁力线集中区，磁场相对较强。转子叶片转动时，使得穿过霍尔元件的磁力线密度发生变化，因而引起霍尔电压的变化，霍尔元件将输出一个毫伏（mV）级的准正弦波电压。此信号需由电子电路转换成标准的脉冲电压。

霍尔轮速传感器输出信号电压幅值不受转速的影响。当供电电压维持在 5V 时，传感器输出信号电压可以保持在 4.7~4.8V。

（2）制动压力调节器　制动压力调节器的功用是接收 ECU 的指令，通过电磁阀的动作实现车轮制动器制动压力的自动调节。制动压力调节器主要有液压式、气压式和空气液压加力式等。

液压式制动压力调节器由电磁阀、液压泵和蓄能器等组成。制动压力调节器串联在制动主缸和制动轮缸之间，通过电磁阀直接或间接地控制轮缸的制动压力。电磁阀直接控制轮缸制动压力的调节器称为循环式制动压力调节器，间接控制制动压力的调节器称为可变容积式制动压力调节器。

1）循环式制动压力调节器。此种形式的制动压力调节器在制动总缸与轮缸之间串联有一个电磁阀，直接控制轮缸的制动压力。回油泵的作用是在电磁阀“减压”过程中，将从制动轮缸流出的制动液经蓄能器后泵回制动轮缸。流出的制动液由蓄能器暂时储存，然后由回油泵泵回主缸。循环式制动压力调节器的基本结构如图 4-8 所示。

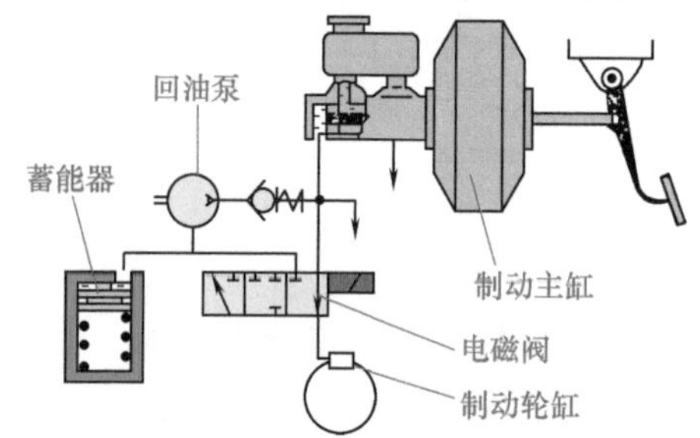

图 4-8　循环式制动压力调节器的基本结构

① 电磁阀：循环式制动压力调节器的电磁阀多采用三位三通电磁阀（3/3 电磁阀）。在四通道制动控制系统中，每个轮缸有 1 个 3/3 电磁阀；在三通道动控制系统中，每个前轮有 1 个 3/3 电磁阀，两后轮共享 1 个 3/3 电磁阀。

电磁阀线圈受 ECU 的控制。阀上有 3 个孔分别通制动主缸、制动轮缸和蓄能器。电磁线圈流过的电流受 ECU 控制，能使阀处于升压、保压、减压 3 种位置，即“三位”，如图 4-9 所示。

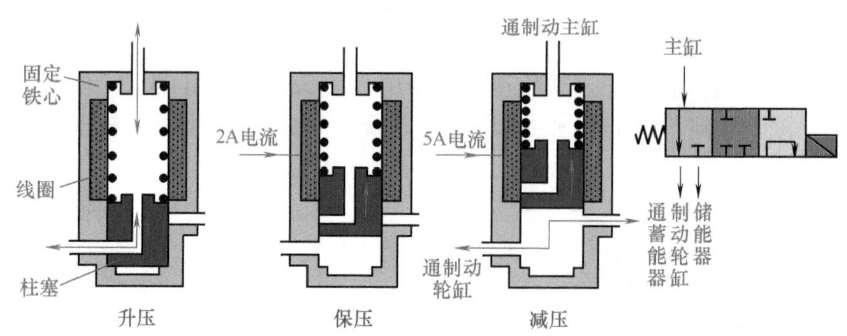

图 4-9　3/3 电磁阀基本结构与工作原理

② 回油泵与储能器：回油泵与储能器的结构如图 4-10 所示。回油泵由电动机带动凸轮驱动，泵内有 2 个单向阀，上阀为进油阀，下阀为出油阀。柱塞上行时，轮缸及蓄能器的液压油推开上进油阀进入泵体内。柱塞下行时，封闭进油孔，使泵腔内压力升高，推开出油阀，将制动液压回制动主缸。蓄能器为一个内装活塞和弹簧的油缸，位于电磁阀与回油泵之间。由轮缸流入的液压油进入蓄能器作用于活塞，进而压缩弹簧使蓄能器容积变大，以暂时储存制动液。

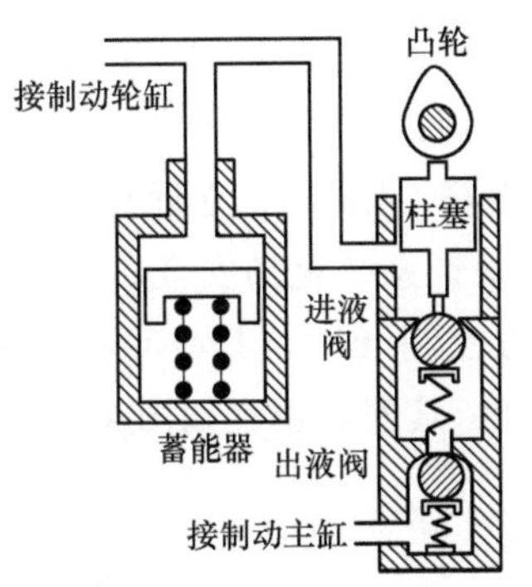

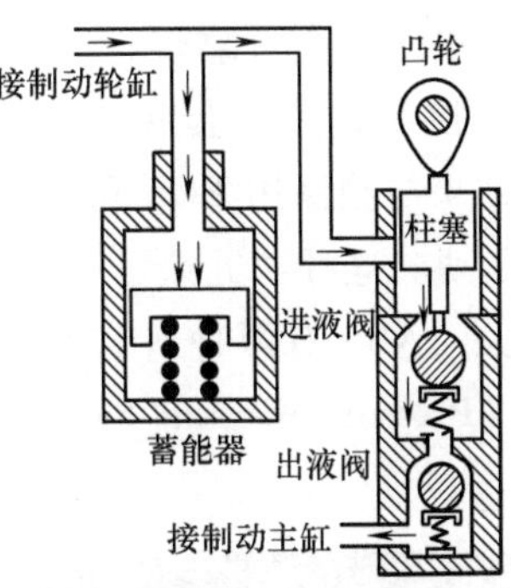

图 4-10　回油泵与储能器的结构

2）回流泵式制动压力调节器。回流泵式制动压力调节器采用两个二位二通电磁阀取代循环调压方式中的一个三位三通电磁阀，实现 ABS 的保压、减压和增压，工作可靠性更高。

回流泵式制动压力调节器由进油电磁阀（常开）、回油电磁阀（常闭）、回油泵、回油泵电动机、单向阀、蓄能器等组成，如图 4-11 所示。在 ABS ECU 的控制下，制动压力调节器通过指令进、回油电磁阀的开闭，直接控制各制动轮缸的制动压力。

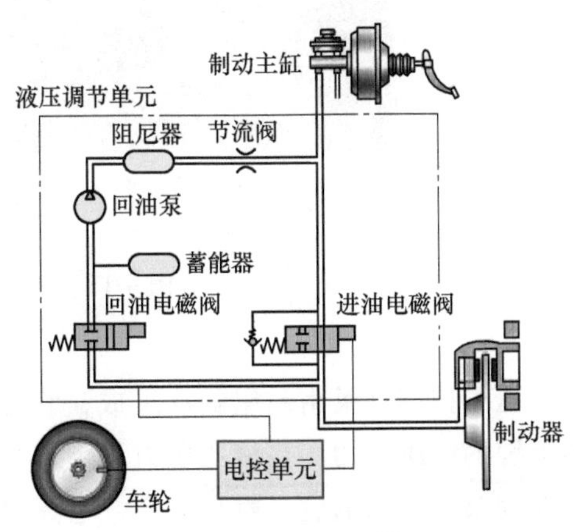

图 4-11　回流泵式制动压力调节器

（3）电控单元（ECU）　ABS 的 ECU 接收各车轮上的传感器传来的转速信号，经过电路对信号的整形、放大和计算机的比较、分析、判别处理，向 ABS 执行器发出控制指令，如图 4-12 所示。一般来说，ABS ECU 还具有初始检测、故障排除、速度传感器检测和系统失效保护等功能。

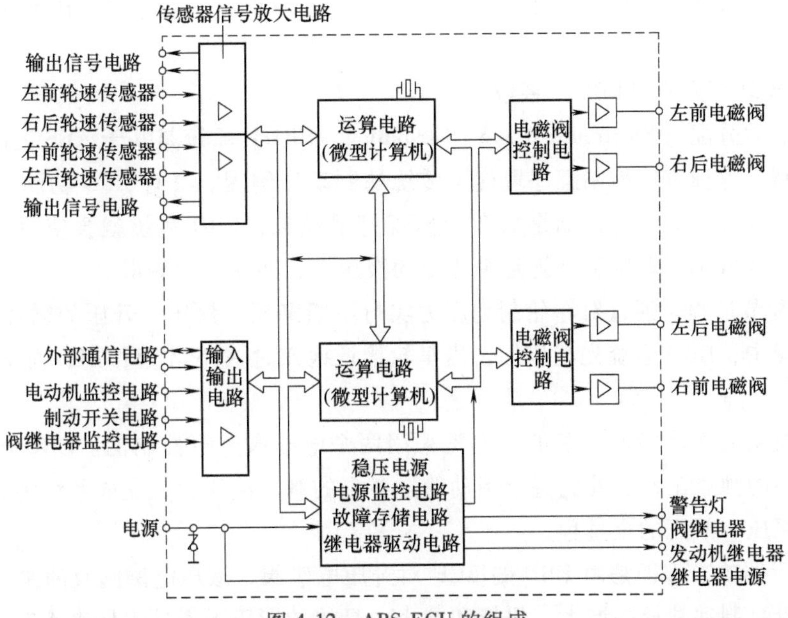

图 4-12　ABS ECU 的组成

为确保系统工作的安全可靠性，在许多 ABS 的 ECU 中采用了两套完全相同的微处理器，一套用于系统控制，另一套起监测作用。它们以相同的程序执行运算，一旦监测用 ECU 发现其计算结果与控制用 ECU 所算结果不相符，则 ECU 立即让制动系统退出 ABS 控制，只维持常规制动。这种“冗余”的方法可以保证系统更加安全。

（4）警告开关　ABS 有两种警告开关：压力控制开关（Pressure Control Switch，PCS）和压力警告开关（Pressure Warning Switch，PWS），其安装位置如图 4-13 所示。

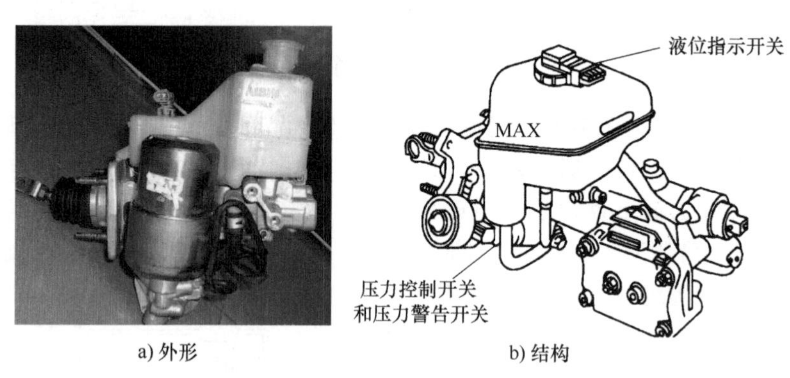

a) 外形　　b) 结构

图 4-13　压力控制开关和压力警告开关

压力控制开关由一组触点组成，它独立于 ECU 工作，一般位于蓄能器下面，监视蓄能器下腔的液压压力。当液压压力下降到一定的数值（一般是 14000kPa）时，压力开关闭合，使电动泵继电器通电，触点闭合，电源通过此电路让电动泵运转。

压力警告开关（PWS）有两个功能，当压力下降到 14000kPa 以下时，压力警告开关先使红色制动系统故障指示灯亮，然后使琥珀色 ABS 故障指示灯亮，同时让 ECU 停止防抱死制动的工作。

4. 电子制动力分配（EBD）系统

电子制动力分配（Electronic Brake Distribution，EBD）系统是基于 ABS 控制模式的一种附加逻辑控制，这种逻辑控制程序取代了传统的制动比例阀。具有 EBD 功能的 ABS 将精确监视前、后车轮打滑的情况，如果后车轮出现打滑现象，EBD 系统就会使后车轮制动管路关闭，以保持或减小后车轮制动管路中的制动液压力，防止车轮侧滑。

EBD 的调节过程是通过对车轮制动压力实行不断降压、保压、升压的循环控制实现的。汽车制动过程中，EBD 系统先起作用，当车轮接近抱死时 ABS 才起作用，而 EBD 系统的作用消失。

EBD 系统对每个车轮制动液的压力是采用两个电磁阀进行控制的。EBD 电控单元共管理 8 个电磁阀的独立工作，控制每个制动轮缸各自的制动液压力，完成系统制动液压力的调节：增压、保压、减压的全过程。

EBD 执行器的工作即是由 EBD 的 ECU 对升压电磁阀、减压电磁阀及油泵进行控制，调节车轮制动轮缸制动油压的增大、保持和减小，具体的调压工作过程见表 4-2。

表 4-2 执行器调压过程

制动轮缸液压	升压电磁阀		减压电磁阀	
	通电状态	阀状态	通电状态	阀状态
升压	OFF	开启	OFF	关闭
保压	ON	关闭	OFF	关闭
降压	ON	关闭	ON	开启

1. ABS 的故障自诊断测试

通常情况下，在点火开关接通时，在发动机起动的瞬间，ABS 警告灯和制动警告灯都应亮；发动机起动后，两警告灯应先后熄灭。汽车行驶过程中，两个警告灯都不应闪亮。否则，说明 ABS 有故障。

当 ECU 检测到 ABS 故障信息时，便立即使仪表板上的 ABS 故障指示灯亮，告知驾驶人 ABS 中已出现故障。同时，ECU 将故障信息以故障码的形式储存到存储器中（以丰田汽车 ABS 为例）。

ABS 常见故障见表 4-3。

表 4-3 ABS 常见故障

故障类型	检查内容及顺序	故障位置及检查调整
紧急制动时车轮被抱死	ABS 故障指示灯亮	按故障码处理
	拉起驻车制动器手柄，ABS 故障指示灯不亮	检查：驻车制动开关、制动开关、ABS 故障指示灯灯泡
	查看故障码显示器，有故障码显示	ECU 的端子 PL 和 ABS 故障指示灯之间断路
	打开点火并关，3s 后，检查电磁控制阀是否有响声（检查时不可踩下制动踏板）	检查 ECU 的端子+B 和车身之间是否有电压，没有电压则为电路故障，否则查看 ECU 的端子 E1 是否搭铁
	正、负极之间电压低于 12V	蓄电池故障，更换或充电
	踩下制动踏板后，在 ECU 的 STR 和端子 E 之间没有 8~14V 的电压	检查：ABS 故障指示灯开关、ABS 故障指示灯开关电路
	检查速度传感器和电磁控制阀	如有不正常搭铁，查清修理
	检查电磁控制阀是否正常	若不正常，拆下修理
行驶过程或放开驻车制动器手柄时，ABS 故障指示灯亮	停车时 ABS 故障指示灯不亮	电磁阀故障，检查电磁阀
	检查制动液量	制动液不足时，重新加足
	检查停车灯	工作不正常时，检查电路，更换灯泡
	放开驻车制动器手柄，踩下制动踏板，ABS 故障指示灯不灭	查看故障码，如果没有，则是 ECU 故障
	将 ECU 与系统断开，ABS 故障指示灯仍不熄灭	检查驻车制动开关、制动液量开关、ABS 故障指示灯电路、传感器是否失效
	ECU 的端子 B 和 E 之间的电压不足 10V	检查电路和蓄电池
	点火开关置于“ON”，ABS 故障指示灯 0.3s 内亮	检查 ABS 故障指示灯开关、ABS 故障指示灯电路、电磁控制阀

（续）

故障类型	检查内容及顺序	故障位置及检查调整
制动效果不佳，防抱死操作不正常	检查轮胎尺寸、胎压及磨损状况	若不正常，则修理或更换
	检查蓄电池的电压	电压如果不足12V，则应充电
	检查制动管路	不正常时，修理或更换
	未踩下制动踏板时，检查ECU的端子STR和车身之间是否有电压	如果有电压，则查看ABS故障指示灯开关及其电路是否正常
	检查车速传感器和传动齿轮	不正常时，修理或更换
	检查车速传感器和制动轮毂的齿面	不正常时，修理或更换

2. 利用故障警告灯诊断

通常情况下，在点火开关接通时，在发动机起动的瞬间，ABS警告灯和制动警告灯都应亮；发动机起动后，两警告灯应先后熄灭。汽车行驶过程中，两个警告灯都不应闪亮。否则，说明ABS有故障。

ABS灯常亮的故障原因如下：

1）蓄电池电压过低或熔丝熔断，如图4-14a所示。

2）ABS导线断线、插头松动或继电器插接不牢固，如图4-14b所示。

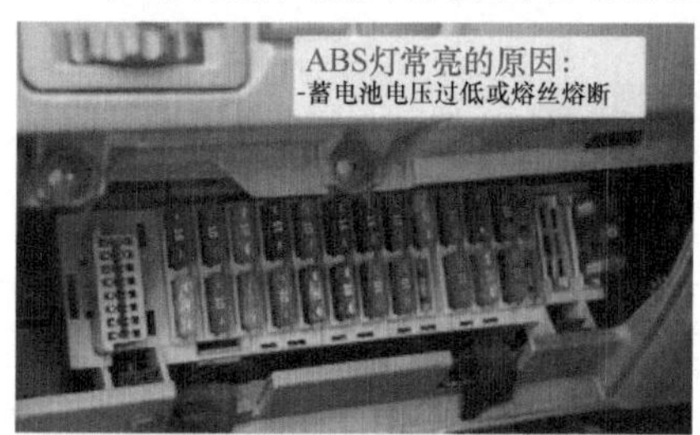

a) 熔丝熔断

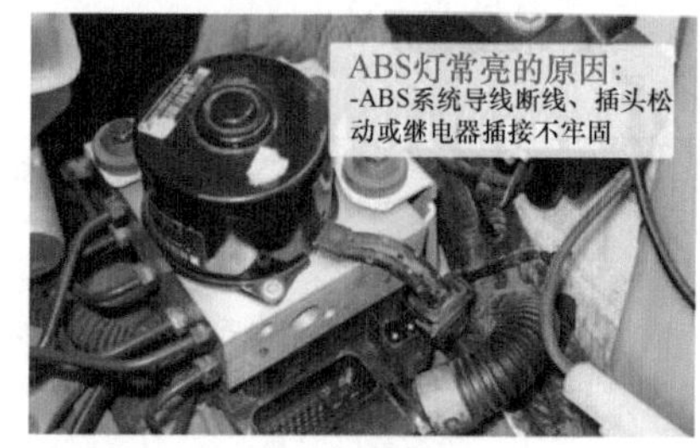

b) ABS导线断线

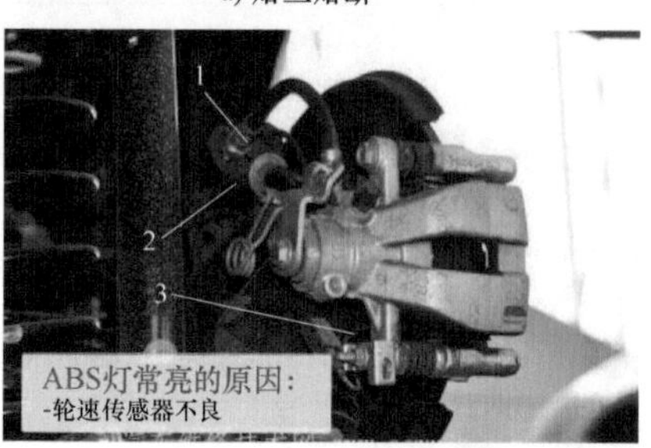

c) 轮速传感器不良

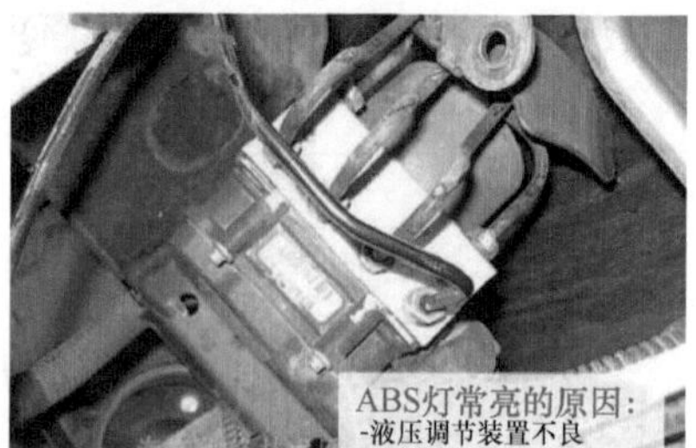

d) 液压调节装置不良

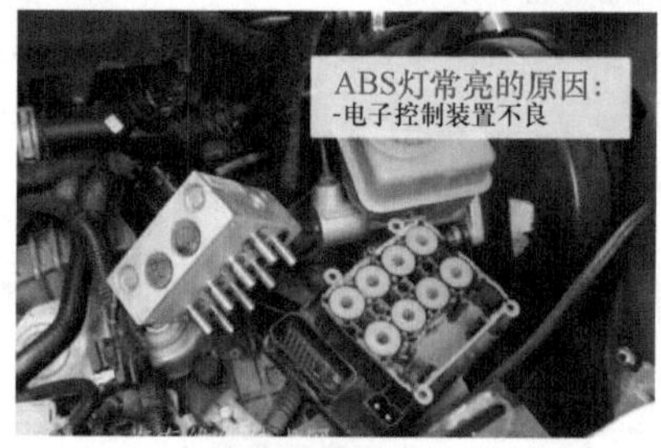

e) 电子控制装置不良

图4-14　ABS灯常亮故障原因

3）轮速传感器不良，如图 4-14c 所示。

4）液压调节装置不良，如图 4-14d 所示。

5）电子控制装置不良，如图 4-14e 所示。

液压调节装置和电子控制装置是 ABS 的核心元件，不易损坏。

3. ABS 的检修

ABS 常见的检修内容包括液压元件泄漏检修、电路检修、轮速传感器检修等。

操作规范

ABS 与普通制动系统是不可分的，只要普通制动系统出现问题，ABS 就不能正常工作。因此，要将二者视为整体进行维修。要严格执行制度，强化操作规范，养成爱岗敬业、精益求精的工作态度。

维修 ABS 液压控制装置时，切记要首先进行泄压，然后按规定进行修理。例如制动主缸和液压调节器设计在一起的整体 ABS，其蓄能器存储了高达 18000kPa 的压力，维修前要泄压，以免高压油喷出伤人。

拆卸轮速传感器时，注意不要碰伤传感器头，不要用传感器齿圈当作撬面，以免损坏。安装时，应先涂覆防锈油，不可敲击或用蛮力。一般情况下，传感器气隙是可调的（也有不可调的），调整时应使用非磁性塞卡，如塑料或铜塞卡，也可使用纸片。

ABS ECU 对过电压、静电非常敏感，稍有不慎就会损坏 ECU 中的芯片，导致整个 ABS 失效。因此，点火开关接通时，不要插或拔 ECU 上的插接器；在汽车进行电焊之前，要戴好防静电器，拔下 ECU 上的插接器后才进行电焊。

（1）液压元件泄漏检修　检查液压元件泄漏时，打开点火开关，直至液压泵停止运转，再等 3min，使整个液压系统处于稳定状态。查看压力表，若 5min 内系统压力下降，表明液压系统有泄漏之处。再检查是液压元件本身泄漏，还是其外部系统泄漏，分别修复，必要时更换磨损部件或总成。

（2）ABS 电路检修　以雷克萨斯 LS400 轿车为例，说明 ABS 的电路检修。

1）车速传感器电路的故障诊断。

① 检测车速传感器。前、后车速传感器插接器端子 1 与 2 之间的电阻应为 0.9~1.3kΩ，端子 1 和 2 与车身搭铁之间的电阻应为无穷大；若不正常，应更换车速传感器。

② 检查 ECU 与各车速传感器之间的配线和插接器，若不正常，则维修或更换。

③ 拆下前、后车速传感器，检查传感器转子有无损伤、缺齿现象，并检查安装情况，若不正常，更换车速传感器或转子。

2）轮速传感器的调整。轮速传感器的调整如图 4-15 所示。

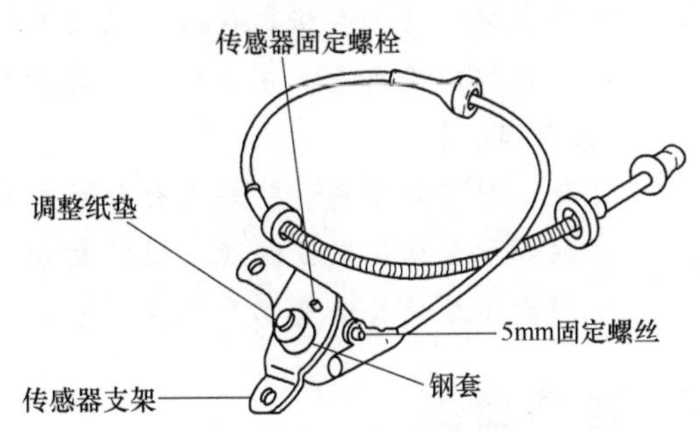

图 4-15　轮速传感器的调整

① 用举升机将车辆举升，拆下车轮，将 5mm 固定螺钉拧松。

② 清除传感器头部表面的金属和杂物，在传感器头部端面粘贴新的纸垫片（有不同厚度）。

③ 松开传感器支架上的螺栓，将衬套旋转，给固定螺钉提供 1 个新的锁死凹痕面。

④ 通过盘式制动挡泥板孔将传感器头部装进支架上的衬套里，并确认纸垫片在传感头端面上。

⑤ 拧紧传感器支架上固定钢衬套的固定螺栓，检查传感器上的连线是否良好。

⑥ 推动传感器头部向传感器齿圈顶端移动，直到纸垫片与齿圈接触为止，保持这种状态并用规定力矩拧紧 5mm 紧固螺钉，使传感器头部固定。

⑦ 重新安装好车轮等部件，并控制举升机将车辆放下。

⑧ 为了检查传感器，可起动发动机并试车，观察 ABS 故障指示灯是否亮；如果不亮说明系统正常，传感器良好，否则说明 ABS 存在问题。

（3） ABS 排除空气

1） 找到液压调节器上左前轮放气螺栓。

2） 在左前轮的放气螺栓上安装导管。

3） 踩下制动踏板，慢慢松开放气螺栓 1/2~3/4 转，使制动液流出，当没有气泡时即可关闭。

4） 按 1~3 的步骤分别松开右前轮、左后轮及右后轮的放气螺栓进行排气。

5） 放气顺序：右后轮（RR）→左后轮（LR）→右前轮（RF）→左前轮（LF）。

6） 检查制动液，必要时添加。

学习任务 4.2　电控驱动防滑（ASR）系统检修

学习目标

【知识目标】

1. 掌握 ASR 系统的组成及各部分的作用。
2. 掌握 ASR 系统的工作原理。
3. 掌握组合式 ASR 系统制动压力调节器的工作过程。
4. 掌握防滑差速锁的工作原理。

【能力目标】

1. 能正确选择诊断设备对 ASR 系统进行检修。
2. 能正确记录、分析各种检测结果并做出故障判断。
3. 能根据环保要求，正确处理对环境和人体有害的废料和损坏的零部件。

【素养目标】

1. 培养学生对事负责、与人合作的精神，严谨细致的作风，坚持不懈的奋斗精神。
2. 培养学生爱岗敬业的职业道德意识。
3. 培养学生的安全意识和环保理念。

理论知识

随着对汽车性能要求的提高，不仅要求在制动过程中防止车轮抱死，而且要求防止驱动过程（起步、加速）中，特别是在非对称路面或转弯时驱动轮滑转，以提高汽车在驱动过程中的方向稳定性、转向控制能力和加速性能。因此，汽车采用了电控驱动防滑（Anti Slip

Regulation）系统。

1. ASR 系统的理论基础

汽车驱动防滑控制（ASR）系统是继防抱死制动系统（ABS）之后应用于车轮防滑的电子控制系统。所谓汽车打“滑”有两种情况，一是汽车制动时车轮的滑移，二是汽车驱动时车轮的滑转。ABS 是防止制动时车轮抱死而滑移，而 ASR/TRC 则是防止驱动车轮原地不动而不停地滑转。用 S_d 表示驱动时的滑转率，则

$$S_d = \frac{v_C - v}{v_C} \times 100\% = \frac{(r\omega - v)}{r\omega} \times 100\%$$

式中，v 是车身瞬时速度；v_C 是车轮圆周速度；r 是车轮半径；ω 是车轮转动角速度。

可以看出，当 v 为 0（汽车原地不动）、v_C 不为 0 时，汽车处于完全滑转状态。图 4-16 所示为滑转率与纵向附着系数之间的关系，由图中可以看出：

① 附着系数随路面的不同而呈大幅度的变化。

② 在各种路面上，当滑转率为 20% 左右时，附着系数达到峰值。

③ 上述趋势，无论制动还是驱动时都几乎一样。

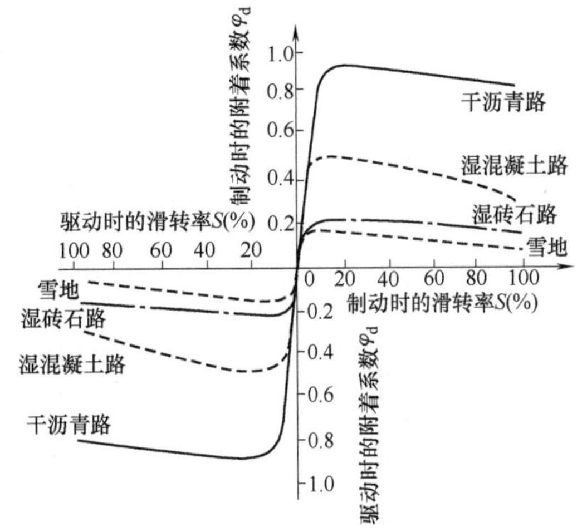

图 4-16 滑转率与纵向附着系数之间的关系

ABS 和 ASR 都是用来控制车轮相对地面的滑动，以使车轮与地面的附着力不下降，ABS 控制的是汽车制动时车轮的“拖滑”，主要用来提高制动效果和确保制动安全；ASR 是控制车轮的“滑转”，用于提高汽车起步、加速及在滑溜路面行驶时的牵引力和确保行驶稳定性。

2. 防滑转控制的方式

汽车防滑转电子控制系统常用的控制方式有发动机输出功率控制、驱动轮制动控制、防滑差速锁控制等。

（1）发动机输出功率控制　在汽车起步、加速时，若加速踏板踩得过猛，会因为驱动力过大而出现两边的驱动车轮都滑转的情况。这时，ASR 控制器输出控制信号，控制发动机的输出功率，以抑制驱动车轮的滑转。驱动防滑控制的方法包括辅助（副）节气门控制、燃油喷射量控制和延迟点火提前角控制。

（2）驱动轮制动控制　对发生空转的驱动轮直接加以制动，反应时间最短。为使制动过程平稳，应缓慢增大制动压力。采用制动控制方式的 ASR 的液压系统可分为两大类：一类是 ASR 与 ABS 的组合结构，在 ABS 中增加电磁阀和调节器，从而增加驱动控制功能；另一类是在 ABS 的液压装置和轮缸之间增加一个单独的 ASR 的液压装置。常用的是成本较低的 ASR/ABS 组合结构。

（3）防滑差速锁（Limited-Slip-Differential，LSD）控制　当驱动车轮单边滑转时，控制器输出控制信号，使差速锁和制动压力调节器动作，对滑转车轮施以制动力，使车轮的滑转率控制在目标范围之内。这时，非滑转车轮仍有正常的驱动力，从而提高了汽车在滑溜路面

的起步和加速能力及行驶方向的稳定性。LSD 能对差速器锁止装置进行控制，使锁止范围从 0 到 100%。

3. ASR 系统的基本组成与工作原理

ASR 系统主要由轮速传感器、ABS 和 ASR 的 ECU、发动机和变速器控制 ECU、ABS 执行器（制动压力调节器）、ASR 执行器、副节气门及其传感器等组成，如图 4-17 所示。

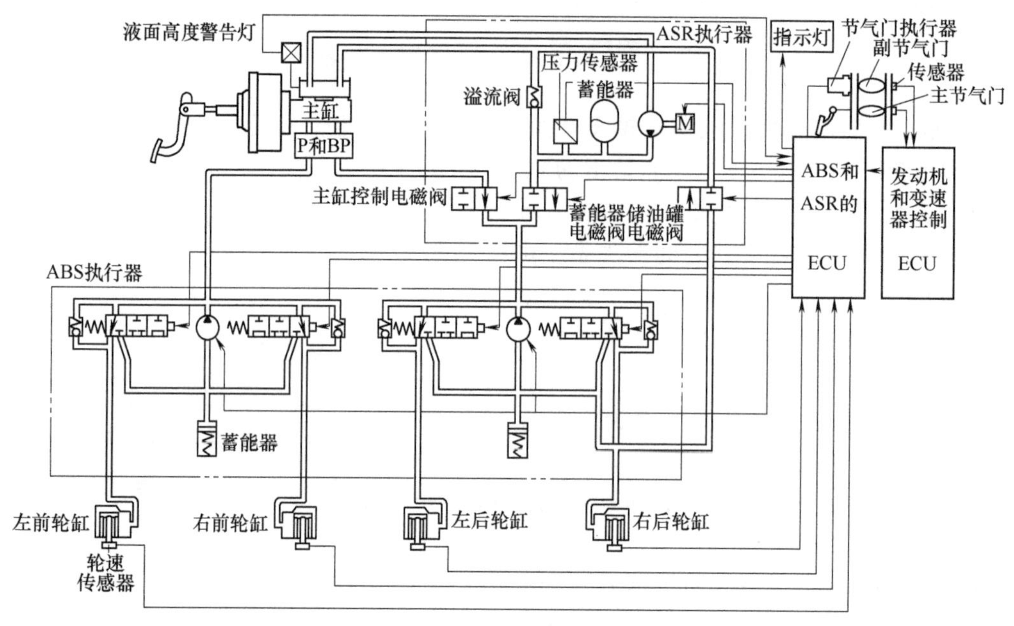

图 4-17　典型的 ASR 系统组成

（1）ASR 系统的传感器　ASR 的传感器主要是轮速传感器和节气门开度传感器。轮速传感器与 ABS 共享，而节气门开度传感器则与发动机电控系统共享。

ASR 输入装置是 ASR 选择开关，将 ASR 选择开关关闭后，ASR 不起作用。例如，在需要将汽车驱动车轮悬空转动以检查汽车传动系统故障时，ASR 就可能对驱动车轮施以制动，影响故障的检查，这时关闭 ASR 开关，中止 ASR 的作用，可以避免这种影响。

（2）ASR 的电控单元（ECU）　ASR 电控单元以微处理器为核心，配以输入、输出电路及电源电路等。为了减少电子元器件的数目，简化和紧凑结构，ASR 电控单元通常与 ABS 电控单元组合为一体，如图 4-18 所示。

轮速传感器将行驶汽车驱动车轮的转速及非驱动车轮的转速转变为电信号，输送给电控单元（ECU）。ECU 根据轮速传感器的信号计算驱动车轮的滑转率，如果滑转率超出目标范围，控制器综合参考节气门开度信号、发动机转速信号、转向信号等确定控制方式，输出控制信号，使相应的执行器动作，将驱动车轮的滑转率控制在目标范围之内。一旦 ASR—ECU 检测到任何故障，则立即停止 ASR 调节，此时，车辆仍可以保持常规方式行驶，同时系统会将检测出的故障信息存入微机的 RAM，并使报警指示灯闪烁。

（3）ASR 系统的执行机构　ASR 制动压力调节器执行 ECU 的指令，对滑转车轮施加制动力和控制制动力的大小，以使滑转车轮的滑转率在目标范围之内。ASR 制动压力源是蓄能器，通过电磁阀调节驱动车轮制动压力的大小。ASR 制动压力调节器的结构形式有单独

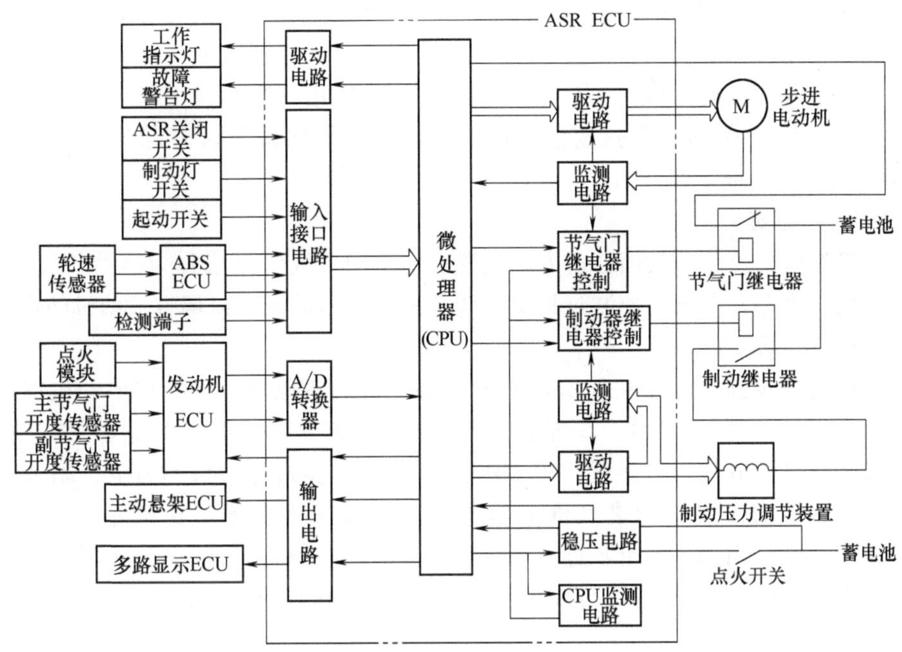

图 4-18 ABS/ASR 组合电控单元（ECU）

式和组合式两种。单独式的制动压力调节器一般已经不再使用。

组合式 ASR 制动压力调节器的工作原理如图 4-19 所示。

在 ASR 不起作用时，电磁阀Ⅰ不通电。在汽车制动过程中如果车轮出现抱死，ABS 起作用，通过控制电磁阀Ⅱ和电磁阀Ⅲ来调节制动压力。

当驱动车轮出现滑转时，ASR 控制器使电磁阀Ⅰ通电，电磁阀移至右位，电磁阀Ⅱ和电磁阀Ⅲ不通电，电磁阀仍在左位，于是，蓄能器中的液压油进入驱动车轮制动泵，制动压力增大。

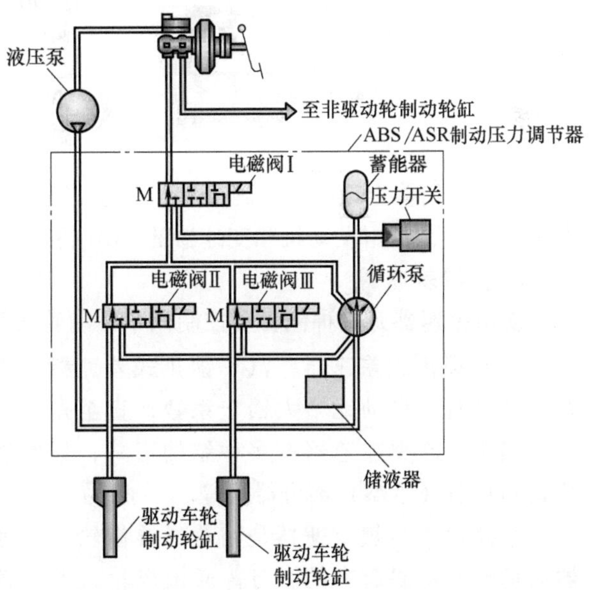

图 4-19 ABS/ASR 制动压力调节器的工作原理

当需要保持驱动车轮的制动压力时，ASR 控制器使电磁阀Ⅰ半通电，电磁阀移至中位，隔断了蓄能器及制动主缸的通路，驱动车轮制动轮缸的制动压力保持不变。

当需要减小驱动车轮的制动压力时，ASR 控制器使电磁阀Ⅱ和电磁阀Ⅲ通电，电磁阀Ⅱ和电磁阀Ⅲ移至右位，将驱动车轮制动轮缸与储液器接通，制动压力下降。

如果需要对左、右驱动车轮的制动压力实施不同的控制，ASR 控制器分别对电磁阀Ⅱ和电磁阀Ⅲ实现不同的控制。

虽然 ASR 和 ABS 都是通过控制车轮的制动力大小抑制车轮与地面的滑动，但是 ASR 只对驱动车轮实施制动控制。

ABS 是在汽车制动时工作，在车轮出现抱死时起作用，当车速很低（小于 8km/h）时不起作用；ASR 则是在汽车行驶过程中都工作，在车轮出现滑转时起作用，当车速很高（80~120km/h）时一般不起作用。

4. 副节气门装置

在发动机节气门上主节气门的前方，设置有一个副节气门（或称为辅助节气门）。该装置的主要作用是在驱动防滑转控制过程中，调节副节气门的开度以调整发动机的进气量，达到控制发动机输出转矩的目的。

副节气门是由步进电动机根据 ASR ECU 的指令进行控制的。在步进电动机旋转轴的末端固定有一个齿轮（主动齿轮），步进电动机旋转时由该齿轮带动副节气门轴末端的扇形齿轮旋转，以此控制副节气门的开度。在 ASR 不工作时，步进电动机不通电，副节气门处于完全打开位置，此时发动机的进气量由驾驶人通过加速踏板操纵主节气门进行控制；在 ASR 工作时，副节气门的开度由步进电动机根据 ECU 的指令进行控制，使副节气门处于开启一半至全闭位置，实现进气量的自动调整，如图 4-20 所示。

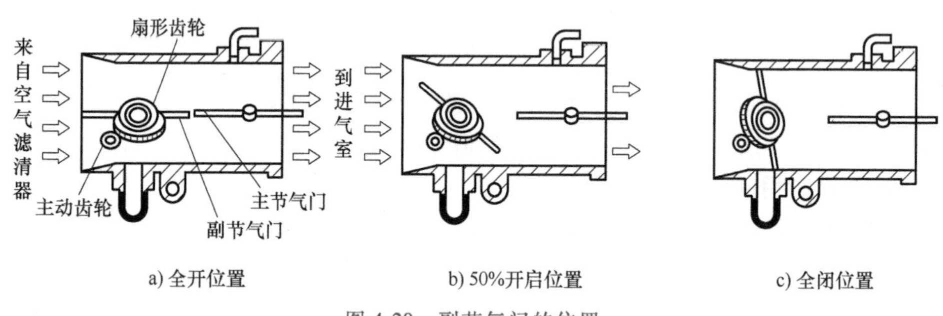

图 4-20 副节气门的位置

在节气门体上设有主、副节气门位置（开度）传感器，其感测的信号先输入发动机和变速器 ECU，再由发动机和变速器的 ECU 将主、副节气门位置信号送到 ASR ECU 中。

5. 防滑差速器

防滑差速器是一种能自动控制汽车驱动轮滑转的差动装置，属于主动安全传动装置。

（1）锁止式差速器 汽车锁止式差速器可以在滑溜路面上自动地增大锁止系数，直至差速器完全锁止。这类差速器有多种结构形式，如摩擦片式和自动（爪型）离合器式等。

摩擦片式自锁差速器是在普通锥齿轮式差速器的基础上发展起来的。与普通锥齿轮式差速器不同的是：它在两个半轴齿轮与差速器壳之间加装了两套摩擦片式离合器，以增大差速器的内摩擦力矩；差速器的行星锥齿轮十字轴由两根中部带凹槽、两端制成 V 形面的直交浮动轴接合而成，如图 4-21 所示。

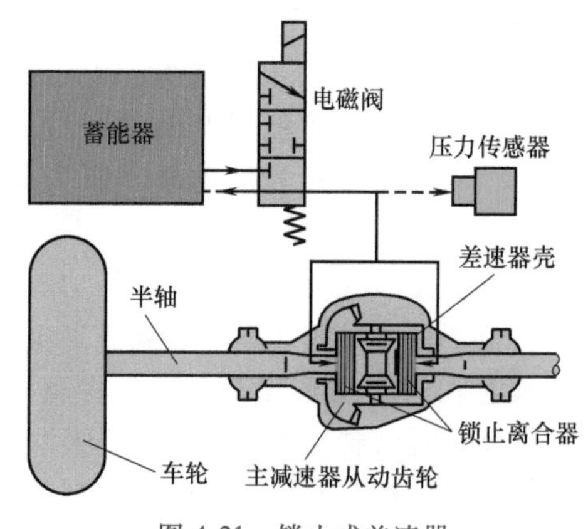

图 4-21 锁止式差速器

自动离合器式自锁差速器又称为牙嵌式自由轮差速器，如图4-22所示，它的差速作用是通过一个牙嵌式离合器（爪型离合器）将左、右两半轴自动分离使其实现差速的。自动离合器式自锁差速器工作可靠，性能稳定，使用寿命长，但左、右驱动车轮的转矩传递时断时续，致使传动装置负荷不均匀，对半轴的强度要求较高。

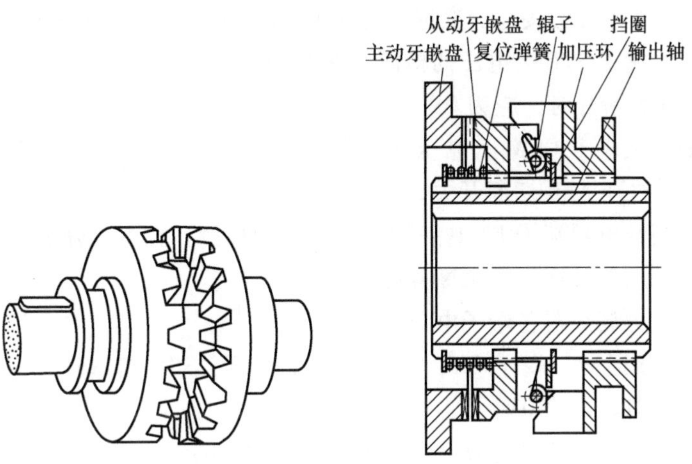

图4-22 牙嵌式自由轮差速器

（2）电子差速锁 电子差速锁（Electronic Differential System，EDS）是ABS的一种扩展功能，用于识别汽车的车轮滑转，从而对汽车的滑转车轮进行控制。

电子差速锁（EDS）通过ABS的传感器，自动探测到由于车轮打滑或悬空而产生的两侧车轮转速不同的现象时，通过ABS对打滑一侧的车轮进行制动，从而使驱动力有效地作用到非打滑侧的车轮，保证汽车平稳起步。当车辆的行驶状况恢复正常后，电子差速锁即停止作用。一般情况下电子差速锁（EDS）只能在车速低于40km/h时启动，主要是防止起步和低速时打滑。

1. 自诊断

与制动防抱死装置一样，牵引力控制装置具有故障自诊断功能，以丰田汽车为例说明牵引力控制装置的故障诊断方法。

（1）故障码的读取 将点火开关置于点火位置，用故障诊断专用检查线将故障诊断插座中的端子TC和E_1连接起来，或用专用诊断仪与诊断插座相连接，观察ASR警告灯（在仪表盘处）的闪烁规律并记录。若电控单元（ECU）中没有存储故障码，2s后ASR警告灯将以0.25s的间隔连续闪烁，即显示正常代码。若ECU中存有故障码，则警告灯在4s后开始闪烁显示故障码。

如果ECU中有两个以上故障码，故障则以故障码的数值大小按由小到大的顺序显示。

（2）故障码的清除 维修工作结束前，在保持跨接线与诊断接口或故障诊断仪通信线接口的端子TC和E1相连接的情况下，接通点火开关，在3s内连续踩制动踏板8次以上，即可清除电控单元中的故障码，最后关闭点火开关，取下跨接线。

2. ASR系统的检测

（1）测量ABS/ASR电控单元（ECU）插接器各接线端子与地之间的电压 用万用表直

流电压（DC）档测量 ECU 插接器有关端子对地的电压值。

1）电源电压的检测　端子 BAT 上的电压在点火开关断开和接通时，均应为 10~14V。端子 IG 上的电压，在点火开关断开时为 0V，点火接通时为 10~14V。

2）空档启动开关两端子 PL、NL 上电压的检测　端子 PL、NL 上的电压在点火开关断开时，均为 0V；当点火开关接通、变速杆在 P 位和 N 位时，均为 10~14V。

3）制动灯开关端子 STP 上电压的检测　在制动灯开关接通时，端子 STP 上的电压应为 10~14V；制动灯开关断开时，应为 0V。

4）ASR 切断开关端子 CSW 上电压的检测　在点火开关接通时，按下 ASR 切断开关，其端子电压为 0V；放开 ASR 切断开关，约为 5V。

5）ASR 节气门继电器端子 BTH 和 TTR 上电压的检测　在点火开关接通时，端子 BTH、TTR 上的电压均应为 10~14V；开关断开时，应为 0V。

6）ASR 制动压力调节器各端子电压的检测

① 在点火开关接通时，端子 SR、SFR、SFL、SRR、SRL 和 AST 上的电压均应为 10~14V；点火开关断开时，均为 0V。

② 端子 MT、MR 和 R 上的电压，在点火开关接通和断开时，其值均应为 0V。

（2）副节气门开度传感器的检测

1）测量各端子之间的电阻。副节气门全开启时，用万用表电阻档测量端子 VC 与 E_2 之间的电阻值，如图 4-23 所示，应为 4~9kΩ，端子 VTA 与 E_2 之间的电阻值应为 3.3~10.0kΩ；副节气门全关闭时，端子 VTA 与 E_2 之间的电阻值应为 0.2~6.0kΩ。

2）检查端子 IDL 和 E_2 之间的连通性。当副节气门全关闭时，端子 IDL 与 E_2 之间是连通的；全开启时，应为不连通。

（3）ASR 切断开关的检查　如图 4-24 所示，检查 ASR 切断开关在开启和关闭时，ASR 切断开关插接器端子 3 和 4 之间的连通性。当切断开关开启时，端子 3 和 4 应为连通；关闭时，应为不连通。

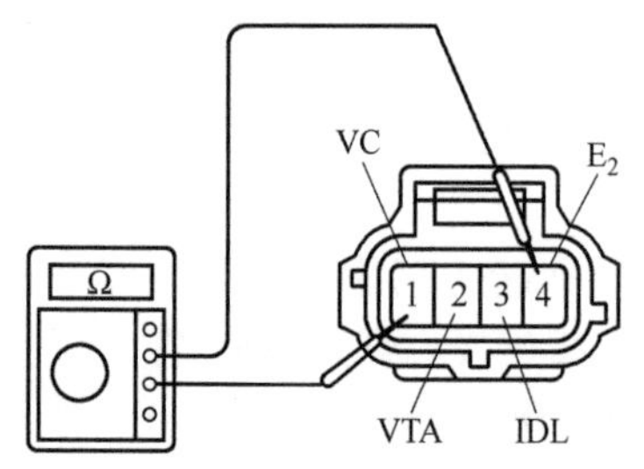

图 4-23　测量与副节气门相连端子的电阻

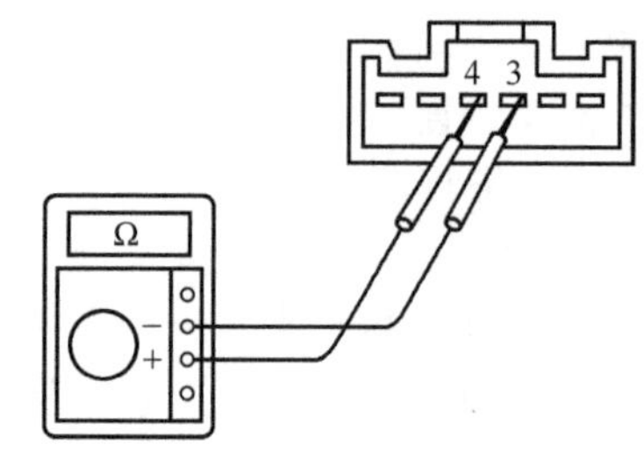

图 4-24　检查 SAR 切断开关插接器端子 3 和 4 之间的连通性

（4）ASR 节气门继电器的检查

1）通电检查观察节气门继电器的工作性能。在该继电器的端子 3 和 4 之间加上蓄电池电压时，其端子 1 和 2 应为连通状态。

2）不通电检查 ASR 节气门继电器的工作性能。去掉蓄电池电压，该继电器端子 1 和 2 应为断开状态，端子 3 和 4 应为连通状态。

学习任务4.3 车身电子稳定程序（ESP）检修

学习目标

【知识目标】

1. 掌握ESP的组成及各部分的作用。
2. 掌握ESP的控制原理。
3. 掌握ESP的工作过程。

【能力目标】

1. 能辨识ESP。
2. 能正确选择诊断设备对ESP进行检修。
3. 能正确记录、分析各种检测结果并做出故障判断。

【素养目标】

1. 培养学生对事负责、与人合作的精神，严谨细致的作风，坚持不懈的奋斗精神。
2. 培养学生爱岗敬业的职业道德意识。
3. 培养学生的安全意识和环保理念。

理论知识

车身电子稳定程序（Electronic Stability Program，ESP）是博世（Bosch）公司研制的主动安全系统，沃尔沃称其为DSTC，宝马称其为DSC，丰田凌志称其为VSC，其原理和作用基本相同。ESP是一项综合控制技术，整合了防抱死制动系统（ABS）、驱动防滑控制（ASR/TCS）、电子制动力分配（EBV/EBD）、电子差速锁（EDS/EDL）、发动机牵引力力矩调整等多项电子技术，通过对制动系统、发动机管理系统和自动变速器施加控制防止车辆滑移。

1. ESP的作用

转向时，ESP保持车辆运行方向的准确性，防止出现转向不足（转向盘转角固定，转向半径却越来越大）和转向过度（转向盘转角固定，转向半径却越来越小）的情形。

制动时，ESP保持车辆运行方向的稳定性，防止在非对称（左、右两侧车轮的路面附着系数不相等）路面制动时出现制动跑偏的情形。

2. ESP的组成

ESP由电控单元（ECU）、转向盘转角传感器、轮速传感器、横向偏摆率传感器、侧/纵向加速度传感器及液压系统等组成，如图4-25a所示，各部件的安装位置如图4-25b所示。

1）制动压力传感器：检测实际制动管路压力大小，ECU由其信号算出车轮上的制动力和整车的纵向力大小。如果ESP正在对不稳定状态进行调整，ECU将该数值包含在侧向力计算范围内。若无此信号则无法准确算出侧向力，ESP失效。

2）横向偏摆率传感器：检测车辆绕其纵轴旋转角度和转动速率，ECU以其信号获得车辆的实际行驶方向。若无此信号，ECU则无法确定车辆是否发生横向偏摆，ESP失效。

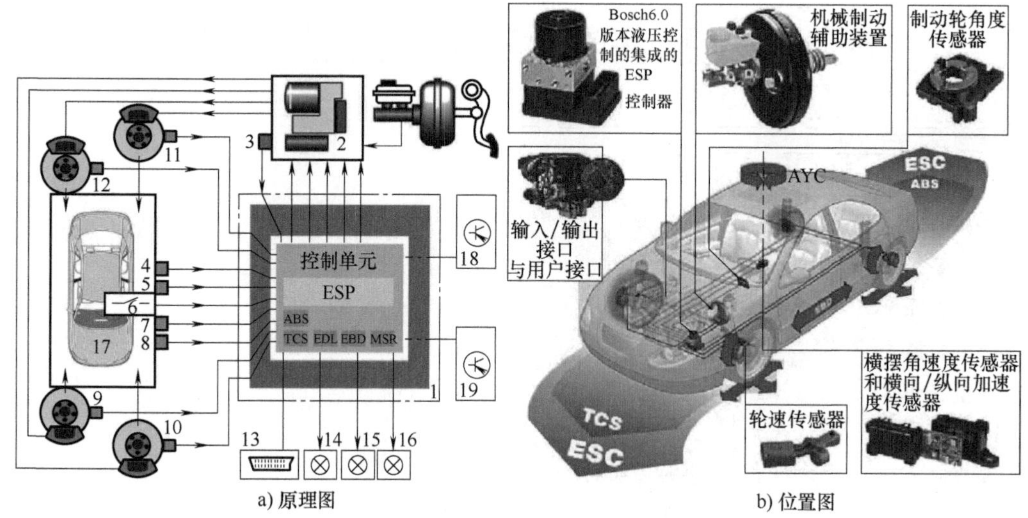

a) 原理图　　b) 位置图

图 4-25　ESP 构成及安装位置

1—ESP 控制单元　2—液压控制单元　3—制动压力传感器　4—侧向加速度传感器　5—横向偏摆率传感器　6—ASR/ESP 按钮　7—转向盘转角传感器　8—制动灯开关　9~12—轮速传感器　13—自诊断接口　14—制动系统警告灯　15—ABS 警告灯　16—ASR/ESP 警告灯　17—车辆和驾驶状态　18—发动机控制调整　19—变速器控制调整

3）纵向加速度传感器：纵向加速度传感器只安装在四驱车辆上。对于单轴驱动车辆，通过计算制动压力、车轮转速信号以及发动机管理系统信息，可得出纵向加速度。

4）侧向加速度传感器：检测车辆侧向力大小。若无该信号，则 ECU 无法算出车辆的实际行驶状态，ESP 失效。

5）ASR/ESP 开关：在积雪路面或松软路面上起步时、安装了防滑链的车辆在测功机上检测时，应关闭 ESP。

3. ESP 的工作原理

（1）基本控制原理　ESP 控制框图如图 4-26 所示。通过传感器收集转向盘转角、横摆角速度、侧向加速度等信息，输入电控单元，检测转向盘转角输入和实际行驶状态，如果识别出车辆不稳定状态，立刻对制动系统、发动机管理系统和变速器管理系统等综合协调控制，降低车辆横向滑移，防止在制动时车轮抱死、起步时打滑和车辆侧滑。一般情况下，如果单独制动某个或某几个车轮不足以稳定车辆，ESP 将通过降低发动机转矩输出或其他方式来进一步控制。在不踩制动踏板时，制动预压力一般来源于 ABS 液压控制单元。

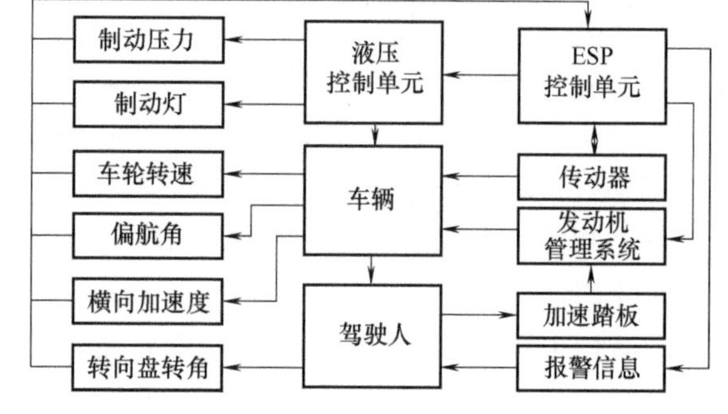

图 4-26　ESP 控制框图

（2）控制过程

1）转向不足。转向不足如图 4-27a 所示，可以看到转向盘转角传感器、横向偏摆率传感器或横向加速度传感器所接收的信号分别为驾驶人想要的方向 A、汽车实际的打转方向

B，然而汽车的前部却朝着 C 方向滑移，这说明此时汽车存在转向不足。然后 ESP 开始进行制动干预，如图 4-27b 所示，它利用系统中原有的制动控制功能使左后轮被制动。由于左后轮的制动，汽车的重心仍然因为惯性朝着前方运动，所以汽车只能以左后轮为支点，并绕着这个支点旋转，使得汽车能够继续朝着驾驶人想要的方向转向，即 A 方向。

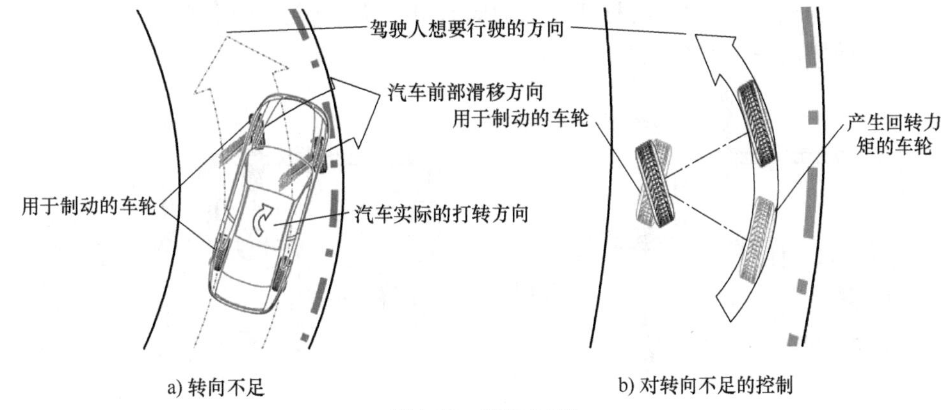

图 4-27　转向不足

2）转向过度。转向过度如图 4-28 所示，可以看到转向盘转角传感器、横向偏摆率传感器或横向加速度传感器所接收的信号分别为驾驶人想要的方向 A、汽车实际的打转方向 B，而汽车的后面部分却朝着 C 方向滑动，这说明此时汽车存在转向过度。然后 ESP 开始进行制动干预，利用系统中原有的制动控制功能使右后轮被制动。由于右后轮的制动，汽车的重心仍然会因为惯性继续朝着前方运动，所以汽车只能以这个右后轮为支点，并绕着这个支点旋转，使得汽车能够继续朝着驾驶人想要的方向转向，即 A 方向。

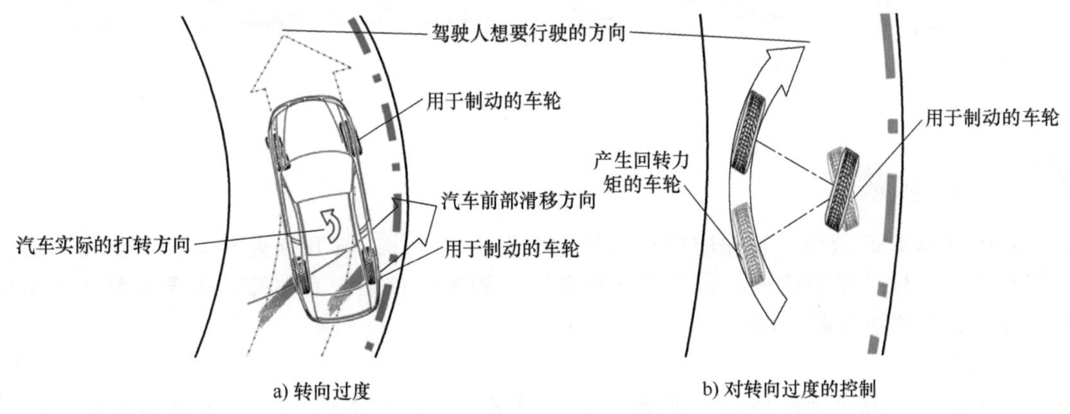

图 4-28　转向过度

如果在汽车转向后行驶的左车道上反向转向时，汽车会有转向过度的危险，向右的转矩过大，以至于车尾甩向左侧。这时 ESP 系统会将左前轮制动，转矩就会减小，使得汽车顺利转向。

4. ESP 的工作过程

如图 4-29 所示，以制动回路中的一个车轮为例说明 ESP 的工作过程。其基本部件比 ABS 多 2 个电磁阀：高压阀和控制阀。

1）ESP 不工作时：进油阀、高压阀开启，回油阀关闭，控制阀正向开启（从制动主缸至制动轮缸方向），液压泵不工作，如图 4-29a 所示。

2）ESP 增压时：各阀状态与 ESP 不工作时的状态一样，只是液压泵开始工作，输送制动液使制动轮缸内制动压力升高，如图 4-29b 所示。

3）ESP 保压时：进油阀关闭，回油阀保持关闭，制动轮缸内的制动液不能卸压，液压泵停止工作，高压阀关闭，控制阀处于正向开启，反向关闭状态，如图 4-29c 所示。

4）ESP 减压时：控制阀反向打开，回油阀打开，进油阀、高压阀保持关闭，制动液通过制动主缸返回储液罐，如图 4-29d 所示。

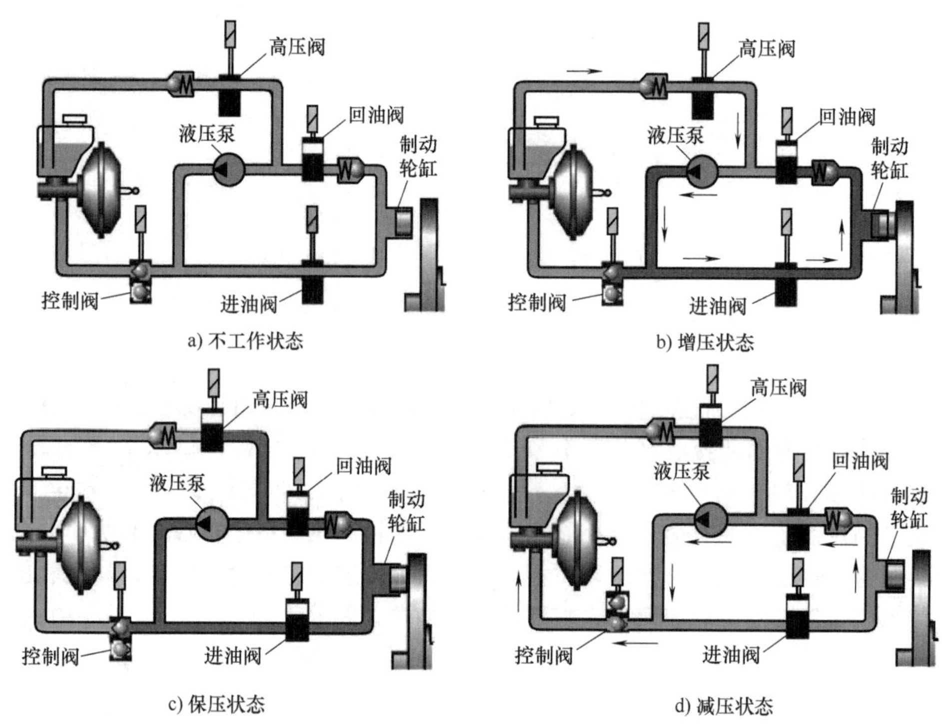

a) 不工作状态　b) 增压状态

c) 保压状态　d) 减压状态

图 4-29　ESP 的工作过程

任务实施

对于汽车 ESP 故障，首先应检查故障指示灯是否工作。打开点火开关，观察 ESP 的指示灯是否亮，3s 后是否熄灭。如果不亮或常亮，则表明该系统有故障，需要检修。下面以别克轿车为例说明诊断过程。

1. 自诊断

电子控制系统出现故障后，控制单元可记忆相应的故障码。用通用公司故障诊断仪 Tech2 可以读取、清除故障码，还可以阅读数据流并进行液压控制单元电磁阀测试、电子稳定控制系统液压回路测试、系统排气测试等。

通过工作过程分析可知，车身运动状态校正时，影响到车轮制动的因素都会影响到 ESP 的正常发挥，如电磁阀线圈断路或短路、阀芯卡滞、液压泵磨损导致油压不足以及制动器本身的制动效能下降等。通常，ESP 存在故障时，先检测车轮制动器本身性能是否良好。如果良好，再检测电磁阀工作情况、液压泵泵油压力大小，最后检测 ESP 电控单元。

Tech2 为菜单提示操作，这些功能按 Tech2 屏幕的提示操作即可完成。在对 ABS-TCS/ESP 进行检修之前，应先排除常规制动系统的故障。

2. 制动器排气程序

在执行 ABS/TCS/ESP 制动器排气程序之前，必须完成常规制动系统排气。其具体步骤如下：

1）连接 Tech2，起动发动机并怠速运行。

2）执行“Tech2 制动器排气程序”中所列的指示，注意：在执行该程序期间，确保制动主缸中的制动液液位不低于最低液位。

3）关闭点火开关，并从数据链路插接器（DLC）上断开 Tech2。

4）用规定的制动液将制动主缸储液罐中的制动液加注至最高液位。

5）执行另一个常规制动系统制动器排气操作。

6）关闭点火开关，踩下制动踏板 3~5 次，以耗尽制动助力器的真空储备压力。

7）缓慢踩下制动踏板，如果感觉制动踏板绵软，重复 ABS-TCS/ESP 制动器排气操作。

8）重复 ABS/TCS/ESP 排气操作后，如果仍然感觉制动踏板绵软，检查制动系统是否存在外部或内部泄漏。

9）保持发动机熄火并且不使用驻车制动器，然后接通点火开关。如果驻车制动器/制动器故障指示灯保持常亮，先诊断并排除故障。

10）路试车辆，执行 ABS/TCS/ESP 自检初始化程序，如果感觉制动踏板绵软，重复 ABS-TCS/ESP 制动器排气操作，直到踩踏制动踏板感觉坚实。

3. 转向盘转角传感器的校准

电控单元监测并判断转向盘转角传感器的输出信号，当车辆沿直线行驶了 15min 或以上时，电控单元会将该行驶方向设定为正前方向。如果电控单元检测到转向盘转角传感器角向偏离正前方向，且偏离度不大于 15°，则电控单元自动执行转向盘转角传感器校准。如果偏离度大于 15°，则设置 DTC C0460“转向盘转角传感器故障”。转向盘转角传感器可以使用 Tech2 重新校准，具体操作步骤如下：

1）路试车辆并记录车辆笔直向前行驶时的转向盘位置。

2）将 Tech2 连接到车辆上，并执行“Tech2 转向盘转角传感器校准程序”中的指示。

3）检查 ABS-TCS/ESP 的操作。

4. ESP 开关的检查

别克荣御的 ESP 开关位于地板控制台上示。该开关是一个瞬时接触开关，按一下 ESP 开关，电子稳定程序从接通转至关闭。当电子稳定程序关闭时，ABS、ASR 仍能正常工作。当 ESP 处于关闭位置时，再按一下 ESP 开关，将接通电子稳定程序。按下 ESP 开关超过 60s 将被视为短路，会记录故障码，且电子稳定程序在该点火循环内将被禁用。如果没有记录 ASR 当前的故障码，电子稳定程序将在下一个点火循歪复位到接通状态。

学习任务 4.4 线控制动（EHB/EMB）系统检修

学习目标

【知识目标】

1. 掌握 EHB/EMB 系统的组成。

2. 掌握 EHB/EMB 系统的工作原理。

【能力目标】

1. 能辨识 EHB/EMB 系统。
2. 能正确选择诊断设备对 EHB/EMB 系统进行检测。
3. 能根据环保要求，正确处理对环境和人体有害的废料和损坏的零部件。

【素养目标】

1. 培养学生对事负责、与人合作的精神，严谨细致的作风，坚持不懈的奋斗精神。
2. 培养学生爱岗敬业的职业道德意识。
3. 培养学生的安全意识和环保理念。

理论知识

汽车线控制动系统主要包括电子液压制动（Electronic Hydraulic Brake，EHB）系统和电子机械制动（Electronic Mechanical Brake，EMB）系统。作为从人工驾驶到自动驾驶线控制动的桥梁，线控制动既保证了制动的有效性和可靠性，又满足了自动紧急制动（AEB）、自适应巡航（ACC）和自动驾驶对制动系统的要求。

创新精神

线控制动是汽车制动技术的飞跃，是汽车智能底盘的关键技术。习近平总书记曾在中国科学院第十九次院士大会、中国工程院第十四次院士大会上指出：中国要强盛、要复兴，就一定要大力发展科学技术，努力成为世界主要科学中心和创新高地。我们比历史上任何时期都更接近中华民族伟大复兴的目标，我们比历史上任何时期都更需要建设世界科技强国！

1. 线控制动系统概述

EHB/EMB 系统最主要的特点是采用电动助力装置替代了传统机械制动系统的真空助力装置，从而减小了机械结构的质量，使得汽车的制动系统具有重量轻、体积小、响应快、制动效果好等优点。线控制动系统结构示意图如图 4-30 所示。同时，制动踏板能实现制动踏板与执行机构之间的解耦，配合多种主动安全控制功能。EHB/EMB 系统在新能源汽车的制动系统中还可以利用驱动电机制动实现能量回收再利用，明显地降低对清洁能源的消耗，延长汽车的续驶里程。EHB 的缺点是长时间的制动工况下会出现蓄能器压力供给不足；EMB

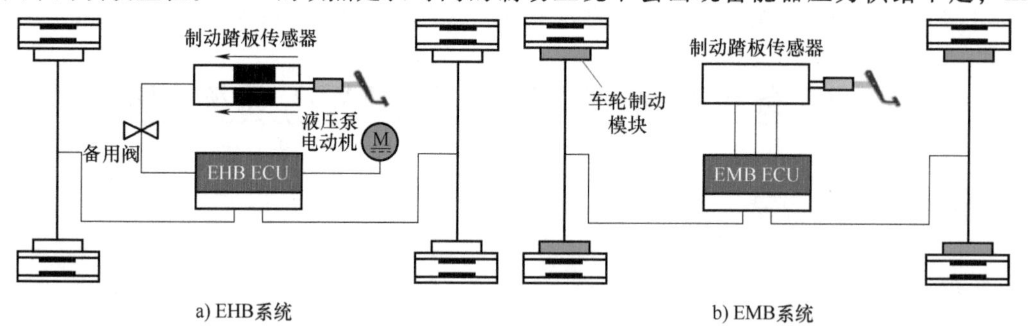

图 4-30　线控制动系统结构示意图

的缺点是长时间堵转的工况下需车载 42V 电源达到功率的要求，并且需要额外的制动失效备份机构、成本造价比较高。

如果把 EHB 称为湿式 Brake-by-Wire 制动系统，那么 EMB 就是干式 Brake-by-Wire 制动系统。EMB 与 EHB 的最大区别就在于它不再需要制动液和液压部件，制动力矩完全通过安装在 4 个轮胎上的由电动机驱动的执行机构产生，因此取消了制动主缸、液压管路等，同时由于取消了制动液，也降低了环境的污染。

2. 电子液压制动（EHB）系统

（1）电子液压制动（EHB）系统的组成　电子液压制动系统中，制动踏板和制动器之间的液压连接是断开的，带有踏板感觉模拟器和电子传感器的电子踏板模块代替了传统的制动踏板，且由电子踏板获取驾驶人制动意图。EHB 系统主要由压力控制单元、制动操作单元和传感器组成，如图 4-31 所示。

压力控制单元：由液压供给单元、电控单元（ECU）、液压控制单元（HCU）组成。液压供给单元由电动液压泵、单向阀、高压蓄能器、制动管路组成。液压控制单元由 4 组相同的进和出液高速开关电磁阀和隔离阀构成。

制动操作单元：由制动踏板单元、串联双腔制动主缸、制动液储液室组成。制动踏板单元由制动踏板、踏板传感器、踏板感觉模拟器组成。

EHB 系统的传感器包含制动踏板传感器、高压蓄能器和制动轮缸的压力传感器，以及用于测量方向角、侧向加速度、横摆角速度等信息的传感器。

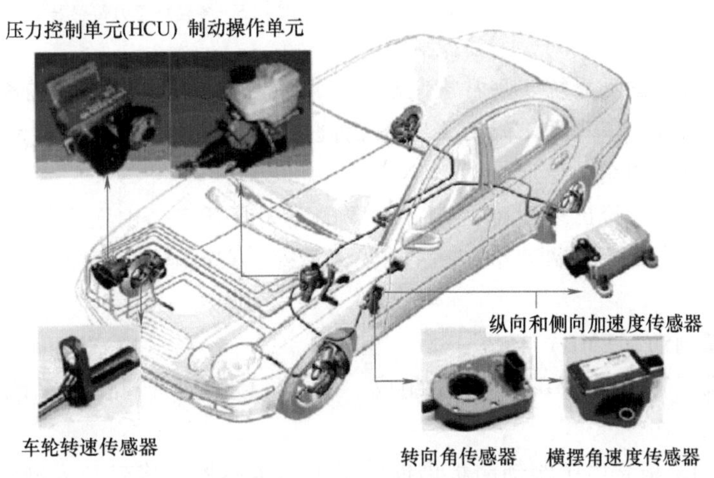

图 4-31　EHB 系统的组成

（2）电子液压制动（EHB）系统的工作原理　电子液压制动（EHB）系统的工作原理如图 4-32 所示。在制动踏板单元中，ECU 汇集踏板感觉模拟器、轮速传感器、转向传感器等的信号，根据车辆行驶状态计算出每个车轮的最大制动力，并发出指令给执行器的蓄能器提供制动轮缸所需的制动力。应急系统中控制器处于故障时，备份阀打开，常规液压制动系统起作用，进行制动。

电子液压制动系统正常工作状态下，平衡阀 V11/V12 处在关闭状态，此时液压控制单元通过控制进和出液高速开关电磁阀，即 V3～V10，且利用 P2～P5 的轮缸压力传感器对轮缸压力进行及时监控，最终达到对轮缸压力的精确控制。

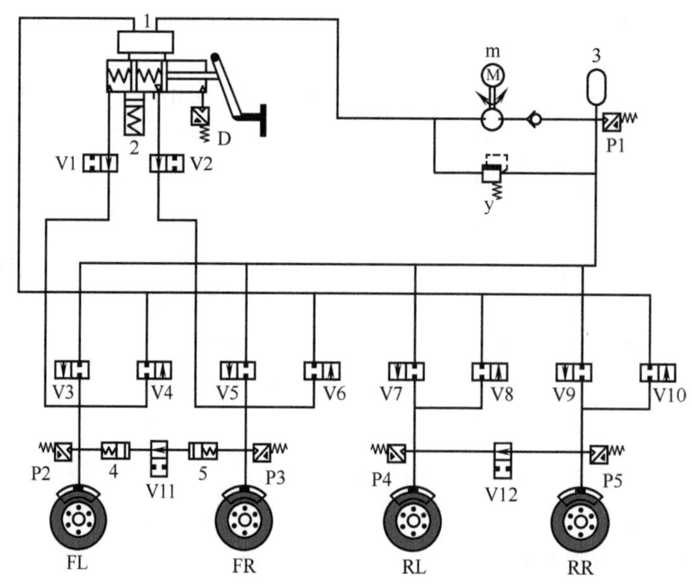

图 4-32 电子液压制动（EHB）系统的工作原理

1—储液箱 2—踏板感觉模拟器 3—高压蓄能器 4—左前隔离活塞 5—右前隔离活塞 V1—左前轮隔离阀 V2—右前轮隔离阀 V3~V10—进、出液高速开关电磁阀 V11—前轴平衡阀 V12—后轴平衡阀 m—电液泵 y—溢流阀 D—踏板位移传感器 P1—高压蓄能器压力传感器 P2~P5—各轮缸压力传感器

若利用电子液压制动系统实现常规制动，可以用两前轮之间的左前隔离活塞、右前隔离活塞、V11 的平衡阀、在两后轮间的 V12 平衡阀来平衡两侧轮子间的制动力，防止车辆的制动跑偏，提升汽车的制动稳定性。

若电子液压制动系统出现故障，V1 和 V2 的隔离阀开启，由人力驱动实现制动，此时制动液从制动主缸直接流入制动轮缸，左前隔离活塞、右前隔离活塞断开与电子液压制动系统的连接。

3. 电子机械制动（EMB）系统

（1）电子机械制动（EMB）系统的组成 电子机械制动（EMB）系统的组成如图 4-33 所示。

1）电子制动踏板：电子制动踏板借助踏板上的传感器，将驾驶人制动意图输入 ECU，使 ECU 收到驾驶人的制动指令。

2）车载电源：车载电源是电子机械制动系统的能量来源，驱动电动机和保证传感器的能量。

3）车载计算机网络：实现制动控制单元和电控单元的通信。

4）控制单元：制动力分配单元是电控单元的组成部件，可以对传感器收集到的信息进行合理处理，制定恰当的制动力分配决策，确保制动时的乘客舒适性和最短的制动距离。

5）制动模块：制动模块是由传感器、制动控制器、制动执行器等构成的闭环控制系统。传感器主要包括踏板位移传感器、轮速传感器和蹄片磨损传感器等。

（2）电子机械制动（EMB）系统的工作原理 电子机械制动（EMB）系统的工作原理

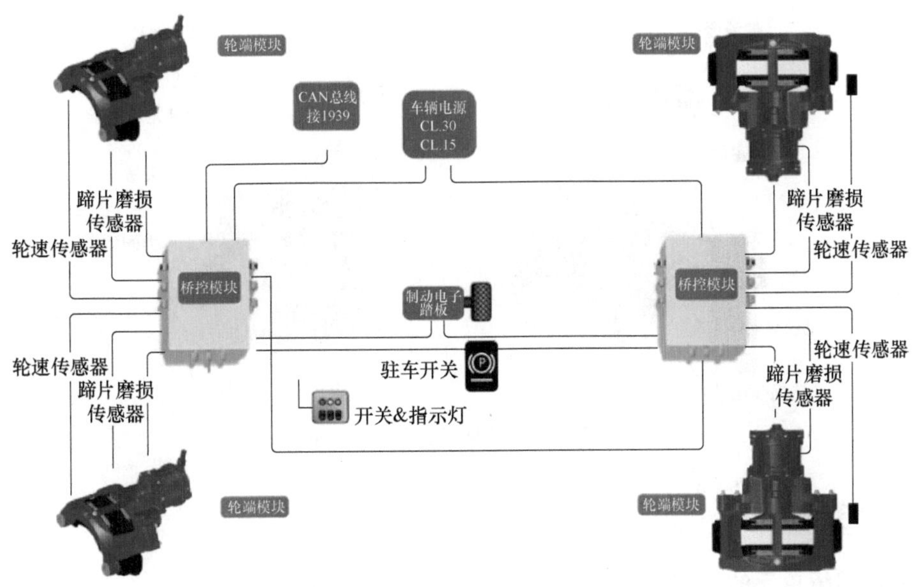

图 4-33　电子机械制动（EMB）系统的组成

是制动时，将制动踏板信息传递到行车 ECU，它综合传感器信息，在经过分析和处理计算后，获得最佳的目标制动夹紧力，并将它传输到制动执行机构，如图 4-34 所示。制动执行机构接收到制动信号后，控制驱动电机迅速进行响应，并由减速增矩和运动转换机构将初始的电动机转动转换为平动，推动制动衬块压紧制动盘完成制动。

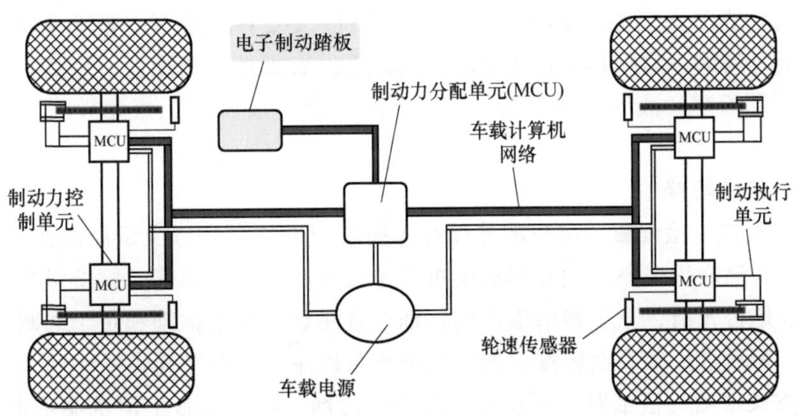

图 4-34　电子机械制动（EMB）系统的工作原理

（3）制动执行机构　电子机械制动系统的执行机构是制动系统的核心部分。其作用是根据驾驶人的制动需求及控制系统的制动力控制，产生合适的摩擦制动力。由博世公司研发的第二代机电伺服制动助力器 iBooster，采用 iBooster 替代真空助力，可满足现代电动汽车和智能汽车制动系统的要求。

如图 4-35 所示，iBooster 主要由 ECU、输入推杆、永磁同步电动机、减速机沟、耦合装置、回位弹簧、助力阀体、制动主缸总成以及位移差传感器组成。减速机构采用三级减速机构，分别为两级齿轮机构和一级螺母螺杆减速机构。永磁同步电动机具有 12 个定子线圈和 8 个磁极。

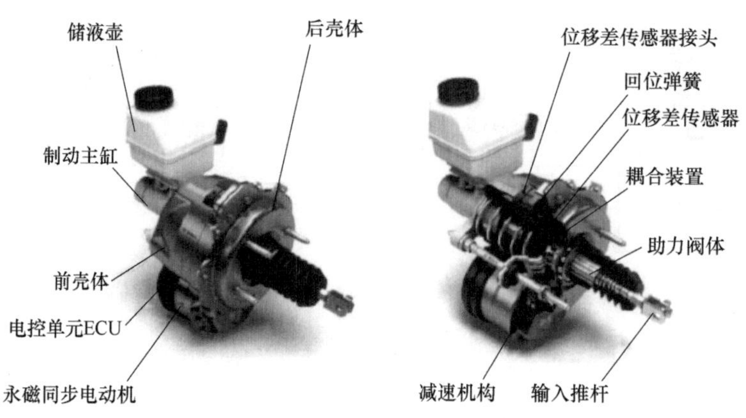

图 4-35 机电伺服制动助力器 iBooster

1. 制动踏板单元的检测

（1）目视检查 检查制动踏板控制单元电路有无破损，检查电路各插头是否连接可靠，有无松脱现象，制动踏板有无变形，踏板传感器导线表面有无裸露，插接是否牢固。

（2）信号检测 踩下制动踏板，用汽车万用表进行信号检测。用脚缓慢的踩下制动踏板，制动踏板信号会发生变化。

2. 液压驱动单元检查

（1）目视检查 液压泵表面有无裂痕，管路连接处有无泄漏，液压管表面有无滴漏；对管路进行压力测试，达到其工作压力时，液压管路有无液体流出。

（2）液压泵检测 液压泵通电后，压力符合要求，液压泵工作无异响，快速达到工作压力，泵压力强。

3. 驱动电机的检修

（1）目视检查 检查驱动电机的外部有无损坏和裂纹，是否由于高温而导致外表发蓝，是否有明显的高温烧灼现象。检查驱动电机的连接螺栓，如有损坏，则予以更换。检查驱动电机的传动毂是否光滑，如果毂磨损，则仔细检查驱动电机电枢轴和定子线圈部分，必要时更换电枢轴，驱动电机轴表面轻度的擦痕或损伤可以用细砂布磨光。

（2）检查及清洁 清洁时，可加入专用的去污剂。在清洗台上清洗驱动电机外壳表面，用毛刷进行刷洗。定子部分清洁时，要仔细检查线圈有无破损，检查线圈绝缘情况。清洁电枢轴及电枢表面，一边清洗一边旋转。反复作业 2~3 次，最后用压缩空气吹干。

4. 控制系统的检测

（1）目视检查 导线表面无锈蚀，电路连接完整，正常工作不发热，导线无脱落及松动现象。

（2）制动踏板电信号及液压泵信号检测 正常情况下，踩下制动踏板，ECU 接收信号，液压泵进行动作。

5. 制动执行单元检查

（1）目视检查 制动器表面无锈蚀、油污，制动器螺栓连接可靠、无松动，制动盘表面无锈蚀，表面无沟槽，制动管路无损坏，插头无渗漏现象。

（2）检测过程　踩下制动踏板，液压泵工作，制动蹄片在制动轮缸的液压力作用下把制动蹄片推向制动盘，松开制动踏板，制动蹄片离开制动盘，恢复原来的位置。

知识小结

1. 防抱死制动系统（Anti-Lock Brake System，ABS）是汽车上的一种主动安全装置。其作用是在汽车制动时，防止车轮抱死而在路面上拖滑，以提高汽车制动过程中的方向稳定性、转向控制能力和缩短制动距离，使汽车制动更为安全有效。

2. 滑移率 S 的定义如下：$S=(v-v_C)/v\times100\%=(v-r\omega)/v\times100\%$

式中，v 是车身瞬时速度；v_C 是车轮圆周速度，r 是车轮半径，ω 是车轮速度。

3. 汽车打“滑”有两种情况，一是汽车制动时车轮的滑移，二是汽车驱动时车轮的滑转。ABS 可防止制动时车轮抱死而滑移，而 ASR/TRC 可防止驱动车轮原地不动而不停地滑转。

4. 用 S_d 表示驱动时的滑转，则 $S_d=\dfrac{v_C-v}{v_C}\times100\%=(r\omega-v)/r\omega\times100\%$

式中，v 是车身瞬时速度，v_C 是车轮圆周速度，r 是车轮半径，ω 是车轮转动角速度。

5. 汽车制动过程中，EBD 先起作用，当车轮接近抱死时 ABS 才起作用，而 EBD 作用消失。

6. ESP 由电控单元（ECU）、转向盘转角传感器、轮速传感器、横向偏摆率传感器、横/纵向加速度传感器及液压系统等组成。

7. 线控制动系统中制动踏板和制动器之间的液压连接是断开的。带有踏板感觉模拟器和电子传感器的电子踏板模块代替了传统的制动踏板，且由电子踏板来获取驾驶人制动的意图。

8. 电子液压制动系统的踏板感觉模拟器可提供等同于传统制动踏板的感觉，且将制动信息按照电信号的形式传输给电控单元（ECU）。同时，ECU 汇集轮速传感器、转向传感器等的各路信号，根据车辆行驶状态计算出每个车轮的最大制动力，并发出指令给执行器的蓄能器提供制动轮缸所需的制动力。

9. 电子机械制动系统将制动踏板信息传递到行车 ECU，它综合传感器信息，在经过分析和处理计算后，获得这个时候最佳的目标制动夹紧力，将它传输到制动执行机构。

思　考　题

1. 哪些执行器出现故障时，ABS、ASR 将不能工作，为什么？
2. 若是车速传感器出现故障，ABS、ASR 能否工作，为什么？

练　习　题

一、填空题

1. ABS 中 ECU 依据的控制参数包括________和车轮角加速度。

2. ABS 控制的是汽车制动时车轮的________，主要是用来提高制动效果和确保制动安全。

3. ABS 中循环式制动压力调节器中，ECU 控制流经制动压力调节器电磁线圈的电流的大小，使 ABS 处于________、保压和________ 3 种状态。

4. ASR 的传感器主要是车轮________和________。

5. ASR 是控制车轮的滑转，用于提高汽车________、________及在滑溜路面行驶时的牵引力和确保行驶稳定性。

6. 在制动时，EBD 单元只要检测到________发生细微滑动，就会通过电控系统来控制________，以尽量限制后轮打滑，提高车辆制动时的稳定性。

7. 汽车制动过程中，________先起作用，当________时 ABS 才起作用，而 EBD 作用消失。

8. ESP 由电控单元（ECU）、________、轮速传感器、________、横/纵向加速度传感器及液压系统等组成。

二、问答题

1. 电控 ABS 的工作原理是什么？
2. ABS 中循环式制动压力调节器的工作过程是什么？
3. ABS 中组合式制动压力调节器的工作过程是什么？
4. ASR 的工作原理是什么？
5. ESP 的组成及工作原理是什么？
6. EHB 系统的组成及工作原理是什么？
7. EMB 系统的组成及工作原理是什么？

三、论述题

1. 简述可变容积式压力调节器的工作过程。
2. 简述循环式制动压力调节器的工作过程。
3. 简述组合方式的 ASR 制动压力调节器工作过程。

四、故障诊断

1. 进行 ABS 故障自诊断的检测。
2. 进行 ASR 系统的检测。

项目 5　电控悬架系统检修

案例导入

比亚迪汽车汉车系搭载自主研发的 DiSus-C 智能电控主动悬架，该悬架由传感器、控制器、执行元件等组成，传感器用于采集车身高度、车速、转向角度及速率、制动等信号，信号输入到控制单元（ECU）进行综合分析，通过控制 4 个减振器内部的电磁阀动态调节液压油阻尼。如果前轮突然压过减速带或坑洼，DiSus-C 悬架会立即将后轮悬架变软；遇颠簸路面，悬架主动变软；过弯时可主动调整内、外侧车轮悬架软硬，内侧悬架适当变软、外侧悬架适当变硬，提升过弯悬架对车身的支撑性；急加速或紧急制动时，悬架自动调整前、后轮悬架软硬，急加速时后轮悬架变硬，紧急制动时前轮悬架变硬。

根据上述案例，请思考下列问题：

1）比亚迪汽车 DiSus-C 智能电控主动悬架的工作原理是什么？

2）电控主动悬架系统具有什么功能？

3）电控主动悬架系统具有哪些传感器、执行器？

学习任务 5.1　电控悬架系统的认知

学习目标

【知识目标】

1. 掌握电控悬架系统的基本功能。
2. 掌握电控悬架系统的分类。
3. 掌握电控悬架系统的组成及各部分的作用。

【能力目标】

1. 能够辨识电控悬架系统。
2. 能够完成电控悬架的基本检查操作。

【素养目标】

1. 培养学生对事负责、与人合作的精神，严谨细致的作风，坚持不懈的奋斗精神。
2. 培养学生爱岗敬业的职业道德意识。
3. 培养学生的安全意识和环保理念。

理论知识

随着人们对汽车操纵性和舒适性要求的不断提高，电控悬架系统被广泛应用。其最大优点是能使汽车的乘坐舒适性以及操纵稳定性达到最佳状态。

1. 电控悬架系统的功能与分类

(1) 电控悬架系统的功能　电控悬架系统通过调节悬架的刚度和阻尼力，使汽车的悬架特性与道路状况和行驶状态相适应，从而保证汽车行驶的平顺性和操纵的稳定性。电控悬架系统如图 5-1 所示。

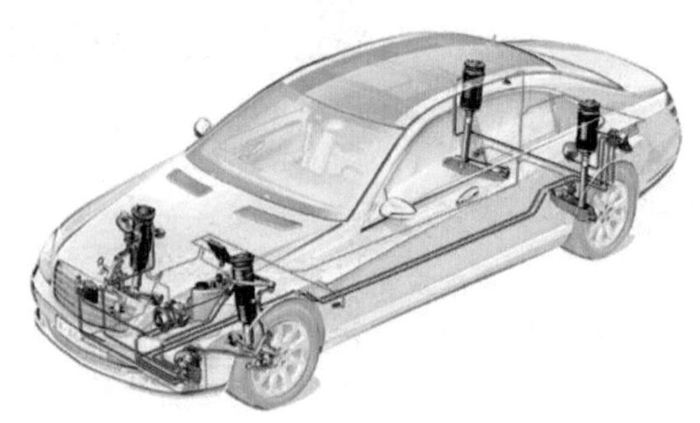

图 5-1　电控悬架系统

1) 车高调整。无论车辆的负载多少，都可以保持汽车高度一定，车身保持水平，从而使前照灯光束方向保持不变；当汽车在坏路面上行驶时，可以使车高升高，防止车桥与路面相碰；当汽车高速行驶时，可以使车高降低，以便减小空气阻力，提高操纵稳定性。

2) 减振器阻尼力控制。通过对减振器阻尼系数的调整，防止汽车急速起步或急加速时车后部下蹲；防止紧急制动时的车头下沉：防止汽车急转弯时车身横向摇动；防止汽车换档时车身纵向摇动等，提高行驶平顺性和操纵稳定性。

3) 弹簧刚度控制。通过对弹簧弹性系数的调整，改善汽车的乘坐舒适性与操纵稳定性。

(2) 电控悬架系统的分类　按控制理论的不同，电控悬架系统分为半主动式和主动式两大类，其中半主动式分为有级半主动式（阻尼力有级可调）和无级半主动式（阻尼力连续可调)。主动式悬架根据频带和能量消耗的不同，分为全主动式（频带宽大于 15Hz）和慢全主动式（频带宽 3~6Hz)；根据驱动机构和介质的不同，分为由电磁阀驱动的油气主动式悬架和由步进电动机驱动的空气主动式悬架。

半主动悬架是指悬架元件中的弹簧刚度和减振器阻尼系数之一可以根据需要进行调节的悬架。半主动悬架是无源控制，因此，汽车在转向、起动、制动等工况时不能对刚度和阻尼进行有效的控制。

主动悬架是具有做功能力的悬架。它在汽车载荷、行驶速度、路面状况等行驶条件发生变化时，能自动调整悬架刚度和阻尼。此外，主动悬架还可以根据车速的变化控制车身的高度。

2. 电控悬架系统的控制原理

(1) 半主动悬架系统调整原理　从行驶平顺性和舒适性考虑，弹簧刚度和减振器的阻尼系数应能随汽车运行状态而变化，使悬架系统性能总是处于最优状态附近。但是，弹簧刚度选定后，很难改变，因此可以选择改变减振器阻尼。图 5-2 所示为 2 自由度半主动悬架的调整原理简图，图中的阻尼元件为可调节减振器。

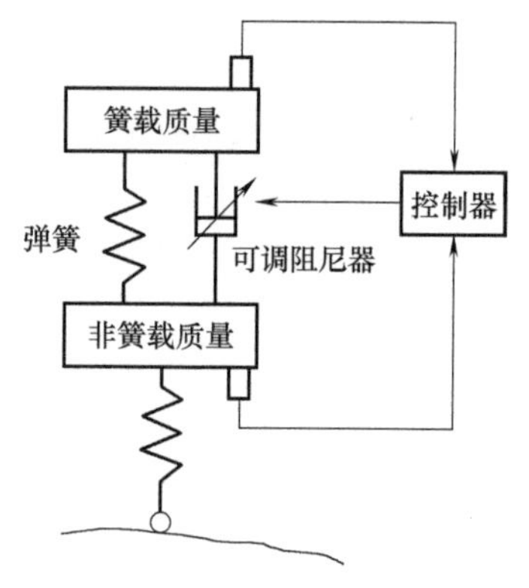

图 5-2　2 自由度半主动悬架的调整原理简图

半主动悬架采用可控阻尼减振器作为执行元件，通过系统内力采用闭环控制实现控制单元提出的力的要求，除了需要能量驱动电磁阀外，几乎不再额外耗费发动机的能量。

1) 阻尼调节方式。阻尼可调减振器分为有级可调减振器和连续可调减振器，有级可调减振器的阻尼系数只能取几个离散的阻尼值，而连续可调减振器的阻尼系数可在一定的范围内连续变化。

有级可调减振器在减振器结构中采用较为简单的控制阀，使通流面积在最大、中等或最小之间进行有级调节。通过减振器顶部的电动机控制旋转阀的旋转位置，可使减振器的阻尼在软、中、硬 3 档之间变化。

连续可调减振器的阻尼调节可以采取节流孔径调节和减振液黏性调节两种方式。

图 5-3 所示为一种行程自适应可变阻尼减振器，它可保证车辆在各种路面上都有良好的舒适性。它有一个自适应可变活塞阀，当汽车行驶于颠簸路面发生较小振动时，只有主活塞工作并施加较柔和的阻尼力；当汽车转弯行程较长时，可变活塞阀打开，产生较大阻尼力以实现良好操控性。

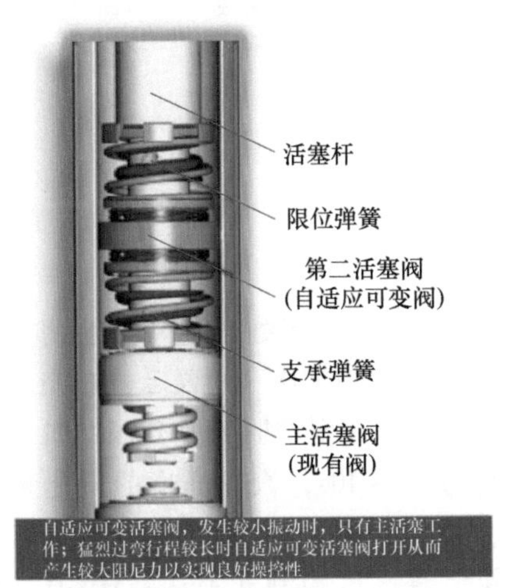

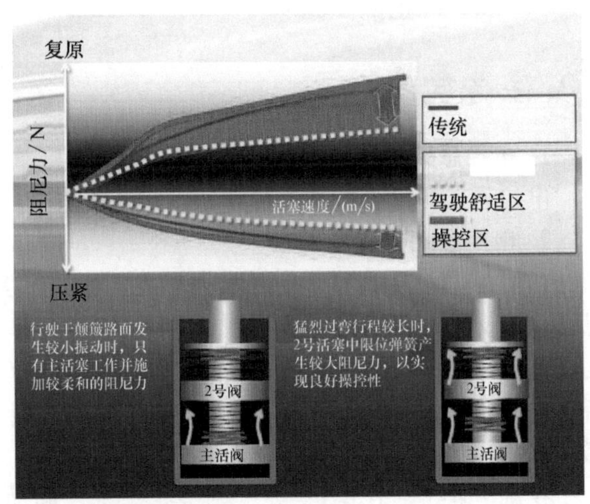

图 5-3　行程自适应可变阻尼减振器

2）车身高度的调整。ECU 根据车身高度传感器各个信号的通、断状态进行车身高度调整。若只判断 4 个车身高度区间，则车身高度传感器只需 2 个，其组合方式见表 5-1。

表 5-1　车身高度控制区间与传感器信号的组合方式

车高检测区间	车身高度传感器 A	车身高度传感器 B
过高	OFF	ON
偏高	OFF	OFF
偏低	ON	OFF
过低	ON	ON

（2）主动悬架系统的工作原理　主动悬架系统包括电控空气悬架和电控油气悬架。

电控空气悬架如图 5-4 所示，是指在螺旋弹簧外面加装一个气囊或内部建立一个气室的悬架系统。它通过调节减振气囊或气室内的气体，起到改变减振状态、稳定车身水平的作用。电控空气悬架作用时，空气压缩机工作，由 ECU 根据车身高度传感器的数据，将气体分配到减振器中。同时，减振器内设有排气阀门，可以将悬架里面的气体排掉。

电控油气悬架如图 5-5 所示，它以气体作为弹性介质、用油液作为传力介质，一般由气体弹簧和相当于液力减振器的液压缸组成。通过油液压缩气室中的空气实现刚度特性，通过电磁阀控制油液管路中的小孔节流实现变阻尼特性。

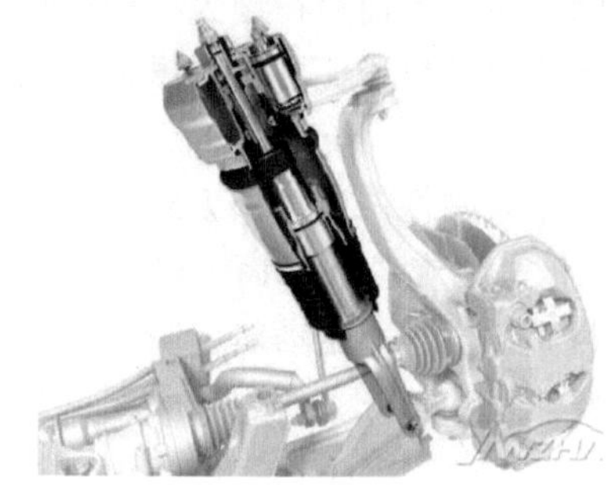

图 5-4 电控空气悬架

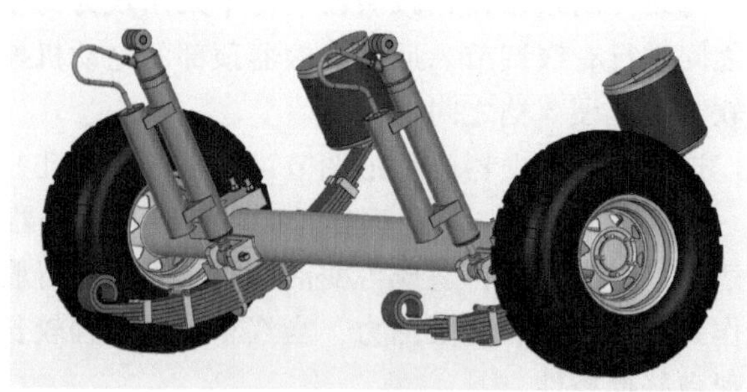

图 5-5 电控油气悬架

任务实施

1. 电控悬架的初步检查

电控悬架的初步检查流程如图 5-6 所示。

2. 电控悬架的基本检查

（1）汽车高度调整功能的检查 在轮胎充气压力满足要求、汽车处于正常高度调整状态下，起动发动机，将高度控制开关从“NORM”位置转换到“HIGH”位置。检查完成高度调整所需的时间和汽车高度的变化量，如图 5-7 所示，从操作高度控制开关到压缩机起动所需时间约 2s，从压缩机起动到完成高度调整所需时间为 20～40s，汽车高度的变化量为 10～30mm。

在汽车处于“HIGH”高度调整状态下，起动发动机，将高度控制开关从“HIGH”位置转换到“NORM”位置。检查完成高度调整所需的时间和汽车高度的变化量，从操作高度控制开关到开始排气所需时间约 2s，从开始排气到完成高度调整为 20～40s，汽车高度的变化量为 10～30mm。

其次，检查是否漏气，主要检查悬架系统所有管路连接处，不应有漏气现象。检查方法：发动机不工作时，将车身升高，“HIGH”控制模式下，将肥皂水涂抹在软、硬管连接处，检查是否有漏气的现象。

（2）车高初始调整 检测调整时，汽车需停在平坦路面，悬架高度控制开关位于常规位置。检测时，测量高度传感器控制杆长度，标准值：前为 59. 3mm，后为 35mm。如果不在标准值范围之内，需要进行车高调整。可以通过调整控制杆上的锁紧螺母改变、调整长度，从而使车身高度发生改变。调整时，标准长度为 10～14mm。

（3）输入信号的检查 该检查的目的是检查来自转向传感器和停车灯开关的信号是否正常地输入 ECU。打开点火开关，将发动机室内的检查插接器相关端子短接。如果连接后，储存在存储器中的故障码输出，应该进行维修；如果存储器中没有故障码输出，则要进行输入信号检查。

输入信号检查的每个项目检查，首先要按表 5-2 中规定的操作一一进行操作，观察发动机处于不同状态下“NORM”指示灯的闪烁方式。正常情况是在发动机停机状态下，高度控制“NORM”指示灯会以 0. 25s 的间隔闪亮，并一直持续闪亮到发动机运转时为止。

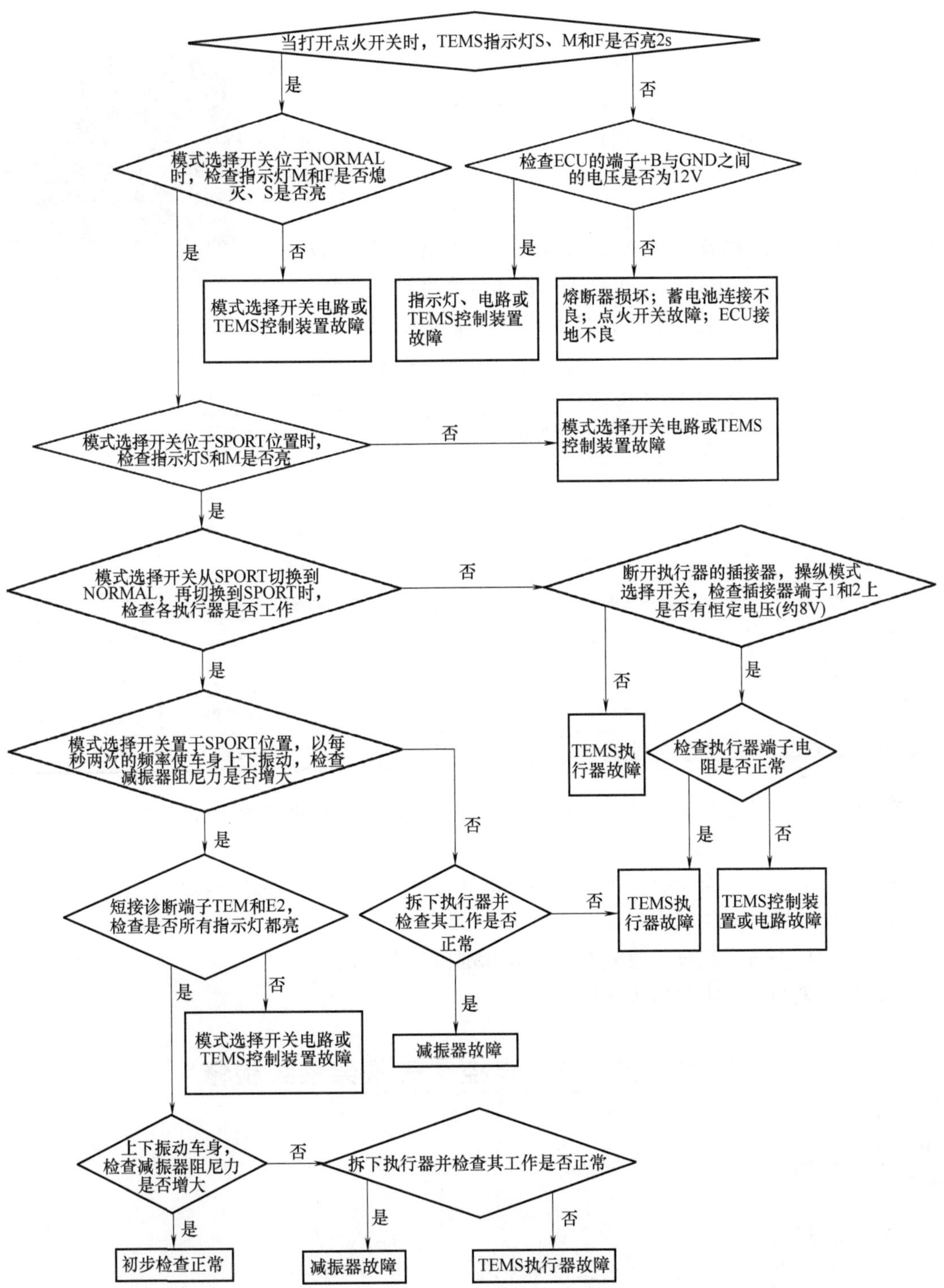

说明：TEMS(TOYOTA Electronic Modulated Suspension)—丰田电控悬架；S(Soft)—软；M(Medium)—中等；F(Firm)—硬；SPORT—行驶；NORMAL—正常。

图 5-6 电控悬架的初步检查流程

然后，按表 5-2 规定的操作二进行操作，观察发动机处于不同的状态下“NORM”指示灯的闪烁方式。正常情况是在发动机停机状态下，高度控制“NORM”指示灯常亮。若满足要求，表明被检查系统信号正常地输入 ECU。

在进行上述各项检查时，减振力和弹簧刚度控制停止，并且减振力和弹簧刚度均固定在“坚硬”状态，汽车高度控制正常进行。

图 5-7 车高初始调整

(4) 汽车高度调整　若汽车的高度处在标准值范围以内，就不必进行汽车的高度调整，否则需对汽车的高度进行调整：

1）拧松高度控制传感器连接杆上的两只锁紧螺母。

表 5-2 输入信号的检查

检查项目	操作一	发动机状态		操作二	发动机状态	
		停机	运转		停机	运转
转向传感器	转向直前	闪烁	常亮	转向角超过 45°	常亮	闪烁
停车灯开关	OFF(制动踏板不踩下)	闪烁	常亮	ON(制动踏板踩下)	常亮	闪烁
门控灯开关		闪烁	常亮	ON(所有车门开启)	常亮	闪烁
节气门位置传感器	不踩加速踏板	闪烁	常亮	加速踏板全部踩下	常亮	闪烁
1 号汽车车速传感器	车速低于 20km/h	闪烁	常亮	车速高于 20km/h	常亮	闪烁
高度控制开关	NORM 位置	闪烁	常亮	HIGH 位置	常亮	闪烁
悬架控制开关	NORM 位置	闪烁	常亮	SPORT 位置	常亮	闪烁
高度控制开关	ON 位置	闪烁	常亮	OFF 位置	常亮	闪烁

2）转动高度控制传感器连接杆的螺栓以调节长度。高度控制传感器连接杆每一圈能使汽车高度改变大约 4mm。

3）调整时，要注意检查高度控制传感器连接杆的尺寸是否小于极限值。

4）暂时拧紧两只锁紧螺母。

5）再次检查汽车高度，直到车高达到标准值范围以内。

6）按拧紧力矩要求拧紧锁紧螺母。

学习任务 5.2　电控空气悬架系统检修

学习目标

【知识目标】

1. 掌握电控空气悬架系统的工作原理。
2. 掌握电控空气悬架执行机构的组成及工作原理。

【能力目标】

1. 能够检测电控空气悬架系统。

2. 能够利用自诊断系统进行故障检修。
3. 能够根据故障现象诊断电控空气悬架的故障。

【素养目标】

1. 培养学生对事负责、与人合作的精神，严谨细致的作风，坚持不懈的奋斗精神。
2. 培养学生爱岗敬业的职业道德意识。
3. 培养学生的安全意识和环保理念。

理论知识

1. 电控空气悬架的功能

电控空气悬架为主动悬架系统，包括空气弹簧减振器总成、蓄能器、车身高度传感器、悬架控制单元（ECU）、供气系统等，如图5-8所示。其中，空气悬架控制单元（ECU）是核心部件，担负着整个系统的“大脑”的功能，能够针对驾驶人需求、车辆状态和路面形态，通过控制空气弹簧的充放气以实现车身高度的自适应调节，并与电控减振器搭配，综合调节悬架高度、刚度和阻尼，改善汽车的舒适性、能耗经济性、通过性、便利性和操纵稳定性。

图5-8 电控空气悬架系统的构成

2. 空气悬架的控制原理

丰田LS400轿车空气悬架系统ECU根据各传感器的信号、LRC开关及高度控制开关选择的模式信号，控制减振器阻尼力、弹簧刚度和车身高度，其控制方式见表5-3。

表5-3 减振器阻尼力、弹簧刚度和车身高度控制方式

开关位置		减振力	弹簧刚度	预定车身高度
LRC开关	NORM	软	软	
	SPORT	中	硬	

（续）

开关位置		减振力	弹簧刚度	预定车身高度
高度控制开关	NORM			标准
	SPORT			高

主动空气悬架的车身高度、弹簧刚度和减振器阻尼力可以同时得到控制，见表 5-4。

表 5-4　弹簧刚度和减振器阻尼力的控制及功能

行驶情况	控制状态	功　能
倾斜路面	弹簧变硬	抑制侧倾、改善操纵性
不平坦路面	弹簧变硬或阻尼力中等	抑制汽车上下跳动，改善汽车行驶时的乘坐舒适性
制动时	弹簧变硬	抑制汽车制动前倾（点头）
加速时	弹簧变硬	抑制汽车加速后坐
高速时	弹簧变硬和阻尼力中等	改善汽车高速行驶稳定性和操纵性

3. 电控悬架系统的组成

电控悬架系统的传感器一般有车高传感器、车速传感器、加速度传感器、转向盘转角传感器、节气门位置传感器等。开关有模式选择开关、制动灯开关、停车开关等。执行机构有可调阻尼力的减振器，可调节弹簧高度和弹性大小的弹性元件等。

（1）传感器

1）转向盘转角传感器。转向盘转角传感器用于检测转向盘的中间位置、转动方向、转动角度和转动速度。在电控悬架中，电控单元根据车速传感器信号和转角传感器信号，判断汽车转向时侧向力的大小和方向，以控制车身的侧倾。现代汽车多采用光电式转角传感器。

图 5-9 所示为光电式转角传感器的安装位置和结构。

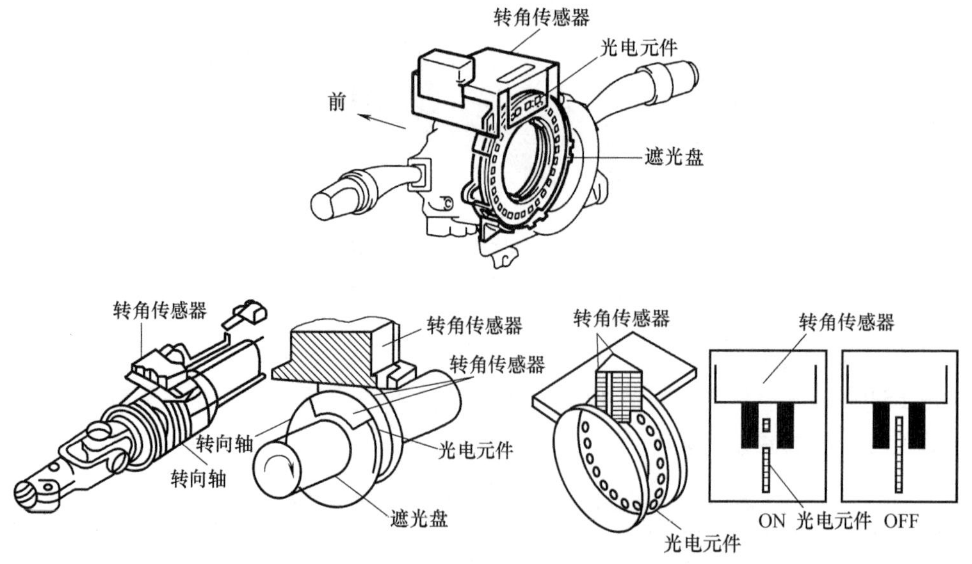

图 5-9　光电式转角传感器的安装位置和结构

2）加速度传感器。在车轮打滑时，不能以转向角和汽车车速正确判断车身侧向力的大小。为了直接测出车身横向加速度和纵向加速度，可以采用加速度传感器。一般前加速度传感器和前高度控制传感器接合在一起，后加速度传感器安装在行李舱里。

压电式加速度传感器如图 5-10 所示，它是基于压电晶体的压电效应工作的。

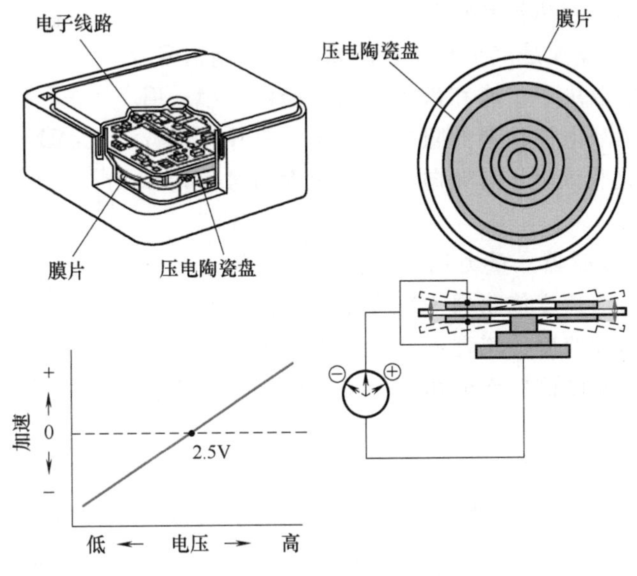

图 5-10 压电式加速度传感器

3）车身高度传感器。车身高度传感器的作用是检测汽车行驶时车身高度的变化情况（汽车悬架的位移量），并转换成电信号输入悬架系统 ECU，主要有片簧开关式、电磁感应式等。

片簧开关式车身高度传感器，如图 5-11 所示。该传感器将车身高度划分为低、正常、高和超高 4 个检测区域。

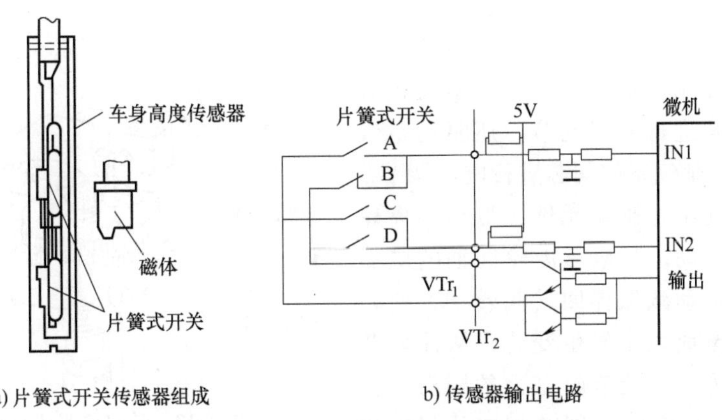

图 5-11 片簧开关式车身高度传感器

当车身高度调整到正常高度时，如果车身高度偏离正常高度，如车辆行李重量使车身高度降低时，片簧开关式车身高度传感器就会有一对触点接触，将车身高度降低的电信号输送给电控单元（ECU），电控单元（ECU）根据得到的信号进行处理后，输出指令到执行器，执行器控制相关元件使车身高度恢复到正常高度。

电磁感应式车身高度传感器，如图 5-12 所示。

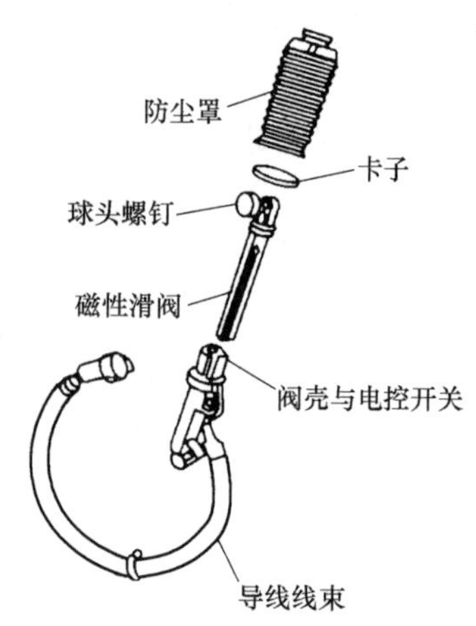

图 5-12 电磁感应式车身高度传感器

4）节气门位置传感器。悬架控制系统中利用节气门位置传感器信号判断汽车是否在进行急加速。在电控悬架系统中，ECU 接收此信号，可以控制汽车“下坐”。

5）车速传感器。车速是汽车悬架系统常用的控制信号，汽车车身的侧倾程度取决于车速和汽车转向半径的大小。通过对车速的检测，调节电控悬架的阻尼力，从而改善汽车行驶的安全性。ECU 接收该信号与转向盘转动角度信号，计算车身的侧倾程度。

6）重力加速度传感器。重力加速度传感器安装在汽车的 4 个角上。后重力加速度传感器安装在车架后部，靠近后悬架支架处；前重力加速度传感器安装在减振器支架上，它将车身垂直方向的加速度信息变成相应的电压信号传给控制单元。

（2）开关

1）停车灯开关。当踩下制动踏板时，停车灯开关接通，ECU 接收这个信号作为防点头控制用的一个起始状态。

2）制动开关。制动灯开关安装在液压制动管路系统中。踩下制动踏板，制动开关接通，制动灯亮，此时，制动灯开关会将此信号送给电控悬架 ECU，ECU 便可判定汽车在制动。

3）模式选择开关。模式选择开关用来选择悬架的软、中或硬状态，ECU 检测到该开关的状态后，操纵悬架控制执行器，从而改变减振器的弹簧刚度和阻尼系数。

（3）空气悬架的执行机构　空气悬架执行机构主要包括执行器、可调阻尼减振器和空气弹簧组件（空气弹簧、空气弹簧阀、空气压缩机等）。

1）悬架控制执行器的结构。悬架控制执行器的结构如图 5-13 所示。悬架控制执行器安装在空气弹簧和减振器的上方，它不仅控制减振器的回转阀进行阻尼调节，还驱动空气弹簧气压缸主、辅气室的阀芯进行刚度调节。

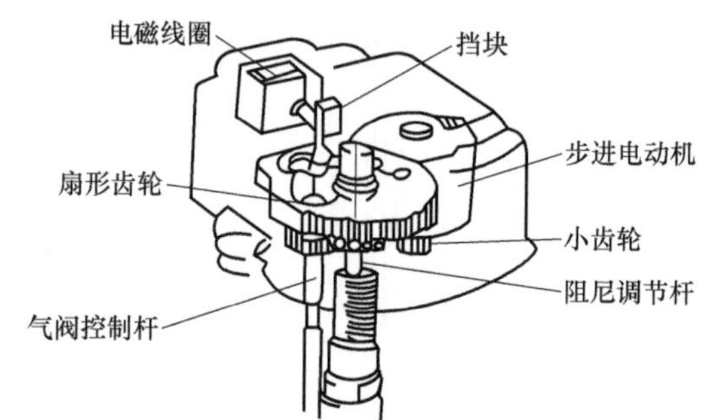

图 5-13 悬架控制执行器的结构

步进电动机作为驱动元件，带动小齿轮驱动扇形齿轮转动，与扇形齿轮同轴的减振器阻尼调节杆带动减振器回转阀转动，使阻尼孔开闭的数量或大小发生变化，从而调节减振器的阻尼力。在调节阻尼力的同时，齿轮系带动与空气弹簧气室阀芯相连的气阀控制杆转动，随着气室阀芯角度的改变，悬架的刚度得到调节。

电磁线圈不通电时，它控制的电磁制动开关松开，挡块处于扇形齿轮的滑槽内，扇形齿轮可以转动，使悬架的阻尼力和刚度保持在相对稳定状态。

2）可调阻尼减振器。液力式可调阻尼减振器的结构与阻尼调整原理。如图 5-14 所示。

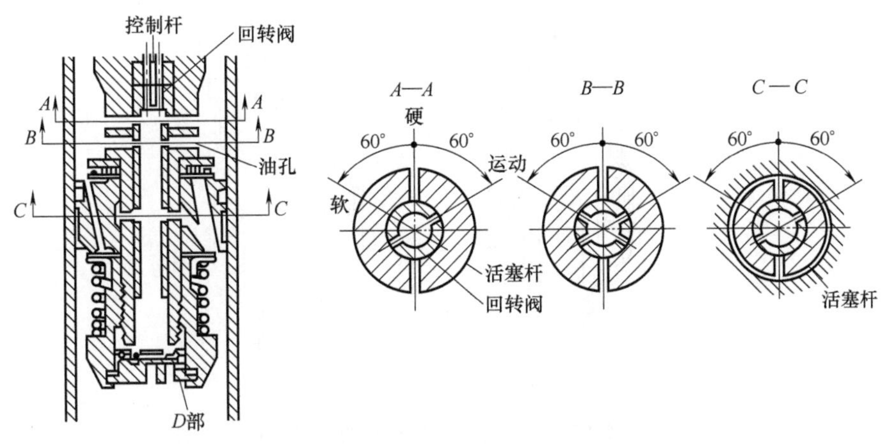

图 5-14　液力式可调阻尼减振器的结构与阻尼调整原理

（4）弹簧刚度控制的执行机构　图 5-15 所示为空气悬架气动缸的基本结构。

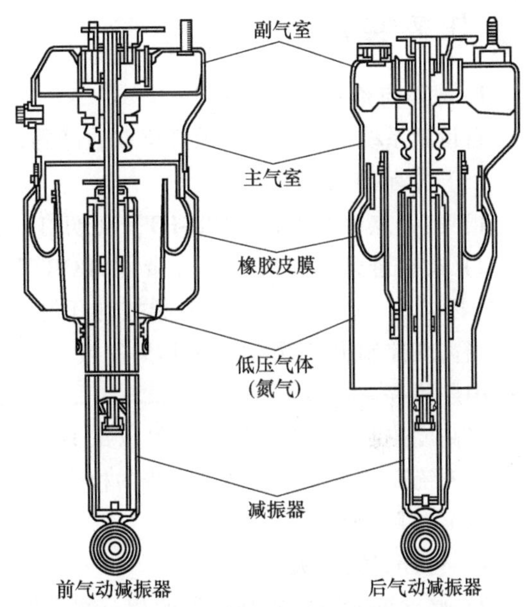

图 5-15　空气悬架气动缸的基本结构

悬架刚度通过调整主、副气室间的气阀体上的大、小两个通道进行控制。步进电动机带动空气阀控制杆转动，使空气阀阀芯转过一个角度，改变气体通道的大小，就可以改变主、副气室气体流量，使悬架的刚度发生变化。悬架刚度可以在低、中、高 3 种状态间变化。

（5）车身高度控制的执行机构　车身高度控制装置的工作是通过向空气弹簧的主气室内充、放气体来实现车身高度的调节。它一般由空气压缩机、直流电动机、车身高度控制电磁阀、排气电磁阀、空气干燥器等组成，如图 5-16 所示。

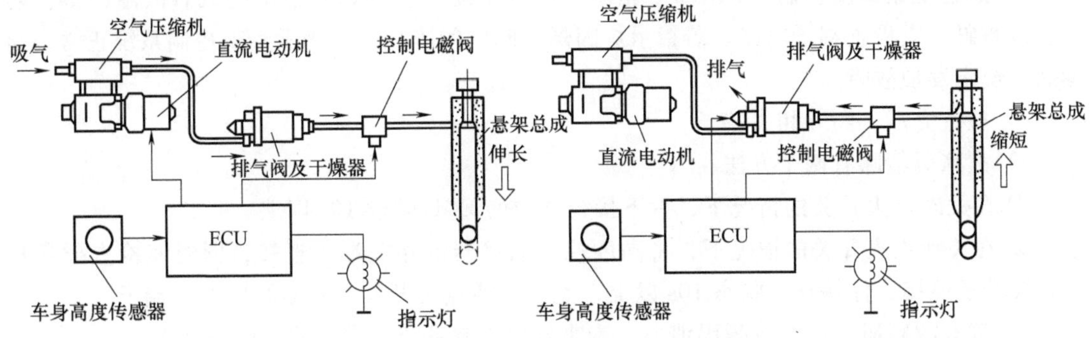

图 5-16　车身高度控制装置结构简图

如图 5-17 所示，当判定“车身低了”时，空气压缩机电动机工作，高度控制阀向空气弹簧主气室内充气，使车高增加；反之，若打开高度控制阀向外排气，则汽车高度降低。

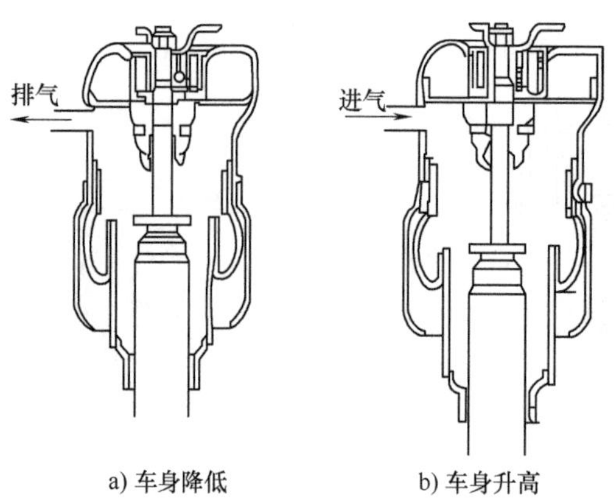

图 5-17 车身高度控制装置的工作原理

1. 故障自诊断

自诊断系统需要利用指示灯读取故障码，因此先进行指示灯检查。

（1）指示灯检查

1）打开点火开关，“HEIGHT”照明灯一直亮。

2）检查悬架控制指示灯（带“SPORT”标志）和高度控制指示灯（带“NORM”或“HI”标志），应亮 2s 左右。悬架控制开关拨到“SPORT”位置时，悬架控制指示灯亮。同样，当高度控制开关拨到“NORM”或“HIGH”位置时，高度控制指示灯“NORM”或“HIGH”也亮。

当高度控制“NORM”指示灯以每 1s 间隔闪亮时，表明 ECU 存储器中存有故障码，悬架控制系统存在故障，应做进一步的检修。

（2）故障码检查

1）打开点火开关。

2）将诊断盒或检查插接器的相关端子短接。

3）通过观察高度控制“NORM”指示灯的闪烁规律，查询功能结构或者故障码等。若没有故障码，应检查端子电路。若指示灯闪烁的时间间隔相等，表示悬架控制系统正常，自诊断系统未发现故障。

4）检查完后，断开相关端子。

5）故障码清除有两个方法：

① 在关断点火开关的情况下，拆下接线盒中的 ECU 熔丝 10s 以上。

② 在关断点火开关的情况下，将高度控制插接器的相关端子连接，同时使检查插接器的相关端子连接，保持这一状态 10s 以上，然后接通点火开关，并断开以上各端子。

6）读取故障码。如果故障码消失，表明悬架控制系统正常，故障已经排除。

2. 空气悬架系统检修

（1）空气悬架系统检测

1）检查蓄电池电压，应达到 12V 以上；检查各电路导线有无明显的损坏或脱落；检查悬架是否在最低位，如在高位，则应做放气处理。

2）打开点火开关，高度指示灯、LRC 指示灯亮，几秒后只有高度指示灯亮。

3）随后压缩机开始工作，同时可以看到空气弹簧的充气过程，如图 5-18 所示。若无充气过程，表明压缩机或其控制系统出现故障。

4）当高度传感器（安装位置见图 5-19）感应到一定的位移后，压缩机停止工作。若不能停止工作，表明其控制系统出现故障。

（2）检查与更换空气悬架步进电动机

1）检查电动机线圈：用万用表测量该电动机线圈的电阻值，并与正常电阻值进行比较，判断电动机线圈是否烧坏。

2）检查电动机内部结构：若电动机线圈一相或两相烧坏，只要线圈骨架没有变形，可以按照电动机原来的线圈和匝数自行绕制。

若步进电动机损坏，应同时检测步进电动机的驱动电路是否损坏。

图 5-18 观察空气弹簧充气过程

图 5-19 高度传感器安装位置

操作规范

1）对于空气悬架系统检修，将汽车顶起前，应将高度控制 ON/OFF 开关拨到 OFF 位置。如果在高度控制 ON/OFF 开关拨到 ON 位置的情况下顶起汽车，则 ECU 中会记录故障码。

2）在放下千斤顶前，应将汽车下面所有的物体搬走。因为在维修过程中，可能进行空气悬架的放气、空气管路拆检等操作，此时空气弹簧中的主气室可能无气或存有少量剩余气体，汽车落地后，会因自身的重量使车身高度变得很低。

3）在起动汽车之前，应起动发动机将汽车的高度调整到正常状态。因为在维修时，空气弹簧中的空气被放掉，车身高度变得很低，如果此时汽车起步，势必造成车身与悬架或轮胎相互碰撞。因此，车辆维修后首先应起动发动机，用空气压缩机给空气弹簧气室输送压缩空气，使汽车高度恢复正常，这样汽车便可以正常行驶。

（3）检查与更换气泵电动机

1）气泵吸气。若吹气的真空度降低，其主要原因如下：

① 真空泵内油量不足。

② 气泵内空气滤清器被堵塞。

③ 气泵密封机件磨损导致漏油、漏气。

④ 气泵内杂质多，气泵被堵塞。

⑤ 气泵调节阀调节不当。

排除办法：

① 换用新的密封件。

② 更换新的真空油。

③ 正确调节气泵的调节阀。往顺时针方向调节为增大压力，反之为减小压力。

④ 使用汽油清洗滤清器。

⑤ 添加新的真空油至游标中心线。

2）检查响声。若正常，但真空压力达不到铭牌标注，其主要原因如下：

① 进、出风定位包底座的石棉垫密封不严或断裂，应更换石棉垫。

② 调节阀损坏，达不到调节目的，应立即更换。

③ 侧面吸气处过滤器橡胶密封圈不严或盖板螺母未拧紧。

3）检查气泵漏油。其主要原因如下：

① 管路问题，油管接头不紧或油管破损。

② 密封问题，真空泵的泵轴及油封装置的密封圈磨损，应立即更换密封圈。

学习任务 5.3　电控油气悬架系统检修

【知识目标】

1. 掌握电控油气悬架系统的基本功能。
2. 掌握电控油气悬架系统的分类。
3. 掌握电控油气悬架系统的组成及各部分的作用。

【能力目标】

1. 能够辨识油气悬架系统。
2. 能够完成对悬架系统的基本检修。
3. 能够检修油泵。

【素养目标】

1. 培养学生对事负责、与人合作的精神，严谨细致的作风，坚持不懈的奋斗精神。
2. 培养学生爱岗敬业的职业道德意识。
3. 培养学生的安全意识和环保理念。

理论知识

1. 电控油气悬架的功用

电控油气悬架属于主动式悬架，它以气体作为弹性介质，液体作为传力介质，不但具有良好的缓冲能力，还具有减振作用，同时可调节车架的高度，适用于重型车辆和大型客车。

油气悬架即适用于非独立悬架，也适用于独立悬架，刚度是空气悬架的4倍以上。油气悬架由油气弹簧和导向臂组成，如图5-20所示。油气弹簧由气体弹簧和相当于液力减振器的液压缸以及蓄能器组成，液压缸与蓄能器联通。油气弹簧的弹性介质为惰性气体，多为氮气；液体则是作为传力介质。在装配时，油、气分别被泵入油气弹簧的密闭容器（液压缸）中。

图5-20　油气悬架构成

油气悬架工作时，即车轮跳动时，外部载荷驱动液压缸的活塞压缩液体，液体挤压气体，从而利用气体的可压缩性实现弹簧作用。用于半挂车的油气悬架，不同轴间的液压系统是相互联通的，利用液压联通原理可实现多轴间承载的平衡。

采用油气悬架车辆的轮胎受力更加均匀，如图5-21所示，轮胎跳动量较小，轮胎磨损变慢；而且油气悬架各轴之间可以进行液压传递，使得各轴之间受力比较均衡，可以减少轮胎的磨损。

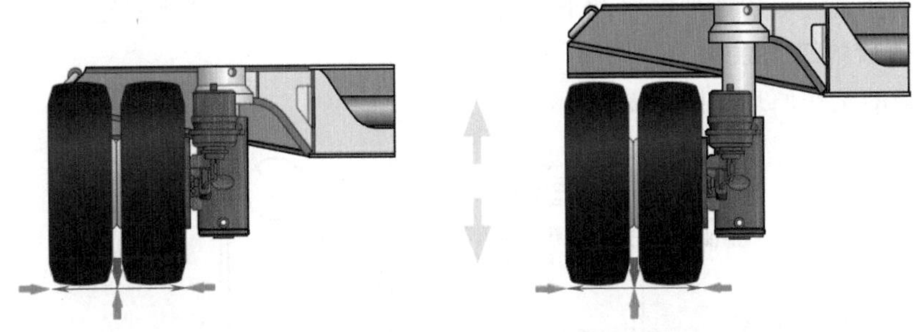

图5-21　采用油气悬架车辆的轮胎受力

2. 电控油气悬架的组成

电控油气悬架系统主要由ECU、转向盘转角传感器、加速度传感器、制动压力传感器、车速传感器、车身高度传感器、油气弹簧刚度调节器和电磁阀等部件组成，如图5-22所示。

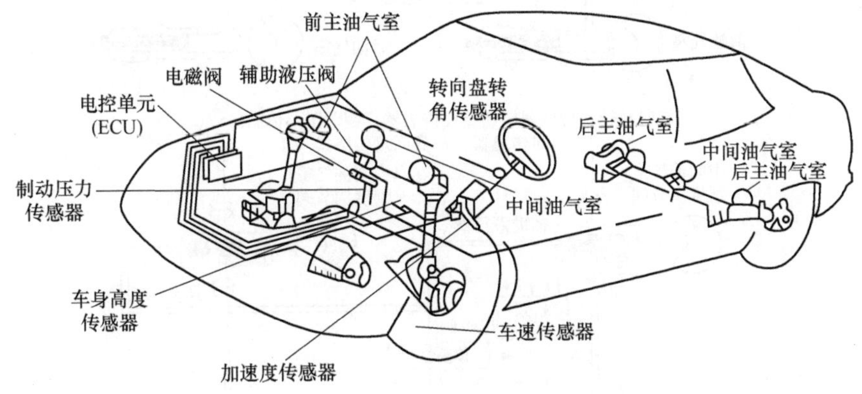

图5-22　电控油气悬架系统构成

3. 电控油气悬架系统的分类

电控油气悬架主要有带隔膜式、不带隔膜式和带反压气室式3种，如图5-23所示。

1）油气不分隔（不带隔膜）式电控油气悬架。单气室油气不分隔式电控油气悬架如图 5-23a 所示，其缸体的上端和活塞的下端分别固定在车架和车桥上。活塞的上面有一油层，既可以润滑活塞又可以作为气室的密封。油层上方的空间即为高压气室，其中充满高压氮气，气体和工作油液间没有任何隔离装置。

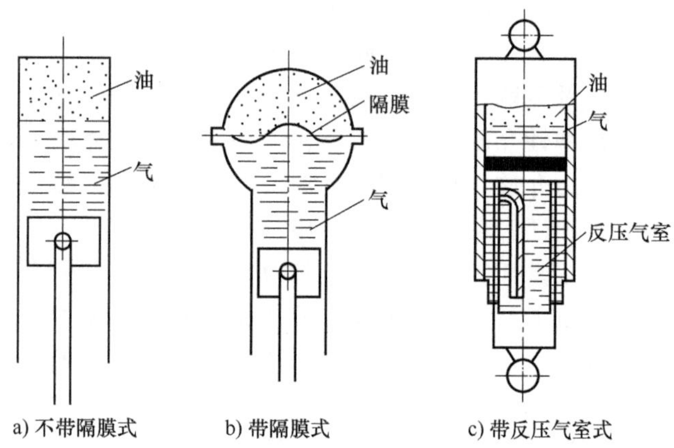

图 5-23　电控油气悬架的形式

2）单气室油气分隔式电控油气悬架。单气室油气分隔式电控油气悬架如图 5-23b 所示，其球形气室固定在工作缸上，其内腔用橡胶油气隔膜隔开，一侧充入高压氮气，构成气体弹簧；另一侧与工作缸的内腔相通，并充满了工作介质（减振油液），相当于液力减振器。在球形气室上装有充气阀。油气弹簧上端的球形气室和下端的活塞分别通过上、下球座固定在车架和车桥上。

4. 油气悬架的工作原理

油气悬架的工作原理如图 5-24 所示。

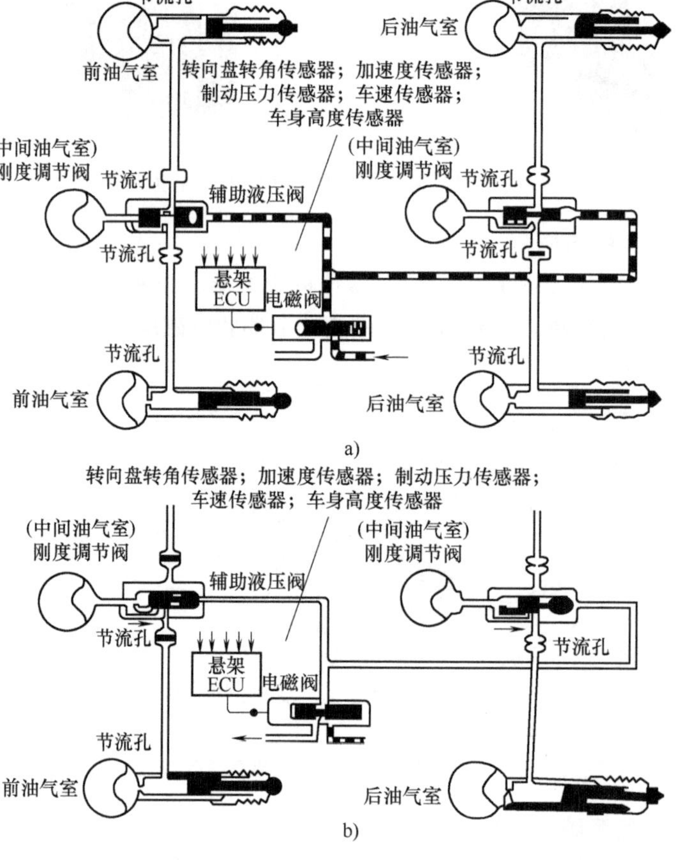

图 5-24　油气悬架的工作原理

该系统能提供两种弹簧刚度（运动和舒适）和两种悬架阻尼力（软和硬）。在汽车正常行驶时，悬架ECU发出控制信号，使电磁阀向右移动，如图5-24a所示，接通压力油道，使辅助液压阀的阀芯向左移动，由于中间油气室与主油气室连通，从而使总的气室容积增大，气压减小，因而刚度变小。a、b节流孔起阻尼器的作用，系统处于软状态，以提高乘坐舒适性。当高速、转向、起步和制动时，电磁阀中无电流通过，在弹簧力作用下，阀芯左移，如图5-24b所示，关闭压力油道，原来用于推动液压阀的液压油通过电磁阀的左边油道泄出，辅助液压阀阀芯右移，关闭刚度调节器，气室总容积减小，刚度增大，使系统处于硬状态，以提高车辆的操纵稳定性。

任务实施

1. 基本检查

油气悬架系统基本检查的主要内容是检查各管路、电路、销轴和部件连接固定情况，检查各液压元件有无渗漏现象，并根据情况及时检查、调试油气悬架的悬架高度。

> 操作规范
>
> 在拆卸悬架部件之前，必须使液压系统卸压，以防止操作过程中液压系统喷油伤人。可先操纵油气悬架系统处于弹性状态，然后泄压，直到悬架压力为零，此时悬架系统压力已经泄掉。
>
> 维修液压系统要保持清洁，防止造成污染，更换、安装阀组、胶管、密封圈时，最好涂抹液压油。

2. 油泵的检修

1）机油泵与发动机等速旋转，机油泵的泵油压力在发动机怠速时最大可达13MPa。

2）确认油箱里的机油水平在最高标记和最低标记之间。

3）检查配管接头、油泵、车身高度水平控制阀储能箱、悬架支撑杆的连接处是否漏油，这项检查一般使用压缩空气。

> 操作规范
>
> 为防止加油和充气期间出现事故，悬架系统的正常充气顺序应遵循3个基本条件：油位必须正确、用于氮气充入的悬架装置活塞杆的伸出必须正确、氮气充入压力必须正确。
>
> 为取得最佳效果，前悬架装置或后悬架装置的充气必须成对进行。若对后悬架装置充气，必须先给前悬架装置充气；为延长悬挂装置部件的使用寿命，必须向悬架装置油内添加抗摩擦剂；加油和充气步骤期间，必须保持规定的设定尺寸，正确设定加油高度。

3. 车身高度水平控制阀的检查

在发动机运转状态，上下动车身高度水平控制阀的阀杆时若车高变化，可以确认车身高度水平控制阀无故障。如果车身高度水平控制阀漏机油，需要更换密封圈。

1）悬架高度过大或过小。悬架高度过大的危害是减振效果降低，容易产生冲击，稳定性和平顺性下降。其可能原因是蓄能器压力过高，工作装置液压操纵系统压力过高。

悬架高度过小的危害不仅是减振效果降低，通过性变差，而且车桥与车架易发生撞击，损坏机件。其可能原因是蓄能器压力过低，工作装置液压操纵系统压力过低。

2）悬架油缸漏油。悬架油缸漏油的可能原因是活塞油封损坏、油封型号不对、油封安装不正确、油缸插头密封不严、缸体出现裂纹。

3）车体自动下降。车体自动下降表现为开始悬架高度正常，一段时间后车体降落，悬架高度变小。可能原因是悬架油缸漏油。

检查限制最高压力的减压阀，把车身高度水平控制阀的阀杆向上推，让液压油进入蓄能器，持续一会听到减压阀开启的声音，油压降低，就可以确认减压阀已开启。这项检查需要油压表，油压表安装在排油螺塞孔上。

减压阀的最大油压是 18MPa，最小油压是 13MPa，基本油压为 3MPa。如果实际油压比基本油压还低，则后轮轴就会产生异响。

知识小结

1. 半主动悬架是指悬架元件中的弹簧刚度和减振器阻尼系数之一可以根据需要进行调节的悬架。它可以根据路面的激励和车身的响应对悬架的阻尼系数进行自适应调整，使车身的振动被控制在某个范围之内。半主动悬架是无源控制，因此，汽车在转向、起动、制动等工况时不能对刚度和阻尼进行有效的控制。

2. 主动悬架是具有做功能力的悬架。它通常包括产生力和转矩的主动作用器（液压缸、气缸、伺服电动机、电磁铁等）、测量元件（加速度、位移和力传感器等）和反馈控制器等。

3. 转向盘转角传感器用于检测转向盘的中间位置、转动方向、转动角度和转动速度。

4. 对于电控空气悬架系统，ECU 根据各传感器输出信号，控制悬架执行器，一方面使空气弹簧主、辅气室之间的连通阀发生改变，使主、辅气室之间的气体流量发生变化，从而改变悬架的弹簧刚度；另一方面，执行器驱动减振器的阻尼力调节杆，改变减振器的阻尼力。

5. 电控油气悬架在密闭的容器中充入压缩气体和油液，利用气体的可压缩性实现弹簧作用。

6. 车身高度传感器安装在车身与车桥之间，用于测量车身与车桥的相对高度，其变化频率和幅度可反映车身的平顺性，同时可用于车身高度自动调节。

7. 油气悬架以气体（一般是由氮气）作为弹性介质，用油液作为传力介质。油气悬架一般由气体弹簧和相当于液力减振器的液压缸组成。它通过油液压缩气室中的空气实现变刚度特性，而通过电磁阀控制油液管路中的小孔节流实现变阻尼特性。

思 考 题

1. 若是空气电磁阀出现故障，会对空气悬架系统产生什么影响？
2. 在电动式动力转向系统中，如何实现助力转向？

练 习 题

一、填空题

1. 电控悬架系统的基本功能包括：________、________和弹簧刚度控制。

2. 无级半主动悬架可以根据路面的行驶状态和车身的响应对悬架________进行控制。

3. 转向盘转角传感器用于检测转向盘的中间位置、________、________和转动速度。

4. 在电控悬架中，电控单元根据________信号和________信号判断汽车转向时侧向力的大小和方向，以控制车身的侧倾。

5. 车身高度控制执行机构主要由________、________和设置在悬架之上的主气室组成。

二、问答题

1. 电控悬架系统的工作原理是什么？

2. 半主动悬架的阻尼调节方式有哪些？

3. 车身高度传感器的分类及工作原理是什么？

4. 阻尼力控制执行机构的组成及工作原理是什么？

5. 车高控制的执行机构的组成及工作原理是什么？

三、论述题

1. 电控悬架系统的基本功能有哪些？

2. 电控悬架刚度控制方式有哪些？

四、故障诊断

1. 如何进行汽车高度调整功能的检查？

2. 如何进行悬架控制系统电路及元件的检测？

项目 6　电控动力转向系统检修

案例导入

吉利博越 L 汽车采用了先进的电动助力转向系统，电动助力机直接提供转向助力，节能环保。低速时，汽车转向盘灵巧轻便，在城市间游走自如；高速行驶时，转向盘手感沉稳，安全稳定，拥有灵动、安全的驾驶体验。铝合金材质转向机柱，紧凑结构，易养护、省油耗。紧急转向避撞辅助（EMA）系统在前方出现碰撞风险时，能够及时反应，辅助驾驶人更快地进行转向，规避危险。紧急车道保持辅助（ELKA）系统能够实时报警与纠偏，让车辆保持居中行驶，及时远离风险。此外，博越 L 拥有大型车辆智慧避让和自动变道辅助（ALCA）系统，可为驾驶人提供轻松自如的驾驶体验。

根据上述案例，请思考下列问题：

1）吉利汽车取得了哪些傲人的成绩？

2）吉利博越 L 采用了哪些先进的汽车技术？

3）电动助力转向系统有哪些优点？

学习任务 6.1　液压式电控动力转向系统检修

学习目标

【知识目标】

1. 掌握液压式电控动力转向系统的分类。
2. 掌握流量控制式电控动力转向系统的工作原理。
3. 掌握反力控制式电控动力转向系统的工作原理。
4. 掌握阀灵敏度式电控动力转向系统的工作原理。

【能力目标】

1. 能够完成液压式电控动力转向系统的故障诊断。
2. 能正确选择诊断设备对液压式电控动力转向系统进行诊断。
3. 能根据环保要求，正确处理对环境和人体有害的废料和损坏的零部件。

【素养目标】

1. 培养学生对事负责、与人合作的精神，严谨细致的作风，坚持不懈的奋斗精神。
2. 培养学生爱岗敬业的职业道德意识。
3. 培养学生的安全意识和环保理念。

理论知识

电控动力转向系统（Electronic Control Power Steering System，EPS）根据动力源的不同分为液压式电控动力转向系统和电动式电控动力转向系统。液压式电控动力转向系统在传统的液压动力转向系统的基础上增设了控制液体流量的电磁阀、车速传感器和电控单元等。电动式电控动力转向系统利用直流电动机作为动力源，电控单元根据转向参数和车速等信号，控制电动机转矩的大小和方向。通过电控动力转向系统可以使汽车低速行驶时操纵转向轻便、灵活；在汽车中、高速行驶时可以增加转向操纵力，从而获得良好的转向路感以及转向操纵的稳定性。

根据控制方式，液压式电控动力转向系统分为流量控制式、反力控制式和阀灵敏度控制式3种。

1. 流量控制式 EPS

流量控制式 EPS 是一种根据车速传感器信号调节动力转向装置供应的液压油液，改变油液的输入、输出流量以控制转向力的 EPS，如图 6-1 所示。它在一般液压转向系统上增加了旁通液流控制阀、车速传感器、转向角速度传感器、ECU 和控制开关等，如图 6-2a 所示。

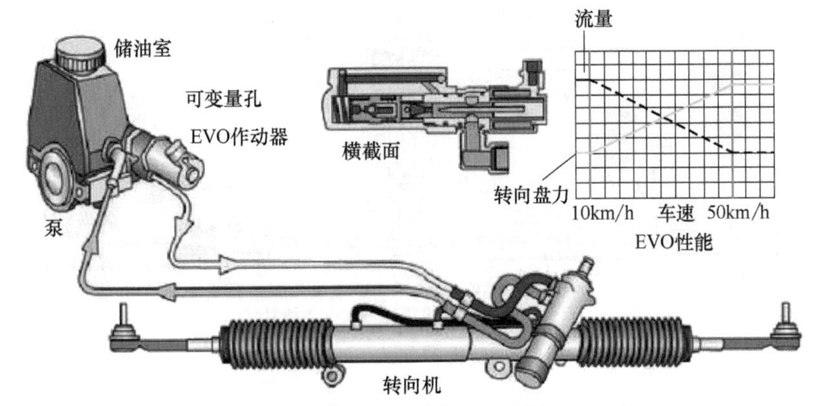

图 6-1　流量控制式 EPS

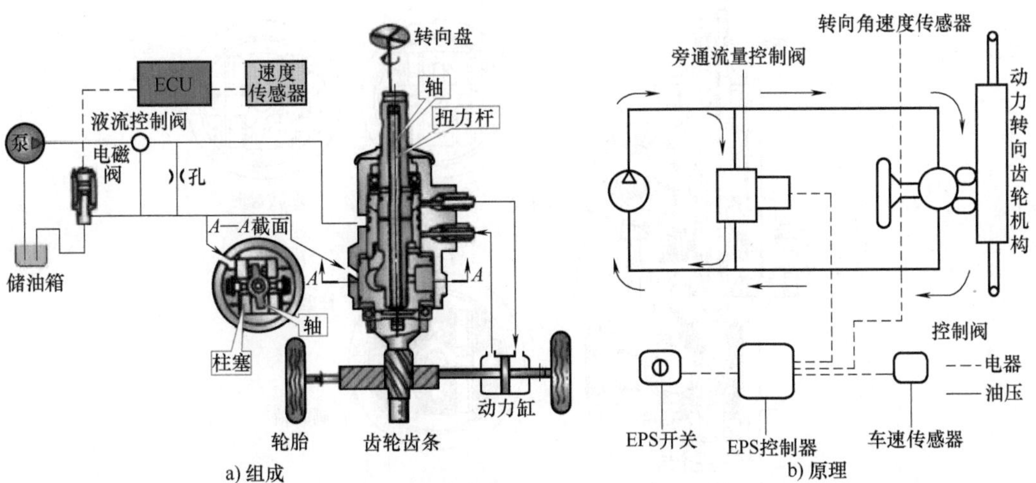

图 6-2　流量控制式 EPS 的工作原理

在转向液压泵与转向器体之间设有旁通管路，在旁通管路中设有旁通液流控制阀。

根据车速传感器、转向角速度传感器和控制开关等信号，ECU 向旁通流量控制阀按照汽车的行驶状态发出控制信号，控制旁通流量，从而调整转向器供油的流量，如图 6-2b 所示。当向转向器供油流量减少时，动力转向控制阀灵敏度下降，转向助力作用降低，转向力增大。驾驶人可变换仪表板上的转换开关，满足不同的行驶条件。同时，ECU 可根据转向角速度传感器输出信号的大小，在汽车急转弯时对转向力特性实施最优控制。

2. 反力控制式 EPS

反力控制式 EPS 是一种根据车速大小，控制反力室油压，从而改变输入、输出增益幅度以控制转向力的 EPS。其优点是具有较大的选择转向力的自由度，转向刚度大，驾驶人能感受到路面情况，可以获得稳定的操控手感等。其缺点是结构复杂，且价格较高。

（1）反力控制式 EPS 的组成　图 6-3 所示为反力控制式 EPS 的组成。该系统主要由转向控制阀、分流阀、电磁阀、转向动力缸、转向液压泵、储油箱、车速传感器及电控单元等组成。

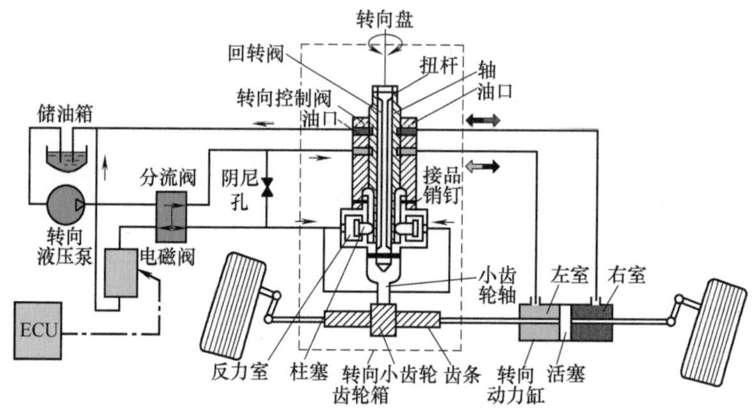

图 6-3　反力控制式 EPS 的组成

1）转向控制阀。转向控制阀的结构如图 6-4 所示。在油压反力室受到高压作用时，柱

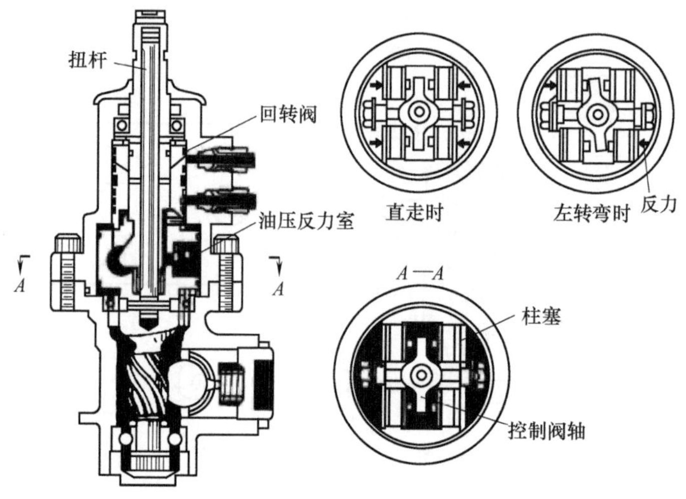

图 6-4　转向控制阀的结构

塞将推动控制阀阀杆。此时，由于柱塞推力的影响，扭杆即使受到转矩作用，也会抑制控制阀阀杆与阀体的相对回转。

2）分流阀。分流阀的作用是将来自转向液压泵输出的液压油向控制阀一侧和电磁阀一侧分流，按照车速和转向要求，改变控制阀一侧与电磁阀一侧的油压，确保电磁阀一侧具有稳定的油液流量。

3）阻尼孔的作用是把供给转向控制阀的一部分流量分配到油压反力室一侧。

4）电磁阀。电磁阀由滑阀、电磁线圈、油路通道等构成。电磁阀油路的阻尼面积可随电磁线圈通电电流占空比（通断比）的变化而变化。车速低时，通电电流大，滑阀被吸引，油路的阻尼增大，流向油箱的回流量增加；随着车速的升高，电流减小，油液回流量也减少。

（2）反力控制式EPS的工作原理　ECU根据车速传感器的信号判断出车辆停止、低速状态与中高速状态，控制电磁阀的通电电流，使动力转向液压系统根据车速的变化，在低速时操纵力减轻、在中速以上操纵力随车速变化而变化。

停车与低速时转向：汽车在低速范围内运行时，ECU输出一个大的电流，使电磁阀的开度增大，由分流阀分出的液流流过电磁阀回到储油罐中的液流增多。因此，油压反力室压力减小，作用于柱塞的背压减小，于是柱塞推动控制阀杆的力减小，利用转向盘的转向力来增大扭杆扭力。转阀按照扭杆的扭转角做相对的旋转，使转向液压泵油压作用于转向动力缸的右室，活塞向左方运动，从而增大了转向力。此时，驾驶人仅需提供一个较小的操纵力，就可以产生一个较大的助力，使转向轻便、灵活。

中高速直行时微量转动：汽车转向盘在中、高速直行微量转动时，控制阀杆根据扭杆的扭转角度而转动，转阀的开度减小，转阀里面的压力增大，流向电磁阀和油压反力室中的液流增多。当车速增大时，ECU输出电流减小，电磁阀开度减小，流入油压反力室中的液流增多，反力增大，使得柱塞推动控制阀杆的力变大。液流从阻尼孔流进油压反力室中，增大油压反力室中的液体压力，因此转向盘的转动角度增大时，将提供一个更大的转向操纵力，从而获得稳定且直接的路感。

中高速直行时转向：在汽车中高速直行状态转向时，扭杆的扭转角进一步减小，控制阀开度进一步减小，控制阀侧油压进一步升高。随着该油压升高，将从固定阻尼孔向油压反力室供给油液。这样，除从分流阀向油压反力室供给的一定流量油液外，增加了从阻尼孔侧供给的油液，导致柱塞推力进一步增强。此时需要较大的转向力才能使阀体与阀杆之间做相对转动而实现转向助力作用，使得汽车在中高速行驶时驾驶人可获得良好的路感和转向特性。

3. 阀灵敏度控制式EPS

阀灵敏度控制式EPS是根据车速控制电磁阀，直接改变动力转向控制阀的油压增益（阀灵敏度）来控制油压的。图6-5所示为某型轿车采用的阀灵敏度控制式EPS。该系统对转向控制阀的转子阀进行了局部改进，并增加了电磁阀、车速传感器和电控单元等。

转子阀的可变小孔分为低速专用小孔（1R、1L、2R、2L）和高速专用小孔（3R、3L）两种，在高速专用可变孔的下边设有旁通电磁阀回路。图6-6所示为该系统的转子阀等效液压回路，其工作过程如下：

当车辆停止时，电磁阀完全关闭，如果此时向右转动转向盘，则高灵敏度低速专用小孔1R和2R在较小的转向转矩作用下即可关闭，转向液压泵的高压油液经孔1L流向转向动力

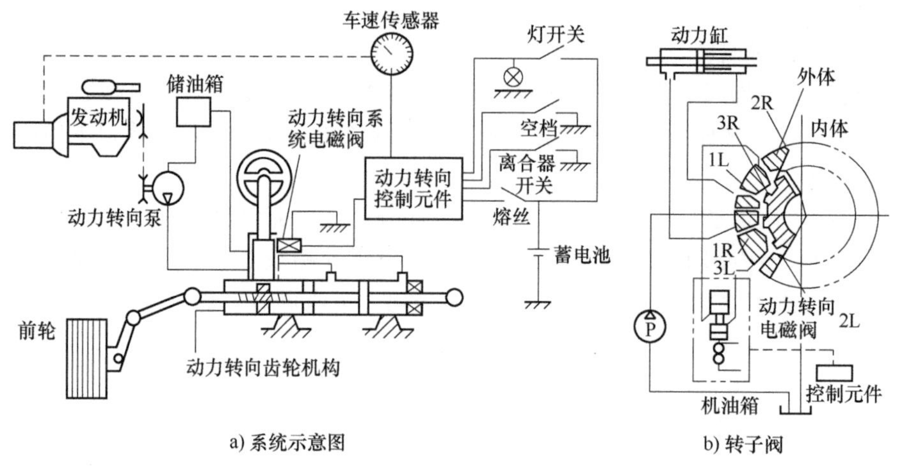

a) 系统示意图　　b) 转子阀

图 6-5　阀灵敏度控制式 EPS

缸右腔室，其左腔室的油液经孔 3L、2L 流回储油箱，此时具有轻便的转向特性，施加在转向盘上的转向力矩越大，可变小孔 1L、2L 的开口面积越大，节流作用越小，转向助力作用越明显。

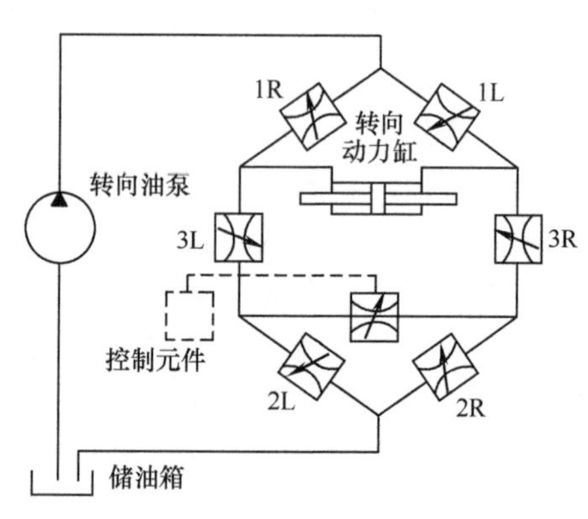

图 6-6　转子阀等效液压回路

随着汽车行驶速度的提高，在电控单元的作用下，电磁阀的开度也线性增大。如果向右转动转向盘，则转向液压泵的高压油液经孔 1L、3R 旁通电磁阀流回储油箱。此时，转向动力缸右腔室的转向助力油压就取决于旁通电磁阀和灵敏度低的高速专用可变孔 3R 的开度。车速越高，在电控单元的控制下，电磁阀的开度越大，旁路流量越大，转向助力作用越小；在车速不变的情况下，施加在转向盘上的转向力越小，高速专用小孔 3R 的开度越大，转向助力作用越小；当转向力增大时，孔 3R 的开度逐渐减小，转向助力作用随之增大。由此可见，阀灵敏度控制式动力转向系统可使驾驶人获得非常自然的转向手感和良好的速度转向特性。

1. 主动转向系统

在传统转向系统中，转向盘与转向机是以机械形式直接相连的，因此转向盘的转角与车轮的转角之间存在固定的关系，即通过转向机齿条和主动齿轮相啮合实现一个特定的传动比特性曲线。这个固定的传动比特性曲线实际上是一种折中方案。主动转向系统能够根据车速改变转向传动比，解决恒定转向传动比的折中问题。无论是在驻车状态、在多弯的乡间公路，还是在高速公路上高速行车，系统都能提供最合适的转向传动比，如图 6-7 所示。此外，因其具有动态的稳定转向能力，还可以对电子稳定控制程序（ESP）提供支持。

可变转向传动比是转向盘转动的角度与对应的车轮转动角度的比值。电控动力转向系统中，能够改变的仅仅是助力力度，转向传动比是不可改变的。可变转向传动比的转向系统不

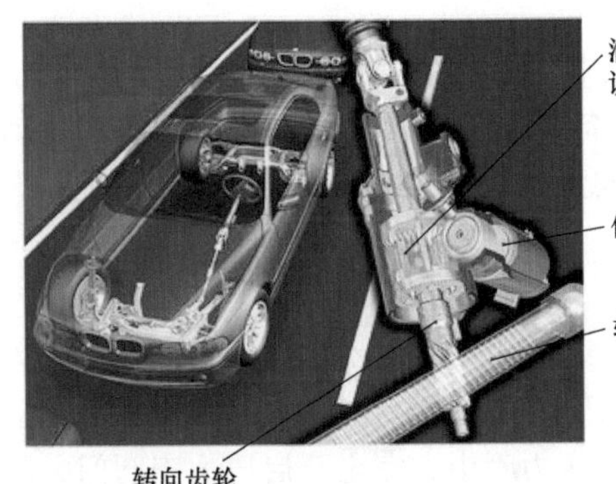

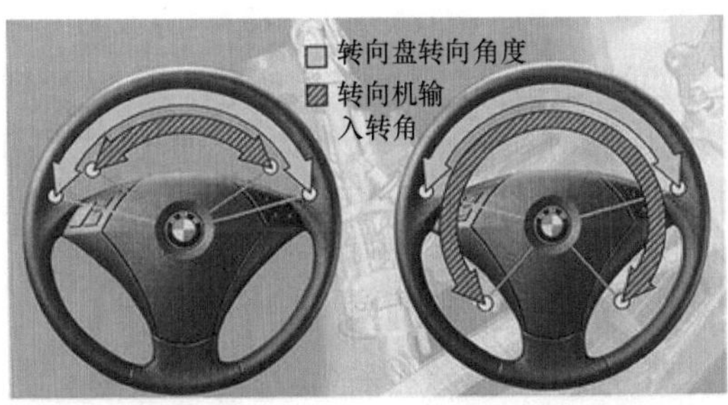

高速行驶时，转向盘角度比转向轮角度要小，提高行车稳定性。

低速行驶时，转向盘角度比转向轮角度要大，提高方向盘的灵活性。

图 6-7 主动转向系统

仅能够改变转向的助力力度，而且在不同情况下，转向盘转角对应的车轮转动角度也是可以变化的。

2. 主动转向系统功能

主动转向系统可以满足车辆在低速和高速，甚至处于临界状态时对转向比的要求，即通过附加的一套电动机械驱动装置来驱动转向机的主动齿轮，使之与驾驶人的转向动力并存，进而调整最终输出到转向机主动齿轮上的转动圈数。

（1）主要功能　主动转向系统 ECU 根据车速和驾驶人所施加的转向盘转角，计算出车轮转角应该增大还是减小，然后 ECU 将操控电动机驱动并行转向机工作。车轮总转向角是这个并行转角与驾驶人在转向盘上施加的转角之和。并行转角可以通过驾驶人施加的转角而增大或减小，并且可以在驾驶人未操纵转向盘时就能实现转角。

主动转向系统中，在转向盘和转向轮之间安装电控机械机构，因此车轮整体转向的角度不仅仅是驾驶人输入转向盘的角度，而是叠加了蜗轮蜗杆调节机构附加的角度。通过电动机对蜗轮蜗杆调节结构的控制，可改变传动系统的传动比。

在低速时，通过电动机的作用使蜗轮蜗杆调节机构与驾驶人转动转向盘的方向相同，可以减少对转向力的需求。在高速时，通过电动机的作用使蜗轮蜗杆调节机构与驾驶人转动转向盘的方向相反，减少前轮的转动角度，提高转向稳定性。

（2）附加功能　ESP ECU 通过稳定功能计算出动态行驶时所期望的转向角校正值。这些校正值通过 CAN 总线被传送给主动转向控制单元，该控制单元将相应的校正值加到计算出的并行转角中，于是作用到车轮上的转角就是经过校正后的转向角。

1）过度转向。当车辆过度转向时，车尾容易甩动。这种情况下，大多数驾驶人都是反转向过迟或者根本就没有实施反转向，因此 ESP 启动。如果车辆装备了主动转向系统，反转向就可以自动实现，从而降低驾驶人的疲劳，减少 ESP 的介入，提高行车速度。

2）转向不足。当车辆转向不足时，车辆会驶向道路的外侧。此时即使驾驶人增大转向盘转角，也由于侧滑使附着力减小，轮胎和路面之间的静摩擦变成滑动摩擦，从而造成转向失控，进而车辆滑出路面。这种情况下，ESP 常常起不到作用。装备主动转向系统的车辆在没有达到这种危险程度时，系统会自行实施一个“反转向”，车轮实际的转角小于驾驶人在转向盘上操作所要实现的角度，于是侧向附着力得以保持，车辆会按照最小转弯半径行驶。如果仍然不能达到稳定状态，ESP 系统介入，施加反向力矩作用在车辆上，使车辆达到稳定状态。

3）在不同摩擦系数路面上制动。车辆在制动过程中，如果路面的摩擦系数不均匀，车辆会向制动力大（摩擦系数大）的一侧偏滑。对于装备有主动转向系统，ESP 系统和主动转向系统的转角是自动调整的，驾驶人并未感觉到转向盘保持在他所期望的行驶方向上。

任务实施

1. 电控液压转向系统的检查与调整

（1）系统油压检测　首先检查系统管路和油面高度，确认管路无泄漏、油面高度正常。

其次，将压力表连接在动力转向泵与转向控制阀的压力管中，完全开启压力表阀门，起动发动机并使其怠速运转；将转向盘在左、右转动的极限位置之间连续转动 3~4 次，以提高转向油液温度并排除系统内的空气；使转向油液温度升至 80℃ 以上，确保液面高度正常；检测发动机怠速时转向泵输出油压，应为 3MPa 以上。将转向盘转至极限位置，拔下电磁阀插接器，然后起动发动机，使其转速稳定在 1000r/min，测量动力转向泵的输出油压，其最低压力应为 7MPa 以上。否则，转向器存在内部泄漏或电磁阀有故障。

（2）控制阀和动力缸泄漏检查　动力转向系统的泄漏分为内泄和外泄 2 种。内泄可以采取油路压力试验的方法检查，先测出油路油压的数值（油压正常），然后将一块 15mm 厚的金属垫板放在车轮转角限位螺栓（凸块）上，左、右转动转向盘，其极限位置受垫板限制，使限位阀不能卸荷，这时测量油路压力。若油压低于原测得值，说明控制阀和动力缸内部有泄漏现象。

（3）液压限位阀的检查和调整　支起车轮，将 3mm 厚的垫片放在前轴的限位凸块上，起动发动机，转动转向盘至车轮的限位机构起作用为止。此时限位阀应卸荷，用旋具作传导，可听到卸荷的排油声，否则应对限位阀进行调整，并进行复验，慢慢使汽车起步，转动转向盘直到液压加力作用不足但又不完全是机械转向时为止。车轮转向限位螺钉与前轴限位凸块之间应有 2~3mm 的间隙。

2. 动力转向系统控制电路的检测

（1）电控动力转向 ECU 电源的检查　接通点火开关，拆开电控动力转向 ECU 的插接器，检测插接器内的端子+B 与搭铁点之间有无蓄电池电压，如图 6-8 所示。若无蓄电池电压，则应对电路中的易熔线、熔断器及相关的配线等进行检查。

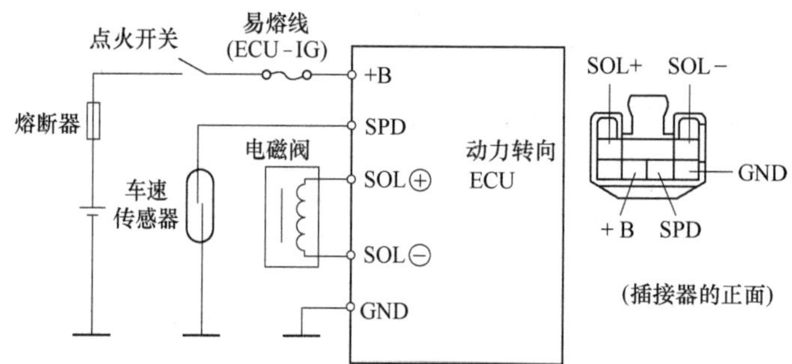

图 6-8　LS400 轿车动力转向系统控制电路

（2）电控动力转向 ECU 搭铁情况的检查　检测电控动力转向 ECU 插接器内的端子 GND 与车身搭铁点之间是否导通。若不导通，应对相应的搭铁线及搭铁点进行检查。

3. 电磁阀的检测

电磁阀是执行元件，当电磁阀的针阀开启时，油道中的电磁阀起旁路作用，致使转向助力发生变化。电磁阀常见故障是电磁阀线圈短路或断路及其针阀位置不当。其故障诊断步骤如下：

1）检测电磁阀电磁线圈的电阻：先拆下线束插接器，然后用万用表欧姆档测量两端子之间的电阻，其阻值应为 6.0~11Ω，否则，电磁阀存在故障，应予以更换。

2）检测电磁阀的工作情况：先从转向器上拆下电磁阀，然后将蓄电池正极接电磁阀端子 SOL+，负极接端子 SOL-，此时电磁阀的针阀应缩回 2mm；否则，电磁阀存在故障，应予以更换。

学习任务 6.2　电动式电控动力转向系统检修

学习目标

【知识目标】

1. 掌握电动式电控动力转向系统的组成及各部分的作用。
2. 掌握电动式电控动力转向系统的工作原理。

【能力目标】

1. 能完成电动式电控动力转向系统的故障诊断。
2. 能正确选择诊断设备对电动式电控动力转向系统的故障进行诊断。
3. 能根据环保要求，正确处理对环境和人体有害的废料和损坏的零部件。

【素养目标】

1. 培养学生对事负责、与人合作的精神，严谨细致的作风，坚持不懈的奋斗精神。
2. 培养学生爱岗敬业的职业道德意识。
3. 培养学生的安全意识和环保理念。

理论知识

电动式 EPS 是一种直接依靠电动机提供辅助转矩的电控动力转向系统。该系统仅需要控制电动机电流的方向和幅值，不需要复杂的控制机构。

1. 电动式 EPS 的类型与特点

目前的电动式 EPS 都是基于齿轮齿条传动的转向系统，按照助力电动机的安装位置不同可分为转向柱助力式、齿轮（单小齿轮、双小齿轮）助力式和齿条助力式，如图 6-9 所示。

转向柱助力式 EPS 的助力电动机安装在转向柱上，电动机助力转矩通过蜗杆蜗轮减速增矩后直接加在转向柱上。齿轮助力式 EPS 包括小齿轮助力式和双小齿轮助力式。小齿轮助力式 EPS 的助力电动机通过小齿轮与齿条啮合，电动机的助力转矩直接加在小齿轮轴上。双小齿轮助力式 EPS 在转向齿条上安装有两个小齿轮，一个小齿轮与转向盘相连，助力电动机通过另外一个小齿轮与齿条啮合，为齿条提供助力。齿条助力式 EPS 的电动机直接将助力加在齿条上，通过 EPS 辅助单元与齿条轴的一体化，提高了车辆的轻量化及装配紧密性。

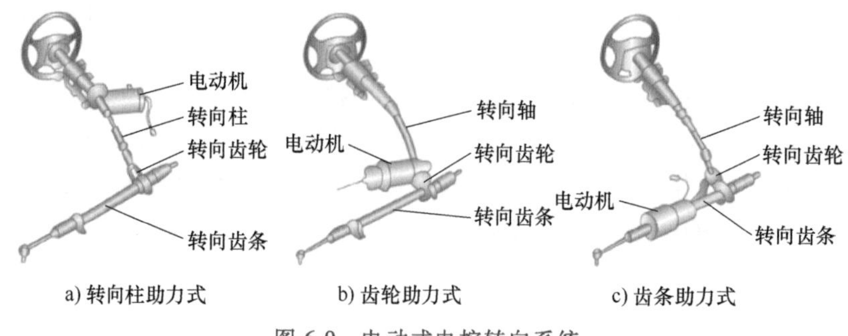

图 6-9　电动式电控转向系统

2. 电动式 EPS 的结构与工作原理

电动式 EPS 由转矩传感器、车速传感器、控制元件组成的。在操纵转向盘时，转矩传感器根据输入力的大小产生相应的电压信号，由此检测出操纵力的大小，同时根据车速传感器产生的脉冲信号测出车速，再控制电动机的电流，形成适当的转向助力。

（1）转矩传感器　转矩传感器的作用是测量转向盘与转向器之间的相对转矩，作为电动助力的依据之一。

转矩传感器目前可分为接触式和非接触式两种。接触式转矩传感器又称为滑动可变电阻式转矩传感器，如图 6-10 所示。接触式转矩传感器是在转向轴与转向小齿轮之间安装了一个扭杆，当转向系统工作时，利用集电环和电位计测量扭杆的变形量并转化为电压信号。非接触式转矩传感器中有两对磁极环，当输入轴和输出轴之间发生相对转动时，磁极环之间的空气间隙发生变化，从而引起电磁感应系数的变化，在线圈中产生感应电压，并将电压信号转化为转矩信号，如图 6-11 所示。非接触式转矩传感器的优点是体积小、精度高，丰田卡罗拉轿车就采用了非接触式转矩传感器。

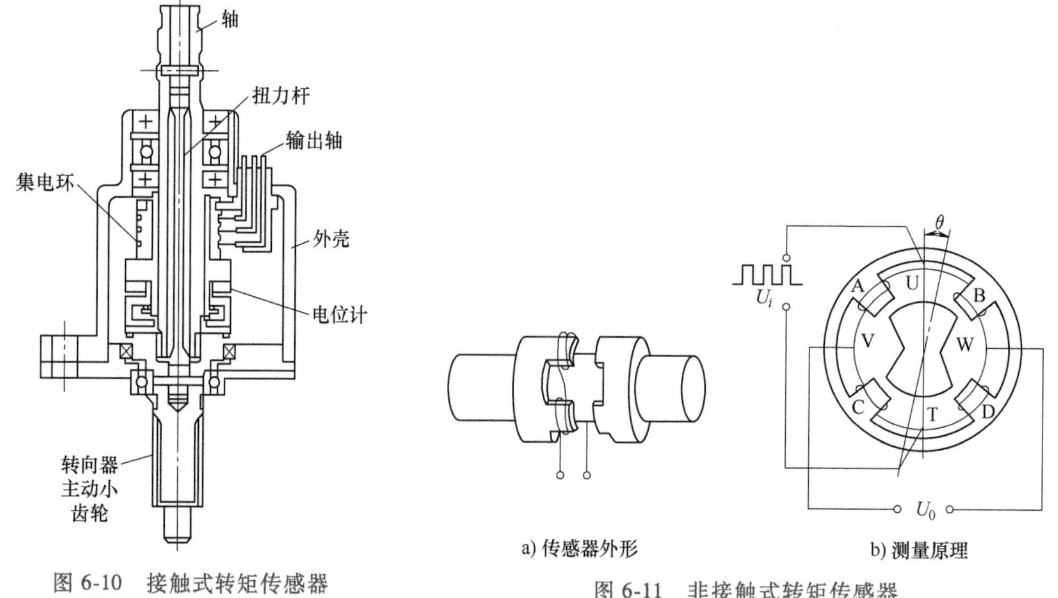

图 6-10　接触式转矩传感器

图 6-11　非接触式转矩传感器

（2）电动机 电动式EPS用电动机一般采用永磁磁场，其最大电流一般为30A左右，电压为DC12V，额定转矩为10N·m左右。

转向助力用直流电动机需要正、反转控制，图6-12所示为一种比较简单适用的电动机正、反转控制电路。A_1、A_2为触发信号端。当A_1端得到输入信号时，晶体管VT_3导通，VT_2得到基极电流而导通，电流经VT_2、电动机M、VT_3、搭铁而构成回路，于是电动机正转；当A_2端得到输入信号时，电流则经VT_1、M、VT_4、搭铁而构成回路，电动机则因电流反向而反转。控制触发信号端电流的大小，就可以控制通过电动机电流的大小。

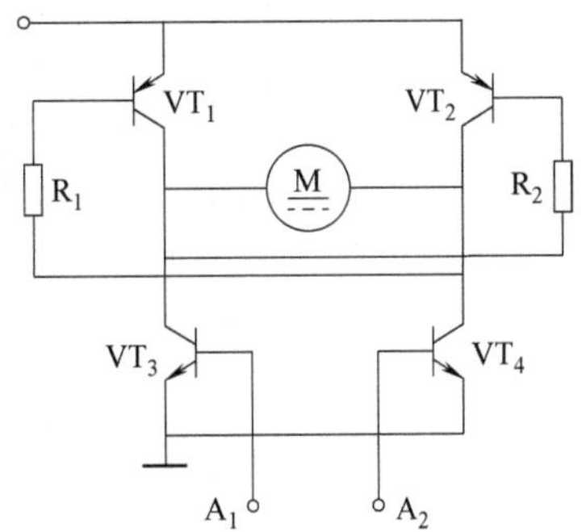

图6-12 电动机正、反转控制电路

（3）电磁离合器 电磁离合器可保证电动助力只在预定的范围内起作用。当车速、电流超过限定的最大值或转向系统发生故障时，离合器便自动切断电动机的电源，恢复手动控制转向。此外，在不助力的情况下，离合器能消除电动机的惯性对转向的影响。为了减少与不加转向助力时驾驶车辆感觉的差别，离合器不仅具有滞后输出特性，还具有半离合器状态区域。

电动式EPS一般都设定一个工作范围，如当车速达到45km/h时，就不需要辅助动力转向，这时电动机停止工作。为了不使电动机和电磁离合器的惯性影响转向系统的工作，离合器应及时分离，以切断辅助动力。

（4）减速机构 减速机构用来增大电动机传递给转向器的转矩。主要有两种形式：双行星齿轮减速机构和蜗轮蜗杆减速机构，如图6-13所示。由于减速机构对系统工作性能的影响较大，因此在降低噪声、提高效率和左右转向操作的对称性方面对其提出了较高的要求。

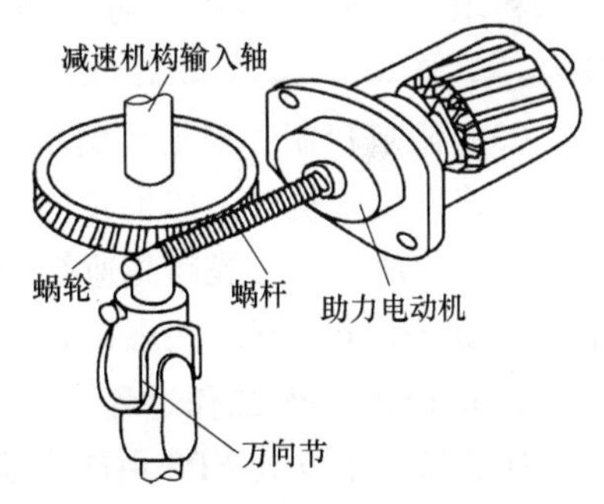

图6-13 蜗轮蜗杆减速机构

（5）电子控制器（ECU） 电子控制器的基本组成如图6-14所示。

工作时，微处理器根据转矩和车速等信号计算出最优化的助力转矩，然后将其输入到电流控制电路。电流控制电路将这些信号与电动机的实际值进行比较，产生差值信号，该差值信号被电流送到驱动电路为电动机提供控制电流。同时微处理器给电动机驱动电路输出另一个信号，即决定电动机的转向方向。

3. 电动式EPS的电流控制

电动式EPS控制器根据转向盘转矩传感器和车速传感器信号确定电动机的目标电流，然后电流控制器控制电动机的电流，使电动机输出目标助力矩。

（1）助力控制 助力控制是在转向过程（转向角增大）中为减轻转向盘的操纵力，通过减速机构把电动机转矩作用到机械转向系统（转向轴、齿轮、齿条）。

步骤如下：

1）输入由车速传感器测得的车速信号。

2）输入由转向盘转矩传感器测得的转向盘力矩大小和方向。

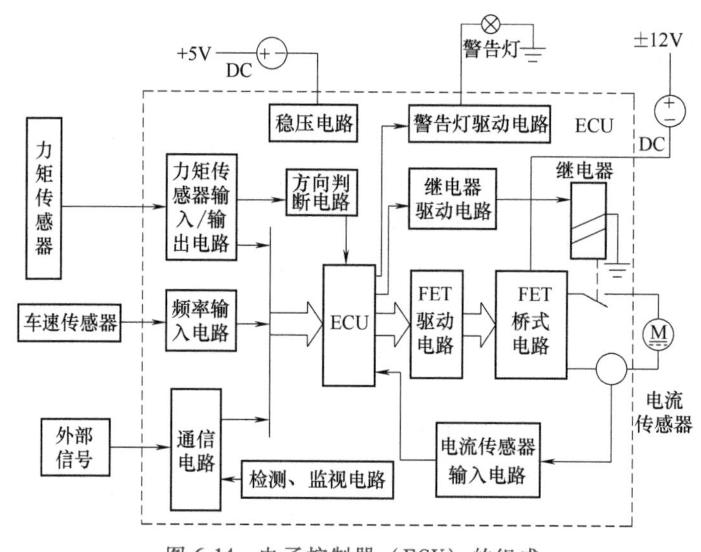

图 6-14　电子控制器（ECU）的组成

3）根据车速和转向盘力矩，由助力特性得到电动机目标电流。

4）通过电动机电流控制器控制电动机输出力矩。

（2）回正控制　当汽车以一定速度行驶时，由于转向轮主销后倾角和主销内倾角的存在，使得转向轮具有自动回正的作用。在转向盘回正过程中，有两种情况需要考虑：回正力矩过大，引起转向盘位置超调；回正力矩过小，转向盘不能回到中间位置。对前一种情况，可以利用电动机的阻尼来防止出现超调；后一种情况需要对助力进行补偿，以增加回正能力。

（3）阻尼控制　阻尼控制是针对汽车高速直线行驶稳定性和快速转向收敛性提出的。汽车高速直线行驶时，如果转向过于灵敏、轻便，驾驶人就会有“飘”的感觉，这给驾驶带来很大的危险。为提高高速行驶时驾驶的稳定性，需采用阻尼控制。采用阻尼控制时，只需将电动机输出为制动状态，就可使电动机产生阻尼效果。

4. 电动式 EPS 工作过程

速腾轿车电动式 EPS 由转向盘、转向柱、转向盘转角传感器、转向力矩传感器、转向齿轮、电动机及控制单元组成，如图 6-15a 所示。当用力旋转转向盘时，电动助力转向系统开始工作，作用在转向盘上的力矩使转向小齿轮旋转，转向力矩传感器监测到旋转时，将转向力矩信号传给控制单元，转向盘转角传感器将转向盘转动的角度和速度传给控制单元。控制单元根据转向力、发动机转速、车速、转向盘转动的角度、转向盘转速及存储在控制单元中的特性曲线图，计算出必要的助力力矩并控制电动机工作，由电动机驱动的驱动齿轮提供转向助力，驱动转向齿条产生助力。助力转向力矩和驾驶人施加在转向盘上的力矩的总和是最终驱动转向齿条的有效力矩。

（1）驻车转向过程　驻车转向过程如图 6-15b 所示。

1）驻车时，驾驶人用力转动转向盘。

2）扭转杆因此转动。转向力矩传感器探测扭转杆的转动并通知控制单元，转向盘上存在一个很大的转向力矩。

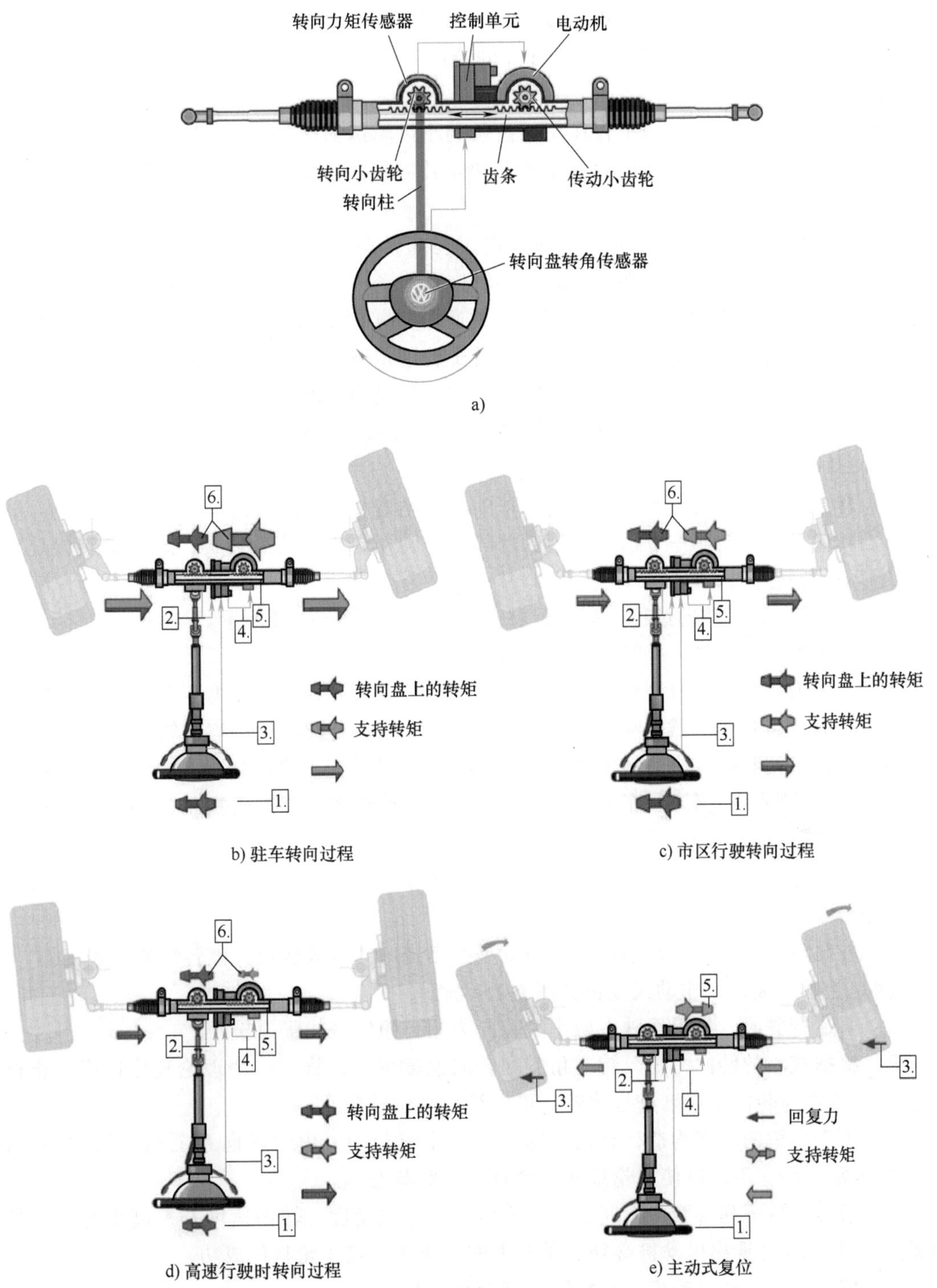

图 6-15　电动式 EPS 的工作过程

注：图中数字为转向步骤，对应各过程中顺序

3）转向盘转角传感器通知 ECU 大的转向角度，而转子转速传感器通知 ECU 当前转向速度。

4）根据下列参数：转向力矩、0km/h 的车速、发动机转速、大的转向角度、转向速度和控制单元中的特性曲线（车速为 0km/h 的特性曲线），控制单元判断必须提供一个大的助力转矩，继而起动电动机。

5）驻车时，通过第二个平行作用于齿条的小齿轮达到最大转向力矩。

6）转向盘上转矩和最大助力转矩的总和是转向器的有效转矩，在该转矩的作用下，齿条移动。

（2）市区行驶转向过程　市区行驶转向过程如图 6-15c 所示。

1）市区行驶时，驾驶人在转弯时转动转向盘。

2）转向力矩传感器检测到扭转杆转动，并通知控制单元，转向盘上存在中等的转向力矩。

3）转向盘转角传感器检测转向力矩，转子转速传感器检测当前转向速度。

4）根据下列参数：中等的转向力矩、车速、发动机转速、中等的转向角度、转向速度以及控制单元中的特性曲线（转矩/车速的特性曲线），控制单元判断应产生中等的助力转矩，并起动电动机。

5）转弯时，由第二个平行作用于齿条的小齿轮进行中等的转向助力。

6）转向盘上转矩和中等助力转矩的总和就是转向器上的有效转矩，通过该转矩驱动齿条（市区行驶转弯时）。

（3）高速行驶时转向过程　高速行驶时转向过程如图 6-15d 所示。

1）换车道时，驾驶人轻微转动转向盘。

2）转向力矩传感器检测到扭转杆转动并通知控制单元，转向盘上存在一个小的转矩。

3）转向盘转角传感器检测到小转向角度，转子转速传感器检测当前转向速度。

4）根据下列参数：小的转向转矩、车速、发动机转速、小的转向角度、转向速度及控制单元中的特性曲线（转矩/车速的特性曲线），控制单元计算需要提供的小的助力转矩或无须助力转矩，并起动电动机。

5）高速行驶时，由第二个平行作用于齿条的小齿轮来进行一个小的转向助力，或者停止转向助力。

6）转向盘上转矩加上最小助力转矩就是换车道时的有效转矩，该转矩使齿条工作。

（4）主动式复位　主动式复位如图 6-15e 所示。

1）弯道行驶时，如果驾驶人减小了转向力矩，扭转杆的张力松开。

2）根据减小的转向力矩、转向角度和转向速度可以计算出一个理论复位速度。将这个理论复位速度与转向角速度进行比较，可以算出复位转矩。

3）由于车桥的几何构造，转向车轮上会产生复位力。由于转向系统和车桥中的摩擦，复位力常常太小，不足以使车轮重新回到直线行驶状态。

4）通过分析下列参数：车速、发动机转速、转向角度、转向速度及控制单元中的特性曲线，控制单元计算出电动机必须提供多大的转矩才能使车轮复位成功。

5）控制单元起动电动机，车轮回到直线行驶状态。

任务实施

1. 电动式 EPS 的重新设置

（1）重新设置原因　电动助力转向系统在以下情况下需要进行设置（也称为功能

校准)：

1）轴已经修理或调整。

2）拆卸并修理转向柱。

3）更换转向控制模块并对其进行编程。

4）更换动态稳定控制（ESP）模块并进行编程。

5）转向盘转角传感器已经调整。

6）更换转向器。

7）四轮定位。

8）清除转向盘转角传感器的故障码。

9）维修时蓄电池电缆中断，或蓄电池供电电压过低。

（2）重新设置方法　下面以大众汽车为例说明电动式EPS的设置方法。

1）转向盘转角传感器中点的设置。大众汽车的动态稳定控制程序（ESP）配备了转向盘转角传感器，该传感器位于转向灯开关总成和转向盘之间，集成在安全气囊的螺旋电缆中。传感器用于检测驾驶人转动转向盘的角度，检测范围为-540°~540°（相当于转向盘转3圈）。如果传感器信号异常，ESP控制单元（J104）无法判断汽车行驶方向，ESP不工作。J104存储“电子故障”“传感器无信号”“设置错误”或“信号不可靠”等故障信息。

确定转向角度传感器中点的操作称为“定心”。“对中”的一般方法是将转向盘向右旋转到极限位置，再向左旋转到极限位置，最后旋转到中间位置，然后在转向柱上安装转向角度传感器。

2）转向零位（即转向中间位置）的设置。

① 保持汽车前轮直线行驶，连接扫描工具V. A. S5051，输入地址码“44”。

② 向左转动转向盘4°~5°，然后回正转向盘，双手离开转向盘。其目的是使转向盘静止，以便控制单元可以确认零位。

③ 将转向盘向右转动4°~5°，然后回正转向盘，双手离开转向盘。

④ 输入代码“31875”并按“返回”键。

⑤ 进入设置功能“0460”并按“激活”键。

⑥ 退出V. A. S5051，关闭点火开关6s，设置完成。

⑦ 连接V. A. S5051，输入“44-02”，查询转向系统故障信息。如果没有故障码，设置完成。

注意：在设置转向零位期间，发动机不能运转。

3）转向辅助力的设置。连接诊断仪V. A. S5051，输入“44-10-01”，然后在V. A. S5051屏幕的条块上选择合适的辅助力（等级为1~16，中间向左或向右最大旋转角度为90°），按“保存”键，然后按“接收”键，并选择助力等级，之后按“返回”键。

4）转向极限位置的设置。

① 保持汽车前轮直线行驶，起动发动机。

② 将转向盘向左转动10°左右，停顿1~2s，然后回正转向盘。

③ 将转向盘向右转动10°左右，停顿1~2s，然后回正转向盘。

④ 双手离开转向盘，停顿1~2s。

⑤ 向左转动转向盘至极限位置，并暂停1~2s。

⑥ 将转向盘向右转动到极限位置，暂停 1~2s。

⑦ 将转向盘转回正确位置，关闭点火开关 6s，设置完成。

⑧ 连接诊断仪 V. A. S5051，输入“44-02”，查询转向系统故障信息。若无故障码，设置完成。

2. 拆装电动式 EPS

1）锁定转向盘止动装置，将转向盘回正并拔出点火钥匙。

2）断开蓄电池搭铁线。

3）降下副车架松开转向横拉杆头螺母，使用球形万向节按压器压出横拉杆球头，再拆卸螺母拉出球头，如图 6-16 所示。

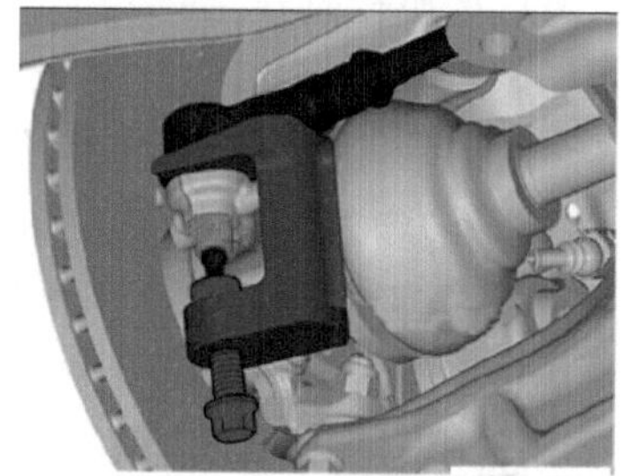

图 6-16　拆卸螺母拉出球头

4）小心放置电动转向总成，让控制单元朝上，以免损坏控制单元。

5）取下转向器上的隔热板，拔下转向器上的插头，如图 6-17 所示，并将线束从转向器上取下。

6）用发动机和变速器举升装置将副车架降下，抬下副车架上的转向器并向后取出。

7）小心放置电动转向器总成，让控制单元朝上，以避免损坏控制单元，如图 6-18 所示。

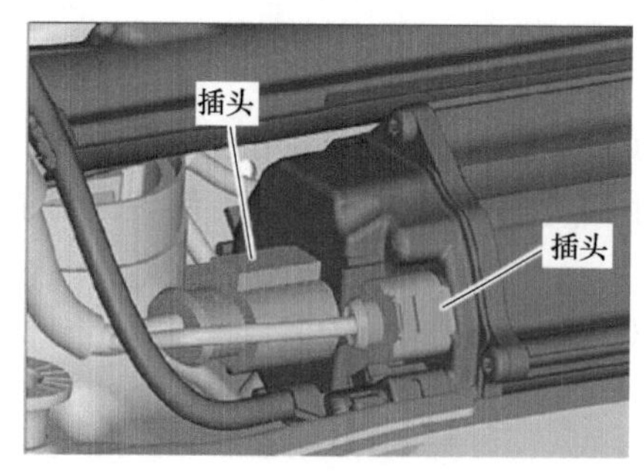

图 6-17　转向器上的插头

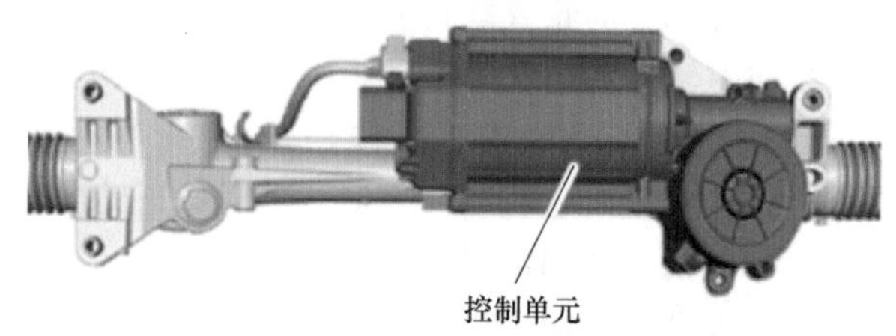

图 6-18　放置电动转向器总成

学习任务 6.3　线控转向系统检修

学习目标

【知识目标】

1. 掌握线控转向系统的组成及各部分的作用。
2. 掌握线控转向系统的工作原理。

【能力目标】

1. 能完成线控转向系统的拆装。
2. 能完成线控转向系统的故障分析。

3. 能根据环保要求，正确处理对环境和人体有害的废料和损坏的零部件。

【素养目标】

1. 培养学生对事负责、与人合作的精神，严谨细致的作风，坚持不懈的奋斗精神。
2. 培养学生爱岗敬业的职业道德意识。
3. 培养学生的安全意识和环保理念。

理论知识

1. 线控转向系统概述

线控转向系统（Steering-By-Wire）如图6-19所示，取消了转向盘到执行器之间的机械连接部件，摆脱了机械固件的限制，转向操纵需求以纯电子方式传输至转向轴，转向齿比和转向回馈力可以通过电控系统灵活调节，利用电能实现转向。线控转向系统不仅具有传统机械转向系统的所有优点，还可以实现角传递特性的优化。

创新精神

线控转向系统推进了汽车的集成化、轻量化、网联化和智能化，是汽车实现路径跟踪与避障的创新技术。比亚迪汽车一直坚持“技术为王，创新为本”的理念，2023年11月比亚迪汽车发布了仰望U9，搭载了线控转向系统，迎来前所未有的发展机遇。同期，比亚迪汽车首次冲进“全球前十大车企”行列，这也是中国汽车品牌首次跻身全球前十名，为我国的汽车强国之路又迈进了一步。

（1）线控转向系统的优点

1）提高汽车安全性能。去除了转向柱等机械连接，避免了撞车事故中转向柱对驾驶人的伤害；智能化的ECU根据汽车的行驶状态判断驾驶人的操作是否合理，并做出相应的调整；当汽车处于极限工况时，能够自动对汽车进行稳定控制。

图6-19　线控转向系统

2）改善驾驶特性，增强操纵性。转向比率（转向盘转角和车轮转角的比值）可以实时改变。低速行驶时，转向比率低，可以减少转弯或停车时转向盘转动的角度；高速行驶时，转向比率变大，可获得更好的直线行驶条件。

3）改善驾驶人的路感。由于转向盘和转向车轮之间无机械连接，驾驶人“路感”通过模拟生成。线控转向系统可以从信号中提出最能够反映汽车实际行驶状态和路面状况的信息，作为转向盘回正力矩的控制变量，使转向盘仅向驾驶人提供有用信息，从而为驾驶人提供更为真实的“路感”。

（2）线控转向系统的缺点

1）需要较高功率的路感电动机（力反馈电动机）和转向执行电动机。

2）复杂的路感电动机和转向执行电动机的控制算法设计。

3）冗余设备导致额外增加成本和质量。

2. 线控转向系统的分类

按照转向电动机的数量、布置位置与控制方式不同，线控转向系统的典型布置方式可以分为 5 类：单电动机前轮转向、双电动机前轮转向、双电动机前轮独立转向、线控后轮转向和四轮独立转向，如图 6-20 所示。

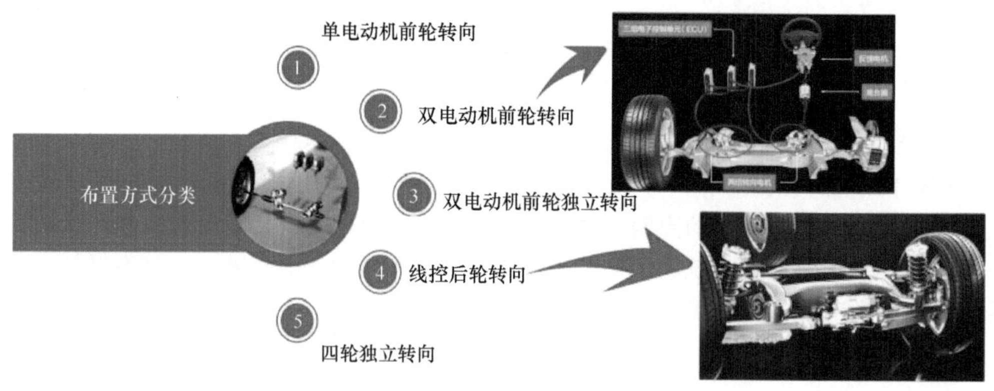

图 6-20　线控转向系统的分类

3. 线控转向系统的组成

线控转向系统主要由转向盘模块、线控转向系统 ECU、转向执行模块、故障处理系统、电源等部分组成。其中，转向盘模块、线控转向系统 ECU、转向执行模块是线控转向的 3 个主要部分，其他模块属于辅助部分，如图 6-21 所示。

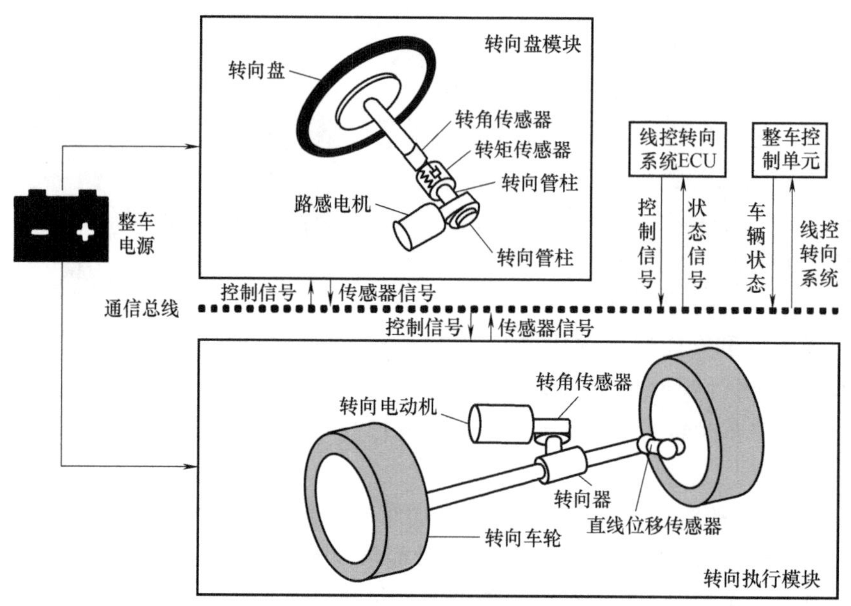

图 6-21　线控转向系统的组成

转向盘模块：是转向意图的输入模块，包括转向盘、转矩传感器、转角传感器、路感电动机（回正力矩电动机）及其减速器等部件。转向盘用于接收驾驶人的转向操纵；转向盘转矩传感器和转角传感器分别用于采集驾驶人通过转向盘输入的转矩、转角和转速，并传递给主控制器；路感电动机及其减速器接收主控制器反馈的力矩信号，产生转向盘的回正力矩，为驾驶人提供对应的路感。

转向执行模块：作用是接收主控制器的指令，通过转向电动机及其控制器实现和执行驾驶人的转向意图，由直线位移传感器、转角传感器、转向电动机、转向电动机控制器、车轮转向组件组成。直线位移传感器采集转向执行器直线位移信号，将其转换为前轮转角信号；转角传感器采集转向车轮的转角信息；转向电动机用于克服转向阻力，带动转向系统转过相应的角度；转向器接受并放大转向执行电动机输出转矩，驱动车轮转向。

线控转向系统 ECU：对采集的信号进行分析处理，判断汽车的运动状态，向路感电动机和转向电动机发送指令，控制两个电动机的工作，保证各种工况下转向过程都具有理想的车辆响应，以减少驾驶人对汽车转向特性随车速变化的补偿任务，减轻驾驶人负担。控制器还可以对驾驶人的操作指令进行识别，判定在当前状态下驾驶人的转向操作是否合理。

电源：线控转向系统与整车电器设备共用一个蓄电池电源，目前整车电源主流为 12V 电源。电源系统承担着控制器、两个执行电动机以及其他电器的供电任务，其中仅前轮转角执行电动机的最大功率就有 500~800W，因此电源的性能十分重要。

故障处理系统：是线控转向系统的重要模块，它包含一系列的监控与应对措施的程序。当线控转向系统出现故障时，故障处理系统按照设定好的程序采取对应的处理措施，以避免或减轻该故障带来的危害，最大限度地保证汽车的行驶安全。

4. 线控转向系统的工作原理

当驾驶人转动转向盘时，转向盘的转角传感器和转矩传感器分别将测量的转向盘转角、速度与转矩等信息传输给路感电动机控制器；同时，转向电动机控制器接收汽车的运动状态信号，如侧向加速度、质心侧偏角、横摆角速度等信息，并结合路感电动机控制器信息，向转向执行总成发送控制指令，实现合理的转向，如图 6-22 所示。

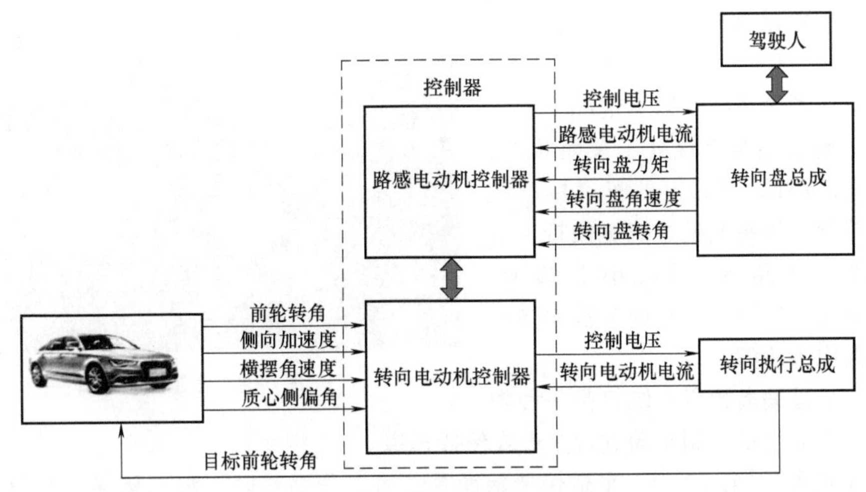

图 6-22　线控转向系统的工作原理

另一方面，路感电动机控制器接收轮速传感器采集到的车轮信息，结合车辆的状态信息，向路感电动机（回正力矩电动机）发送相应的力矩指令。路感电动机模拟出路面反馈的信息，向驾驶人提供实时的路感。

当主控制器出现错误或故障时，故障处理模块会根据故障的形式与等级做出相应的处理，确保驾驶人能够发现故障，并保持安全行驶。

5. 线控转向系统的应用

（1）汽车主动避障系统　汽车主动避障系统利用各种先进的传感器技术来感知道路交通环境信息，并将传感器获取的车速、位置、障碍物等实时信息反馈给系统进行信息处理，同时根据路况与车流的综合信息判断和分析可能存在的潜在安全隐患，并在紧急情况下进行自动预警提示，系统接合周围环境情况，为汽车进行避障路径规划设计，根据路径进行制动或转向（左换道、右换道、自适应巡航、制动等）等辅助手段，控制汽车主动避开障碍物，以保障车辆顺畅、安全地行进。

当环境感知传感器检测到汽车所在车道前方有路障时，环境感知传感器将路障大小、距离等信息传递给计算平台，计算平台经分析后，向 VCU 发送请求执行转向信号，VCU 将信号再次处理后发送给线控转向系统，线控转向系统根据命令实现汽车的自动转向，防止汽车撞到路障引发交通事故，如图 6-23 所示。

图 6-23　汽车主动避障

（2）车道偏离预警系统　车道偏离预警系统通过安装在前风窗玻璃上的单目摄像头探测道路上的车道标志线，对驾驶人驾车行为及车辆运动状态进行分析。汽车以不低于 60km/h 速度行驶时，如因驾驶人疲劳等原因导致车辆无意识地偏离车道时，车道偏离预警系统发出警告。通常在前轮越过车道标志线时给予警告。如果车辆接近识别到的标记线并可能脱离行驶车道，车道偏离预警系统会通过转向盘的振动或者是声音来提请驾驶人注意，并轻微转动转向盘修正行驶方向，使车辆处于正确的车道上，如图 6-24 所示。

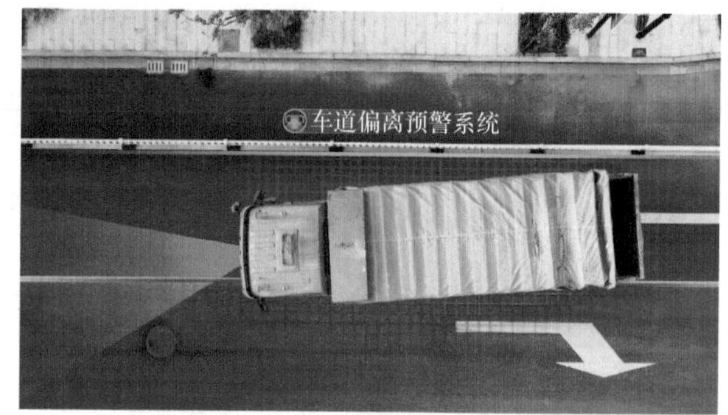

图 6-24　车道偏离预警

车道偏离预警系统在以下情况下无法工作：车道偏离预警系统处于关闭状态；时速低于 60km/h；道路上的车道标志线不清晰；转弯、掉头或通过蜿蜒曲折、急转弯的道路；道路转弯半径小于 200m；大雾、大雨或大雪天气；摄像头被异物遮蔽；单目摄像头故障。

注意：车道偏离预警系统仅是一种辅助性系统，不能主动控制车辆进行变道或保持车道。

（3）车道保持辅助系统　车道保持辅助系统可以帮助驾驶人将车辆保持在原车道上行驶。车道保持辅助系统可以在车道偏离预警系统的基础上对转向系统进行控制，辅助车辆保持在本车道内行驶，如图 6-25 所示。

车道保持辅助系统通过摄像头传感器识别车道分界线，当识别出本车道两侧的标记线后，系统处于待命状态，并通过组合仪表盘中的绿色指示灯显示。系统处于待命状态时，如果在越过标记线前操纵了转向灯，那么系统不会发出警告。

图 6-25　车道保持辅助

由于该系统是为在高速公路和条件良好的兴建公路上行驶而设计的，因此，当车速不小于 60km/h 时，系统通过对转向系统的控制，使车辆保持在本车道内；当车速不大于 55km/h 时，车道保持功能自动退出。

环境条件恶劣（如车道脏污或者覆盖着雪、车道过窄、车道边界线不清晰）时，该系统暂时停止工作，系统当前的状态会显示在组合仪表上。

任务实施

1. 线控转向系统的拆装

步骤 1：断开蓄电池负极连接，等待 2min，如图 6-26 所示。

步骤 2：拆卸安全气囊，然后分离气囊、喇叭插接器，如图 6-27 所示，取出安全气囊。注意，拆卸后的安全气囊必须正面向上摆放。

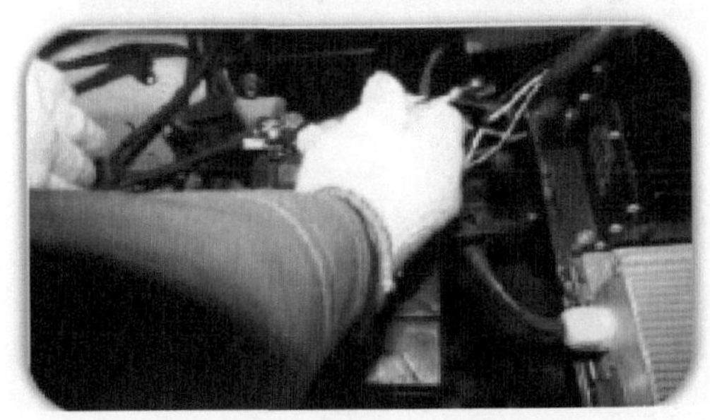

图 6-26　断开蓄电池负极连接

图 6-27　分离插接器

步骤 3：确定轮胎朝向正前方，拆卸转向盘固定螺母，并取下转向盘，如图 6-28 所示。

步骤 4：拆卸转向管柱上、下装饰板固定螺栓，并取下上、下装饰板，如图 6-29 所示。

步骤 5：分离安全气囊游丝插接器，如图 6-30 所示。

步骤 6：分离灯光和刮水器线束的插接器。

步骤 7：拆卸灯光和刮水器组合开关固定螺栓，并取下组合开关，如图 6-31 所示。

步骤 8：分离点火开关插接件。

步骤 9：拆卸点火开关固定螺栓，并取下点火开关，如图 6-32 所示。

步骤 10：拆卸线控转向系统的控制器固定螺栓，然后分离控制器上所有的插接器，并取出控制器，如图 6-33 所示。注意：先分离供电插接器。

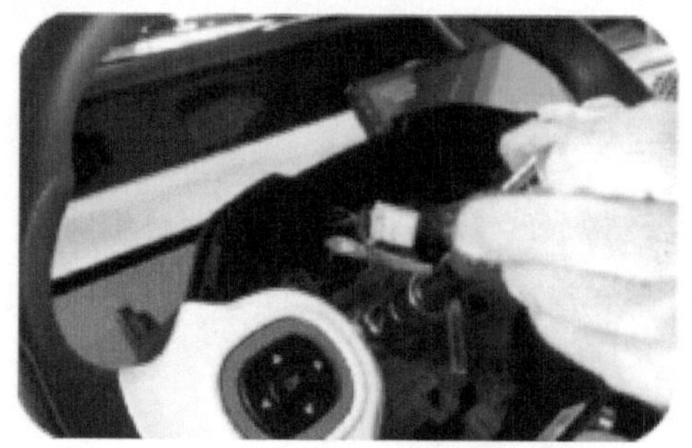
图 6-28 拆卸转向盘固定螺母

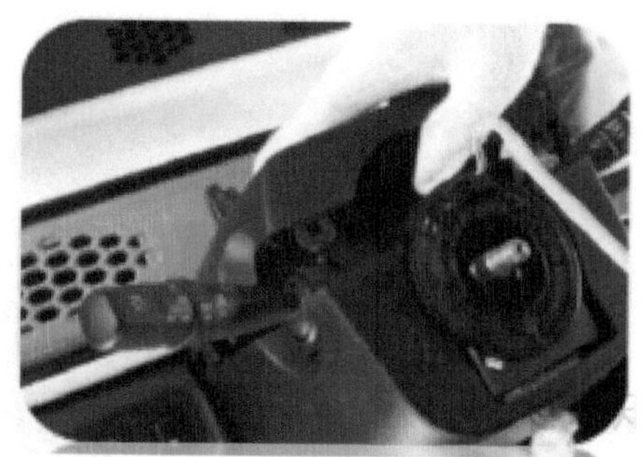
图 6-29 取下装饰板

图 6-30 分离安全气囊游丝插接器

图 6-31 拆卸组合开关

图 6-32 拆卸点火开关

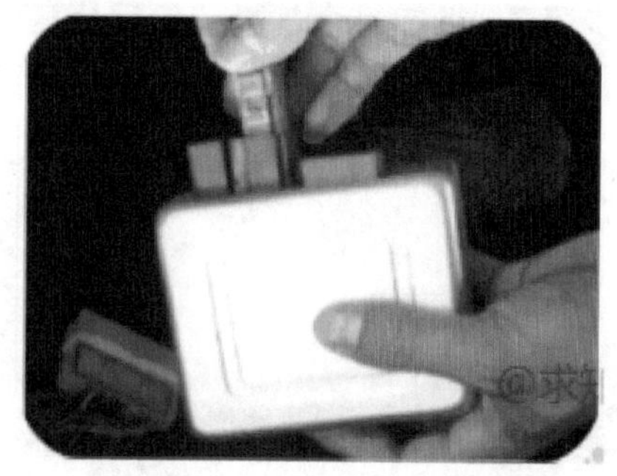
图 6-33 分离控制器的插接器

步骤 11：拆卸转向管柱的 4 颗固定螺栓，并取下转向管柱，如图 6-34 所示。

步骤 12：拆卸转向电动机万向固定轴一端的螺栓，并取下电动机，如图 6-35 所示。

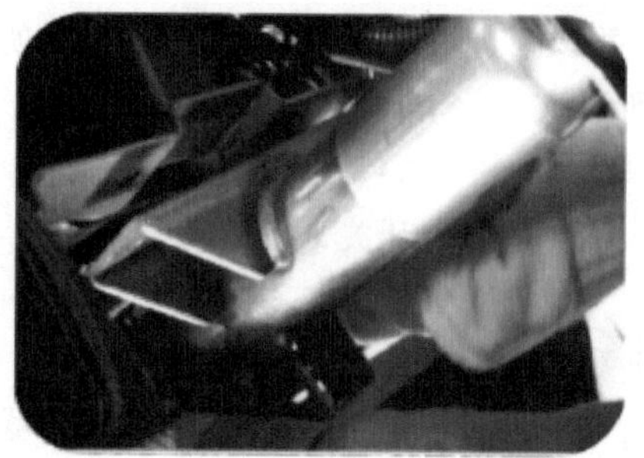
图 6-34 取下转向管柱

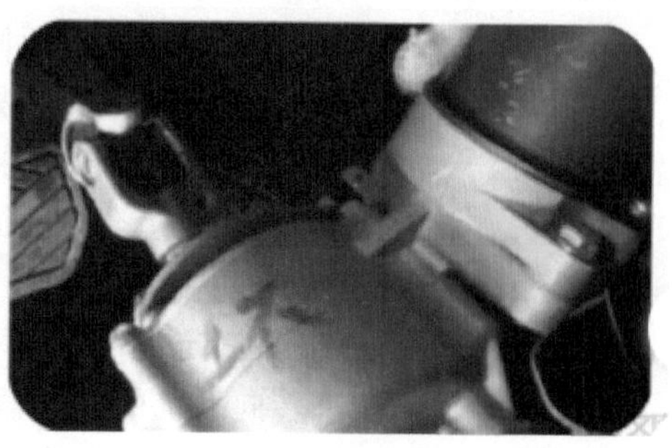
图 6-35 取下电动机

步骤13：拆卸万向传动轴至转向器花键上的固定螺栓，并取下传动轴。

步骤14：利用轮胎与地面的附着力，按对角线分别松开两前轮轮胎固定螺栓，如图6-36所示，取下两个前轮。

步骤15：用尖嘴钳分别拆卸两侧螺栓锁紧销，然后分别拆卸两侧转向横拉杆球头固定螺母。

步骤16：操作举升机，分别拆卸转向器左、右两个固定卡箍的锁紧螺栓，并取下卡箍，如图6-37所示，随后取出转向器。

图6-36 松开轮胎固定螺栓

图6-37 取下卡箍

2. 线性转向系统常见故障

线性转向系统常见故障包括电动机故障、传感器故障和通信总线故障。

电动机故障见表6-1。对系统影响较大的故障分别是电动机绕组断相、电动机绕组断路、开关管断路、开关管短路、故障混合出现、旋变信号异常和温度传感器异常等，出现频率较高的故障有开关管断路、旋变信号异常和温度传感器异常等。

表6-1 电动机故障

故障类型	发生概率	对系统影响程度
电动机绕组断相	低	高
电动机绕组短路	低	高
开关管断路	高	高
开关管短路	低	高
位置传感器失效	中	低
上述故障混合出现	低	高
电流传感器信号异常	低	低
旋变信号异常	高	高
母线电压采集异常	低	低
温度传感器异常(IGBT/电动机)	低	高
接收超时故障	低	高

传感器故障见表6-2。对系统影响较大的故障分别是短路、开路和机械故障，虽然信号混入出现频率较高但对系统的影响程度较低。

通信总线故障见表6-3。对系统影响较大的故障分别是插头接触不良、开路、总线初始化故障、总线发送超时故障、总线接收超时故障等，出现频率较高的故障主要是插头接触不良，虽然信号混入故障出现频率较高，但对系统的影响程度较低。

表 6-2 传感器故障

故障类型	发生概率	对系统影响程度
短路	低	高
开路	低	高
电压过高或过低	低	低
信号混入	高	低
机械故障	低	高

表 6-3 通信总线故障

故障类型	发生概率	对系统影响程度
插头接触不良	高	高
开路	低	高
外部屏蔽受损	低	低
信号混入	高	低
总线初始化故障	低	高
总线发送超时故障	低	高
总线接收超时故障	低	高

知识小结

1. 液压式 EPS 在传统的液压动力转向系统的基础上增设了控制液体流量的电磁阀、车速传感器和电控单元等。

2. 电动式 EPS 利用直流电动机作为动力源，电控单元根据转向参数和车速等信号，控制电动机转矩的大小和方向。

3. 流量控制式 EPS 一般在液压动力转向系统上增加旁通流量控制阀、车速传感器、转向角速度传感器、ECU 和控制开关等。在转向液压泵与转向器之间设有旁通管路，在旁通管路中设有旁通油量控制阀。

4. 反力控制式 EPS 是一种根据车速大小，控制反力室油压，从而改变输入、输出增益幅度以控制转向力的 EPS。当转向力增大，扭力杆发生扭转变形时，控制阀体和转阀阀杆之间将发生相对转动，改变阀体和阀杆之间油道的通、断和工作油液的流动方向，从而实现转向助力作用。

5. 阀灵敏度控制式 EPS 是根据车速控制电磁阀，直接改变动力转向控制阀的油压增益（阀灵敏度）来控制油压的。

6. 转向柱助力式 EPS 的助力电动机安装在转向柱上，电动机助力转矩通过蜗杆蜗轮减速增矩后直接加在转向柱上。小齿轮助力式 EPS 的助力电动机通过小齿轮与齿条啮合，电动机的助力转矩直接加在小齿轮轴上。双小齿轮助力式 EPS 的转向齿条上安装有两个小齿轮，一个小齿轮与转向盘相连，助力电动机通过另外一个小齿轮与齿条啮合，为齿条提供助力。

7. 电动式 EPS 是由转矩传感器、车速传感器、控制元件组成的。在操纵转向盘时，转矩传感器根据输入力的大小产生相应的电压信号，由此检测出操纵力的大小，同时根据车速传感器产生的脉冲信号可测出车速，控制电动机的电流，形成适当的转向助力。

8. 线控转向系统（Steering-By-Wire）取消了转向盘到执行器之间的机械连接部件，摆脱了机械固件的限制，转向操纵需求以纯电子方式传输至转向轴，转向齿比和转向回馈力可以通过电控系统灵活调节，由电能实现转向。

思 考 题

1. 若是助力电动机出现故障，电动式 EPS 是否还能转向，为什么？
2. 若是电磁阀出现故障，液压式 EPS 是否还能转向，为什么？

练 习 题

一、填空题

1. 液压式 EPS 在传统的液压动力转向系统的基础上增设了控制________的电磁阀、________和电控单元等。

2. 流量控制式 EPS 根据________信号调解动力转向装置供应的压力油液，改变油液的________，以控制转向力。

3. 阀灵敏度控制式 EPS 是根据________控制电磁阀，直接改变动力转向控制阀的________来控制油压的。

4. 电动式 EPS 是利用直流电动机作为动力源，电控单元根据________和________等信号，控制电动机转矩的大小和方向。

5. 电动式 EPS 的电动机的转矩由________通过________减速增大转矩后，加在汽车的转向机构上，使之得到一个与工况相适应的转向作用力。

6. 反力控制式 EPS 根据________大小，控制________油压，从而改变输入、输出增益幅度以控制转向力。

7. 电动式 EPS 是一种直接依靠电动机提供辅助转矩的电动助力式转向系统，该系统仅需要控制电动机________的方向和________。

二、问答题

1. 液压式 EPS 的分类及工作原理是什么？
2. 电动式 EPS 的组成及工作原理是什么？
3. 反力式 EPS 的工作过程是怎样的？
4. 电动式 EPS 中离合器的功用是什么？

三、论述题

1. 电动式 EPS 的组成及工作原理是什么？
2. 反力式 EPS 的工作原理是什么？
3. 线控转向系统的组成及工作原理是什么？

四、故障诊断

1. 如何进行液压式电控转向系统的检测？
2. 如何进行电动式电控转向系统的检测？
3. 如何进行线控转向系统的拆装？

参 考 文 献

[1] 宋波舰．AT6 自动变速器的结构和动力传递路线（上）[J]．汽车维修与保养，2017（02）：47-49.

[2] 宋波舰．AT6 自动变速器的结构和动力传递路线（下）[J]．汽车维修与保养，2017（04）：38-40.

[3] 程诚，尹少峰．迈腾系列 DSG 变速器故障分析与检修 [J]．汽车维修，2018（04）：14-15.

[4] 魏玉．大众双离合自动变速器的分析与展望 [J]．内燃机与配件，2019（18）：42-43.

[5] 王勇军．常见自动变速器故障诊断与维修（27）[J]．汽车与驾驶维修（维修版），2019（01）：32-34.

[6] 高惠民．新能源汽车制动系统解析（一）．汽车维护与保养，2022（3）：53-57.

[7] 高惠民．新能源汽车制动系统解析（六）．汽车维护与保养，2022（12）：48-52.

[8] 雍健羽，王洪亮，董金聪，等．轻型车辆线控制动技术研究现状及发展趋势综述 [J]．中国汽车，2022（11）：16-22.

[9] 王洪涛，王芳，叶忠杰．汽车线控制动系统关键技术研究分析 [J]．现代信息科技，2019，3（09）：155-157.

[10] 孔水清．宝马空气悬架诊断策略分析 [J]．汽车维修技师，2022（9）：30-32.

[11] 郝春林．空气悬架系统新技术剖析（一）[J]．汽车维修技师，2018（8）：29-31.

[12] 宁振华．悬架系统结构原理与维修（五）[J]．汽车维修技师，2018（2）：36-37.

[13] 孔水清．空气悬架诊断策略分析 [J]．汽车维修技师，2022（9）：30-32.

[14] 黎国铭．奥迪 Q7（4M）空气悬架故障诊断与排除 [J]．科学技术创新，2021（35）：154-156.

[15] 张蕾．汽车底盘电控系统原理与检修 [M]．北京：机械工业出版社，2012.

[16] 李春明．现代汽车底盘技术 [M]．3 版．北京：北京理工大学出版社，2020.

汽车底盘电控系统检修

任务工单

学生姓名 ________________

班　　级 ________________

学　　号 ________________

【任务工单 1】

任务名称	汽车底盘电控系统认知	学时		班级	
学生姓名		学生学号		任务成绩	
实训设备		实训场地		日期	
学习任务	认知汽车底盘电控系统				
任务目的	掌握汽车底盘电控系统的构成以及安装位置				

一、资讯

1. 电动转向系统中，当转向轴转动时，____________开始工作，把输入轴和输出轴在扭杆作用下产生的相对转动角位移变成电信号传给 ECU，ECU 根据车速传感器和转矩传感器的信号决定____________的旋转方向和助力电流的大小，从而完成实时控制助力转向。

2. ____________能在各种路面上防止汽车制动时车轮抱死。该系统可以提高制动效能，防止汽车在制动和转弯时产生____________。

3. ESP 主要对车辆纵向和____________稳定性进行控制，保证车辆按照驾驶人的意图行驶。当汽车发生转向不足或转向过度时，系统将控制单个或是______个车轮进行制动。

4. 电控液力自动变速器由____________、变速齿轮和电控液压操纵系统组成，由____________提供负荷信号，由安装在变速器输出轴的____________得到对应的车速信号，通过液力传递和齿轮组合的方式达到变速变矩。

5. 无级变速器通过 V 形金属带实现动力的传递，根据发动机的状况和汽车的车速，可以连续地改变____________，使发动机处于最佳的稳定转速。

二、决策与计划

制订详细的任务计划，确定所需要的检测仪器、工具，并对小组成员进行合理分工。

1. 计划。

2. 需要的检测仪器、工具。

3. 小组成员分工。

三、实施

（一）ABS 认知

1. 写出 ABS 各部分名称。

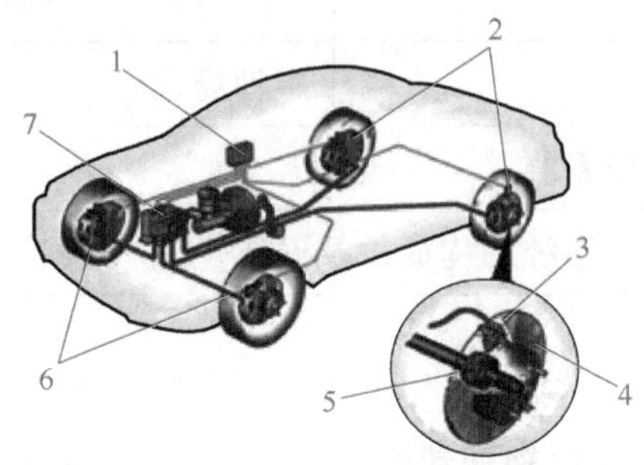

1—________ 2—________ 3—________

4—________ 5—________ 6—________

7—________

2. 写出各部分的安装位置。

1 的位置在________。

2 的位置在________。

3 的位置在________。

4 的位置在________。

5 的位置在________。

6 的位置在________。

7 的位置在________。

（二）线控系统认知

写出所检测汽车安装的线控系统。

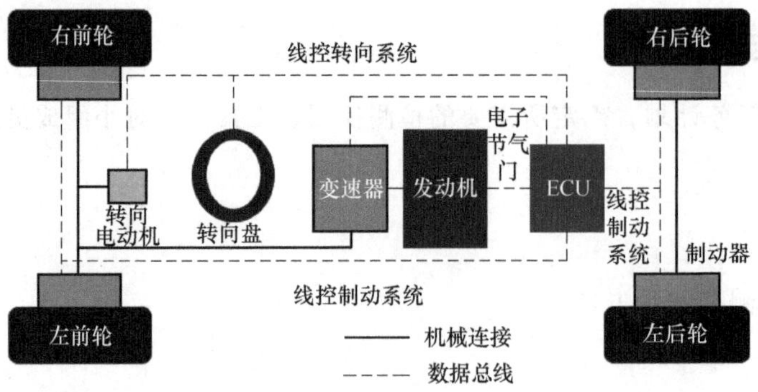

1. 是否安装线控转向系统： □是 □否

线控转向的类型：________。

各部件的安装位置：________

________。

2. 是否安装线控制动系统：　□是　□否

线控制动的类型：________________________________。

各部件的安装位置：________________________________

________________________________。

3. 是否安装线控换档系统：　□是　□否

线控换档系统的类型：________________________________。

各部件的安装位置：________________________________

________________________________。

四、评估

1. 自我评价及反馈。

1）反馈表：

是否能按规范进行检修	是 □	否 □
工具及材料是否选用合适	是 □	否 □
故障是否排除	是 □	否 □
工具是否摆放整齐	是 □	否 □
修理完毕后，工作台是否整洁干净	是 □	否 □

2）你是否积极学习，不会的内容积极向别人请教，会的内容积极帮助他人学习？（　　）

A. 积极学习　B. 积极请教　C. 积极帮助他人　D. 三者均不积极

3）实施过程中是否注意操作质量和有责任心？（　　）

A. 注意质量，有责任心　B. 不注意质量，有责任心

C. 注意质量，无责任心　D. 全无

4）在操作过程中是否注意清除隐患，有安全隐患时是否提示其他同学？（　　）

A. 注意，提示　B. 不注意，未提示

2. 教师对小组工作情况进行评估，并进行点评。

参照成果展示，给出学生本次任务成绩，在□中画√。

□不合格　□合格　□良好　□优秀

教师签名：__________　____年____月____日

【任务工单 2-1】

<table>
<tr><td>任务名称</td><td>自动变速器的认知</td><td>学时</td><td></td><td>班级</td><td></td></tr>
<tr><td>学生姓名</td><td></td><td>学生学号</td><td></td><td>任务成绩</td><td></td></tr>
<tr><td>实训设备</td><td></td><td>实训场地</td><td></td><td>日期</td><td></td></tr>
<tr><td>学习任务</td><td colspan="5">检查自动变速器的运行状态</td></tr>
<tr><td>任务目的</td><td colspan="5">制订工作计划，利用诊断设备检查自动变速器的运行状态</td></tr>
<tr><td colspan="6">

一、资讯

1. 电控自动变速器主要由________________、齿轮变速机构、________________、液压控制系统和电控系统组成。

2. 自动变速器型号中，对于变速器的性质：字母________________表示自动变速器，字母________________表示手动变速器。

3. 自动变速器型号中，对于变速器的驱动方式，一般用字母________________表示前驱动，用字母________________表示后驱动。

4. 按齿轮变速器类型的不同，电控液力自动变速器分为________________和平行轴式两种。

5. 后驱动自动变速器的动力经变矩器、________________、传动轴、后驱动桥的主减速器、________________和半轴传给左、右两个后轮。前驱动自动变速器在自动变速器的壳体内装有主减速器和________________。

6. 液力控制自动变速器将汽车行驶时的________________和________________这两个参数变为液压控制信号，按照设定的换档规律，通过控制换档执行元件的动作，实现自动换档。

7. 电控自动变速器通过各种传感器，将发动机转速、________________、车速、发动机冷却液温度、________________等参数转变为电信号，并输入 ECU，ECU 根据这些信号，按照设定的换档规律，向________________、________________等发出电子控制信号，实现自动换档。

二、决策与计划

制订详细的任务计划，确定所需要的检测仪器、工具，并对小组成员进行合理分工。

1. 计划。

2. 需要的检测仪器、工具。

</td></tr>
</table>

3. 小组成员分工。

三、实施

1. 识别自动变速器。

自动变速器的型号：________________________________。

自动变速器的类型：________________________________。

自动变速器的档位数：______________________________。

2. 鉴定自动变速器的技术状况。

1）检查自动变速器油的品质：□合格　□不合格

2）检查自动变速器是否漏油：□是　□否

3）通过失速试验检查自动变速器中换档执行元件的工作是否正常：□是　□否

4）升档检查：

① 升档车速检查。

② 升档时发动机转速检查。

③ 换档质量检查。

④ 锁止离合器工作状态检查。

⑤ 发动机制动功能检查。

升档检查表

档位	升档车速/(km/h)	升档时发动机转速/(r/min)	换档质量检查（有无冲击）	锁止离合器状态（有无锁止）	发动机制动功能检查（有无制动）
1档					
2档					
3档					
4档					

5）强制降档功能检查。

检查步骤及结论：____

____

____

____。

四、评估

1. 自我评价及反馈。

1）反馈表：

是否能按规范进行检修	是 □	否 □
工具及材料是否选用合适	是 □	否 □
故障是否排除	是 □	否 □
工具是否摆放整齐	是 □	否 □
修理完毕后，工作台是否整洁干净	是 □	否 □

2）你是否积极学习，不会的内容积极向别人请教，会的内容积极帮助他人学习？（　　）

A. 积极学习　　B. 积极请教　　C. 积极帮助他人　　D. 三者均不积极

3）实施过程中是否注意操作质量和有责任心？（　　）

A. 注意质量，有责任心　　B. 不注意质量，有责任心

C. 注意质量，无责任心　　D. 全无

4）在操作过程中是否注意清除隐患，有安全隐患时是否提示其他同学？（　　）

A. 注意，提示　　B. 不注意，未提示

2. 教师对小组工作情况进行评估，并进行点评。

参照成果展示，给出学生本次任务成绩，在□中画√。

□不合格　□合格　□良好　□优秀

说明：____

____。

教师签名：____________　____年____月____日

【任务工单 2-2】

任务名称	液力变矩器检修	学时		班级	
学生姓名		学生学号		任务成绩	
实训设备		实训场地		日期	
学习任务	液力变矩器结构认知与检测				
任务目的	掌握液力变矩器的结构及其工作原理、技术参数				

一、资讯

1. 现代自动变速器汽车所采用的液力变矩器主要由__________、__________和__________三部分构成，因此也称为三元件液力变矩器。

2. 液力变矩器能够变矩主要是因为__________的存在。

3. 自动变速器油的英文缩写名称是__________。

4. 锁止离合器大大提高了液力变矩器的传动效率，一般汽车设定在__________档以上时才会进行锁止，或者在车速达到__________ km/h 以上时锁止。

5. 在液力变矩器中，传动液流形式有涡流和__________，从而形成__________液流。

6. 自动变速器的油泵被变矩器的__________直接驱动，只要__________运转，油泵就会泵油。

7. 锁止式液力变矩器的特殊装置是锁止离合器，其作用是在较高车速状态下，能将__________和__________锁成一体，明显地提高车辆行驶的__________。

8. 液力变矩器中，导轮通过__________装于固定不动的轴上。

9. 在输出轴处于增矩工况下，自动变速器的液力变矩器中的导轮处于__________。

10. 自动变速器的液力变矩器中，泵轮是由__________驱动的。

二、决策与计划

制订详细的工作计划，确定所需要的检测仪器、工具，并对小组成员进行合理分工。

1. 计划。

2. 需要的检测仪器、工具。

3. 小组成员分工。

三、实施

1. 写出下图所示系统中包含的零部件名称。

1—________ 2—________ 3—________

4—________ 5—________ 6—________

7—________ 8—________

2. 实践检查。

（1）车辆检查：

车辆信息			
车型		生产日期	
行驶里程数	________ km	变速器	□MT □AT
车辆起动前防护			
□车轮挡块 □ 尾气烟道 □车内防护 □档位 □驻车制动器 □车身防护垫			

发动机起动前安全检查	
机油液位	□ 正常 □ 偏高 □ 偏低
冷却液液位	□ 正常 □ 偏高 □ 偏低
制动液液位	□ 正常 □ 偏高 □ 偏低
蓄电池电压	□ 正常 □ 偏高 □ 偏低
仪器设备、技术资料检查	
仪器检查	□ 正常 □ 不正常
资料准备	□ 齐全 □ 不齐全

（2）自动变速器检查：

ATF 温度	□正常 □偏高 □偏低
冷却液液位	□正常 □偏高 □偏低
ATF 液位	□正常 □偏高 □偏低
节气门位置传感器的阻值	□正常 □偏高 □偏低
冷却液温度	□正常 □偏高 □偏低
仪器设备、技术资料检查	
仪器检查	□正常 □不正常
资料准备	□齐全 □不齐全

四、评估

1. 自我评价及反馈。

1）反馈表：

是否能按规范进行检修	是 □	否 □
工具及材料是否选用合适	是 □	否 □
故障是否排除	是 □	否 □
工具是否摆放整齐	是 □	否 □
修理完毕后，工作台是否整洁干净	是 □	否 □

2）你是否积极学习，不会的内容积极向别人请教，会的内容积极帮助他人学习？（ ）

A. 积极学习 B. 积极请教 C. 积极帮助他人 D. 三者均不积极

3）实施过程中是否注意操作质量和有责任心？（ ）

A. 注意质量，有责任心 B. 不注意质量，有责任心

C. 注意质量，无责任心 D. 全无

4）在操作过程中是否注意清除隐患，有安全隐患时是否提示其他同学？（ ）

A. 注意，提示 B. 不注意，未提示

2. 教师对小组工作情况进行评估，并进行点评。

参照成果展示，给出学生本次任务成绩，在□中画√。

□不合格 □合格 □良好 □优秀

教师签名：＿＿＿＿＿＿ ＿＿年＿＿月＿＿日

【任务工单 2-3】

任务名称	齿轮变速机构检修	学时		班级	
学生姓名		学生学号		任务成绩	
实训设备		实训场地		日期	
学习任务	组合式行星齿轮系统传动路线认知				
任务目的	制订工作计划，认知变速器各档位传动路线				

一、资讯

1. 辛普森式行星齿轮机构是由__________个内啮合式单排行星齿轮机构组合而成的。

2. 辛普森式行星齿轮机构的结构特点是前、后两个行星排的__________连接为一个整体；前一个行星排的__________和后一个行星排的__________连接为另一个整体；输出轴通常与前行星架和后齿圈组件连接。

3. 辛普森式行星齿轮机构是一种具有__________个独立元件的行星齿轮机构。这 4 个独立元件是：__________、__________、后排行星架以及前行星架和后齿圈组件。

4. 在三档辛普森式行星齿轮机构中设置 5 个换档执行元件（__________个离合器、__________个制动器和__________个单向离合器），使之成为一个具有 3 个前进档和 1 个倒档的行星齿轮变速器。

5. 在三档辛普森式行星齿轮机构中，各执行元件的作用是输入轴通过直接档离合器和前进档离合器分别与__________和前排齿圈相连，二档制动器可用来固定__________，低、倒档制动器可使后排行星架成为固定元件，单向离合器保证__________排行星架只能沿顺时针方向转动，前排行星架和后排齿圈与输出轴相连而成为输出元件。

二、决策与计划

制订详细的工作计划，确定所需要的检测仪器、工具，并对小组成员进行合理分工。

1. 计划。

2. 需要的检测仪器、工具。

3. 小组成员分工。

三、实施

1. 写出下图中各部件的名称。

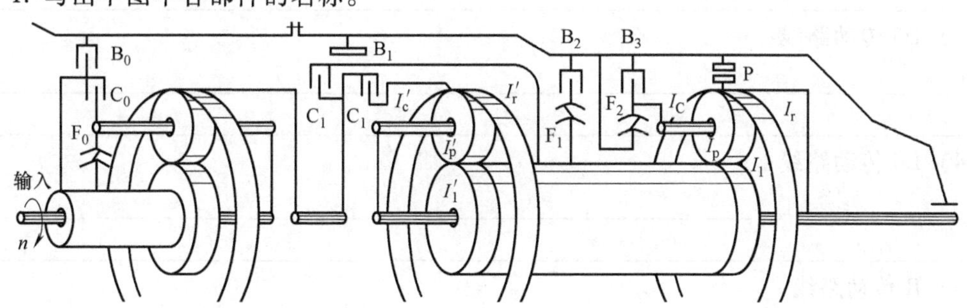

C_0—____________ B_0—____________ F_0—____________

C_1—____________ B_1—____________ F_1—____________

C_2—____________ B_2—____________ F_2—____________

B_3—____________

2. 传动路线原理与分析。

		C_0	B_0	F_0	C_2	C_1	B_1	B_2	B_3	F_1	F_2	P	No1	No2	EB
P		○										○	+	−	
R		○		●	○				○				+	−	Y
N		○											+	−	
D	1	○		●		○					●		+	−	N
	2	○		●		○		○		●			+	+	N
	3	○		●	○	○		⊙					−	+	Y
	OD		○		○	○		⊙					−	−	Y
2	3*	○		●	○	○		⊙					+	−	Y
	2	○		●		○	○	○		●			+	+	Y
	1	○		●		○					●		−	+	N
L	2*	○		●		○	○	○		●			+	−	Y
	1	○		●		○			○		●		+	+	Y

○：接合；●：发动机制动（EB：Engine Braking）时解锁；⊙：接合但不传递动力；*：只能从高档位降档，不能升档。

按照各档位工作元件，写出各档传动路线，并进行实物装配实践。

1）D1 传动路线：

____

____。

2）D2 传动路线：

____

____。

3）D3 传动路线：

____

____。

4）D4 传动路线：

____

____。

5）R 传动路线：

____

____。

四、评估

1. 自我评价及反馈。

1）反馈表：

是否能按规范进行检修	是 □	否 □
工具及材料是否选用合适	是 □	否 □
故障是否排除	是 □	否 □
工具是否摆放整齐	是 □	否 □
修理完毕后，工作台是否整洁干净	是 □	否 □

2）你是否积极学习，不会的内容积极向别人请教，会的内容积极帮助他人学习？（　　）

A. 积极学习　　B. 积极请教　　C. 积极帮助他人　　D. 三者均不积极

3）实施过程中是否注意操作质量和有责任心？（　　）

A. 注意质量，有责任心　　B. 不注意质量，有责任心

C. 注意质量，无责任心　　D. 全无

4）在操作过程中是否注意清除隐患，有安全隐患时是否提示其他同学？（　　）

A. 注意，提示　B. 不注意，未提示

2. 教师对小组工作情况进行评估，并进行点评。

参照成果展示，给出学生本次任务成绩，在□中画√。

□不合格　　□合格　　□良好　　□优秀

教师签名：____________　____年____月____日

【任务工单 2-4】

任务名称	换档执行机构检修	学时		班级	
学生姓名		学生学号		任务成绩	
实训设备		实训场地		日期	
学习任务	检修换档执行机构				
任务目的	掌握换档执行机构的结构及其工作原理，熟练排除换档执行机构的故障				

一、资讯

1. 离合器和制动器以____________控制行星齿轮机构元件的旋转，单向离合器以____________对行星齿轮机构的元件进行锁止。

2. 执行机构主要由____________、____________和单向离合器 3 种执行元件组成。

3. 离合器的作用是将变速器的____________和行星排的某个基本元件连接，或将行星排的某____________个基本元件连接在一起，使之成为一个整体转动。

4. 制动器的作用是____________行星齿轮机构中的基本元件，阻止其旋转。

5. 在自动变速器中常用的制动器有____________和带式制动器两种。

6. 片式制动器由____________、回位弹簧、钢片、____________及制动器毂等组成。

7. 单向离合器的作用是在一定条件下____________行星排的某一基本元件。与制动器不同的是，它依靠其单向____________原理起作用。

8. 与单向离合器相连元件的受力方向与锁止方向相同时，该元件被____________；当受力方向与锁止方向相反时，该元件被____________。

二、决策与计划

制订详细的工作计划，确定所需要的检测仪器、工具，并对小组成员进行合理分工。

1. 计划。

2. 需要的检测仪器、工具。

3. 小组成员分工。

三、实施

离合器、制动器检修

按照拆装步骤拆解离合器、制动器，并记录检查结果。

1）检查离合器或制动器的摩擦片，如有烧焦、表面粉末冶金层脱落，应更换。许多自动变速器的摩擦片表面上印有符号（下图 a），若这些符号已被磨去，说明摩擦片已磨损至极限，应更换。也可测量摩擦片的厚度（下图 b），若小于极限厚度，则应更换。

检查记录：____。

2）检查制动带内表面，如有烧焦、表面粉末冶金层脱落，应更换（下图 c）。

检查记录：____。

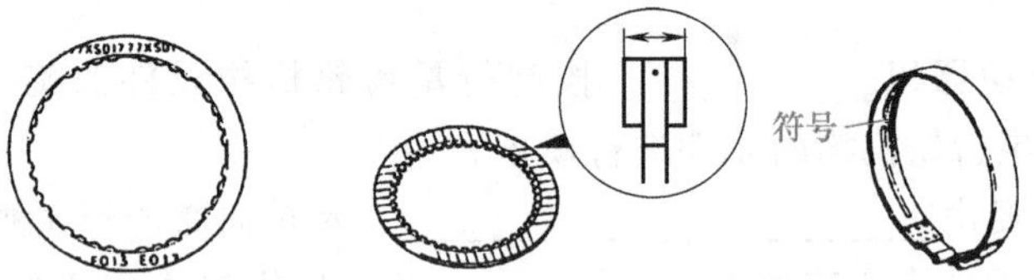

符号

a)　　b)　　c)

3）检查钢片，如有磨损或翘曲变形，应更换。

检查记录：____。

4）检查挡圈的摩擦面，如有磨损，应更换。

检查记录：____。

5）检查离合器和制动器的活塞，其表面应无损伤或拉毛，否则应更换新件。

检查记录：____。

6）检查离合器活塞上的单向阀，其阀球应能在阀座内活动自如。用压缩空气或煤油检查单向阀的密封性（从液压缸一侧往单向阀内吹气，见下图），密封应良好。

检查记录：____。

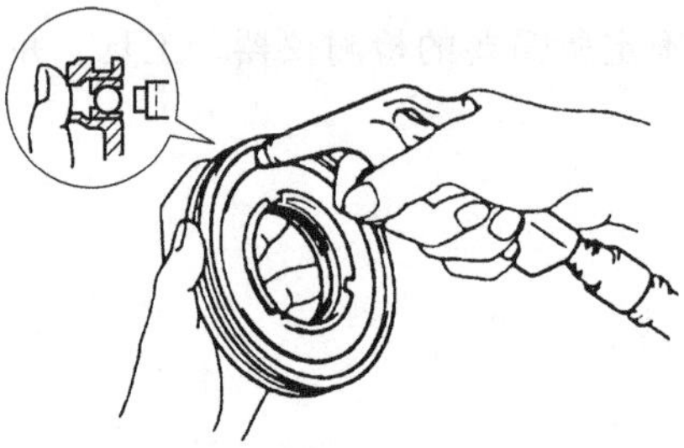

7）检查离合器和制动器鼓，其液压缸内表面应无损伤或拉毛，与钢片配合的花键槽应无磨损。如有异常，应更换新件。

检查记录：____。

8）测量活塞回位弹簧的自由长度，并与表 1 中数据进行比较。若弹簧自由长度过小或变形，应更换。

检查记录：____。

表 1　A341E 自动变速器的离合器和制动器检修标准

离合器或制动器的名称	代号	弹簧自由长度标准/mm	自由间隙/mm
直接离合器	C_0	15.8	1.45~1.70
超速制动器	B_0	17.23	1.75~2.05
倒档及高档离合器	C_1	24.35	1.37~1.60
前进档离合器	C_2		0.70~1.00
二档制动器	B_1	19.64	0.63~1.98
低速档及倒档制动器	B_2	12.9	0.70~1.22
二档强制制动器	B_3		2.0~3.0

四、评估

1. 自我评价及反馈。

1）反馈表：

是否能按规范进行检修	是 □	否 □
工具及材料是否选用合适	是 □	否 □
故障是否排除	是 □	否 □
工具是否摆放整齐	是 □	否 □
修理完毕后，工作台是否整洁干净	是 □	否 □

2）你是否积极学习，不会的内容积极向别人请教，会的内容积极帮助他人学习？（　　）

A. 积极学习　B. 积极请教　C. 积极帮助他人　D. 三者均不积极

3）实施过程中是否注意操作质量和有责任心？（　　）

A. 注意质量，有责任心　B. 不注意质量，有责任心

C. 注意质量，无责任心　D. 全无

4）在操作过程中是否注意清除隐患，有安全隐患时是否提示其他同学？（　　）

A. 注意，提示　B. 不注意，未提示

2. 教师对小组工作情况进行评估，并进行点评。

参照成果展示，给出学生本次任务成绩，在□中画√。

□不合格　□合格　□良好　□优秀

教师签名：____________　____年____月____日

【任务工单 2-5】

任务名称	典型行星齿轮系统检修	学时		班级	
学生姓名		学生学号		任务成绩	
实训设备		实训场地		日期	
学习任务	掌握行星齿轮变速器的拆装方法				
任务目的	熟悉行星齿轮变速器的组成与结构，掌握拆装行星齿轮变速器的方法				

一、资讯

自动变速器拆装的注意事项：

二、决策与计划

制订详细的工作计划，确定所需要的检测仪器、工具，并对小组成员进行合理分工。

1. 计划。

2. 需要的检测仪器、工具。

3. 小组成员分工。

三、实施

按照步骤，拆装自动变速器，并总结拆装技巧。

1. 拆下变矩器，抽出输入轴，通过后伸出尾部放出自动变速器油。最好把变速器放在专用夹具上，便于固定后拆装。

拆装技巧：____

____。

2. 拆下油底壳，并检查内部情况，主要通过异样物质分析。如果发现油很黑、有烧焦味并含有微粒，则能找出因离合器片和制动带的摩擦而产生的微粒物质和烧焦状况，进一步修复或更换。

拆装技巧：____

____。

3. 松开二档制动带（B_1）随动装置的活塞杆的锁紧螺母，并拧紧活塞杆。

拆装技巧：____

____。

4. 拆下油泵，最好用专用工具惯性锤下。

拆装技巧：____

____。

5. 拆下控制阀体，从阀体上拆下手动阀，拆卸时要小心，防止阀突然跌落。

拆装技巧：____

____。

6. 拆下二档制动带 B_1 支撑，制动带、离合器和行星齿轮总成即可一起取下。行星齿轮总成包括高、倒档离合器（前 C_1），正向离合器（C_2）和前行星齿轮排。

拆装技巧：____

____。

7. 检查单向离合器的工作是否正常。

拆装技巧：____

____。

8. 拆下后行星架开口环和后行星架。

拆装技巧：____

____。

9. 用螺丝刀撬起开口环一端，再用钳子拆下低、倒档制动器 B_2 总成的开口环，拆下低、倒档制动器总成。

拆装技巧：____

____。

10. 拆下单向离合器内座圈、回位止动垫圈、低-倒档的回位弹簧以及弹簧止动环。

拆装技巧：____

____。

11. 用压缩空气顶出低、倒档制动器活塞。

拆装技巧：____

____。

12. 拆下开口环，再拆下锁紧螺母、手控片和停车杆。

拆装技巧：____

____。

13. 拆下空档开关和手控轴。

拆装技巧：____

____。

四、评估

1. 自我评价及反馈。

1）反馈表：

是否能按规范进行检修	是 □	否 □
工具及材料是否选用合适	是 □	否 □
故障是否排除	是 □	否 □
工具是否摆放整齐	是 □	否 □
修理完毕后，工作台是否整洁干净	是 □	否 □

2）你是否积极学习，不会的内容积极向别人请教，会的内容积极帮助他人学习？（　　）

A. 积极学习　　B. 积极请教　　C. 积极帮助他人　　D. 三者均不积极

3）实施过程中是否注意操作质量和有责任心？（　　）

A. 注意质量，有责任心　　B. 不注意质量，有责任心

C. 注意质量，无责任心　　D. 全无

4）在操作过程中是否注意清除隐患，有安全隐患时是否提示其他同学？（　　）

A. 注意，提示　B. 不注意，未提示

2. 教师对小组工作情况进行评估，并进行点评。

参照成果展示，给出学生本次任务成绩，在□中画√。

□不合格　　□合格　　□良好　　□优秀

教师签名：____________　____年____月____日

【任务工单 2-6】

任务名称	液压控制系统检修	学时		班级	
学生姓名		学生学号		任务成绩	
实训设备		实训场地		日期	
学习任务	液压控制系统油压实验				
任务目的	制订工作计划，利用诊断设备完成油压实验				

一、资讯

1. 自动变速器液压控制系统的控制机构包括__________、手动阀、__________及锁止离合器控制阀等。

2. 液压控制系统由__________、执行机构和__________组成。

3. 动力源是由液力变矩器泵轮驱动的__________，除了向控制机构、执行机构供给压力油实现换档外，还向__________提供冷却补偿油，向行星齿轮变速器提供润滑油。

4. 油泵一般位于液力变矩器和__________系统之间。其类型主要有__________、转子泵和叶片泵。

5. 控制机构主要包括__________、__________、换档阀系统和缓冲安全系统。

6. 节气门开度较小时，自动变速器所传递的转矩较小，执行机构中的离合器、制动器不易打滑，主油路压力可以__________。当发动机节气门开度较大时，因传递的转矩增大，为防止离合器、制动器打滑，主油路压力要__________。

7. 汽车在低速档行驶时，所传递的转矩较大，主油路压力__________；在高速档行驶时，自动变速器传递的转矩较小，可以__________主油路油压，以减少油泵运转阻力。

二、决策与计划

制订详细的工作计划，确定所需要的检测仪器、工具，并对小组成员进行合理分工。

1. 计划。

2. 需要的检测仪器、工具。

3. 小组成员分工。

三、实施

1. 油压实验的准备。

1）行驶汽车，使发动机和自动变速器均达到正常工作温度。

2）将车辆停放在水平地面上，检查发动机怠速和自动变速器的油面高度。如不正常，应予以调整。

3）检查加速踏板拉线的调整情况，必要时重新调整。准备一个量程为 2MPa 的压力表。

4）找出自动变速器各油路测压孔的位置（见图 1 及图 2）。

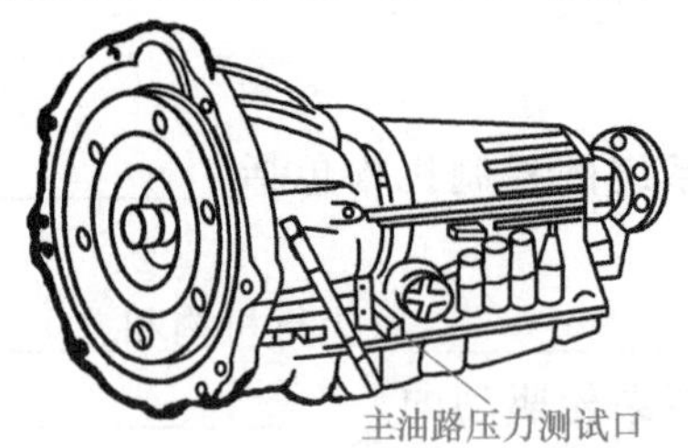

图 1　丰田 A341E 自动变速器油压测试点 1

图 2　丰田 A341E 自动变速器油压测试点 2

如果没有《自动变速器维修手册》作为参考，可以用举升器将汽车升起，在发动机运转时分别将各个测压孔螺塞松开少许，观察各测压孔在变速杆位于不同档位时是否有液压油流出，以判断该测压孔是与哪一个油路相通，从而找出各油路测压孔的位置。具体判断方法如下：

▶不论变速杆位于前进档或倒档时都有液压油流出，则为主油路测压孔。

▶只有在变速杆位于前进档时才有液压油流出，则为前进档油路测压孔。

▶只有在变速杆位于倒档时才有液压油流出，则为倒档飞油路测压孔。

2. 油压实验步骤：按照步骤完成油压实验。

1）拆下变速器壳体上的油路压力测试螺塞，装上油压表。

2）用三角木塞住前、后车轮。

3）将驻车制动器手柄拉紧。

4）起动发动机。

5）在怠速情况下，将变速杆推入 D 位，读出压力值。

6）将制动踏板踩到底，然后同时将加速踏板踩到底，即在失速情况下读出压力值。

7）将变速杆拨至 P 位或 N 位，使发动机怠速运转 3min 以上。

8）将变速杆推入 R 位，做同样的试验。

四、实验结论

变速器型号	档位	发动机怠速时油压/MPa	发动机失速时油压/MPa
	D1		
	D2		
	D3		
	D4		
	R		

五、实验分析（分析油压高于或低于标准值的可能故障原因）

六、评估

1. 自我评价及反馈。

1）反馈表：

是否能按规范进行检修	是 □	否 □
工具及材料是否选用合适	是 □	否 □
故障是否排除	是 □	否 □
工具是否摆放整齐	是 □	否 □
修理完毕后，工作台是否整洁干净	是 □	否 □

2）你是否积极学习，不会的内容积极向别人请教，会的内容积极帮助他人学习？（　　）

A. 积极学习　　B. 积极请教　　C. 积极帮助他人　　D. 三者均不积极

3）实施过程中是否注意操作质量和有责任心？（　　）

A. 注意质量，有责任心　　B. 不注意质量，有责任心

C. 注意质量，无责任心　　D. 全无

4）在操作过程中是否注意清除隐患，有安全隐患时是否提示其他同学？（　　）

A. 注意，提示　B. 不注意，未提示

2. 教师对小组工作情况进行评估，并进行点评。

参照成果展示，给出学生本次任务成绩，在□中画√。

□不合格　　□合格　　□良好　　□优秀

教师签名：＿＿＿＿＿＿　＿＿年＿＿月＿＿日

【任务工单 2-7】

任务名称	电控系统检修	学时		班 级	
学生姓名		学生学号		任务成绩	
实训设备		实训场地		日 期	
学习任务	电控系统认知与检测				
任务目的	熟悉自动变速器电控元件的功用，掌握电控系统的检测内容及方法				

一、资讯

读懂下图所示的控制原理图，写出各传感器和执行器的作用。

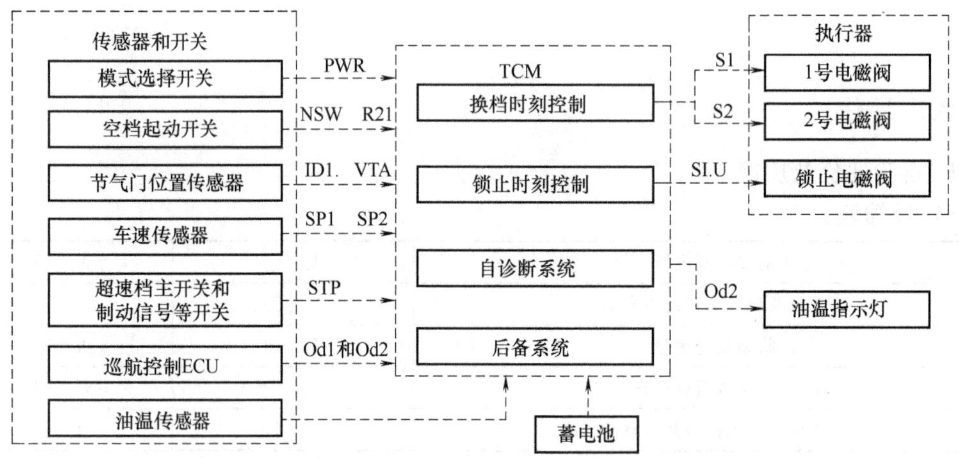

二、决策与计划

制订详细的工作计划，确定所需要的检测仪器、工具，并对小组成员进行合理分工。

1. 计划。

2. 需要的检测仪器、工具。

3. 小组成员分工。

三、实施

1）运行自动变速器，观察其工作状况：________________________。

2）检测：检测 ECU 线束各接脚工作电压，并分析可能故障原因。

端子	代号	电器元件	检测条件		标准电压/V	测量值/V
1	S1	换档电磁阀 A	汽车行驶于 1-2 档		12	
			汽车行驶于 3-4 档		0	
2	S2	换档电磁阀 B	汽车行驶于 2-3 档		12	
			汽车行驶于 1-4 档		0	
3	SL	锁止电磁阀	汽车行驶中		7~12	
4	L	空档起动开关	IG:ON	L 位	12	
				其他档位	0	
5	2	空档起动开关	IG:ON	2 位	12	
				其他档位	0	
8	THW	冷却液温度传感器	IG:ON 冷却液温度:80℃		0.2~1.0	
9	VC	节气门位置传感器	IG:ON		4.5~5.5	
10	SP2	车速传感器	汽车行驶或驱动轮转动		0~3	
			汽车停止或驱动轮不转		0	
11	IDL	怠速开关	IG:ON	全闭	0	
				全开	7.5~12	
12	VTA	节气门位置传感器	IG:ON	全闭	0.3~0.8	
				全开	3.2~4.9	
14	OD2	超速档开关和超速档指示灯	IG:ON	OD 开关 ON	12	
				OD 快关 OFF	0	
16	BATT	蓄电池			12	
17/22	+B/+B1	主继电器	IG:ON		12	
19	PWR	模式开关	(PWR)位置		12	
			(NORM)位置		0	
20	OD1	巡航控制 ECU	IG:ON		5	
21	STP	制动灯开关	IG:ON	制动	12	
				非制动	0	

四、评估

1. 自我评价及反馈。

1）反馈表：

是否能按规范进行检修	是 □	否 □
工具及材料是否选用合适	是 □	否 □
故障是否排除	是 □	否 □
工具是否摆放整齐	是 □	否 □
修理完毕后，工作台是否整洁干净	是 □	否 □

2）你是否积极学习，不会的内容积极向别人请教，会的内容积极帮助他人学习？（　　）

A. 积极学习　　B. 积极请教　　C. 积极帮助他人　　D. 三者均不积极

3）实施过程中是否注意操作质量和有责任心？（　　）

A. 注意质量，有责任心　　B. 不注意质量，有责任心

C. 注意质量，无责任心　　D. 全无

4）在操作过程中是否注意清除隐患，有安全隐患时是否提示其他同学？（　　）

A. 注意，提示　B. 不注意，未提示

2. 教师对小组工作情况进行评估，并进行点评。

参照成果展示，给出学生本次任务成绩，在□中画√。

□ 不合格　　□ 合格　　□ 良好　　□ 优秀

教师签名：__________　____年____月____日

【任务工单 3-1】

<table>
<tr><td>任务名称</td><td>无级自动变速器（CVT）检修</td><td>学时</td><td></td><td>班 级</td><td></td></tr>
<tr><td>学生姓名</td><td></td><td>学生学号</td><td></td><td>任务成绩</td><td></td></tr>
<tr><td>实训设备</td><td></td><td>实训场地</td><td></td><td>日 期</td><td></td></tr>
<tr><td>学习任务</td><td colspan="5">认知电控无级自动变速器的结构</td></tr>
<tr><td>任务目的</td><td colspan="5">制订工作计划，认知电控无级自动变速器的结构</td></tr>
</table>

一、资讯

1. CVT 的英文全称是______________________________。

2. CVT 技术即无级变速技术，采用____________和____________可变的主、从带轮相配合传递动力。

3. CVT 主要包括____________、从动轮组、金属带和____________等基本部件。

4. 发动机输出轴输出的动力首先传递到 CVT 的____________，然后通过 V 形传动带传递到____________，最后经____________、差速器传递给车轮驱动汽车。

5. 由于主动轮和从动轮的____________可以实现连续调节，CVT 实现了____________变速。

6. CVT 中，行星齿轮传动机构采用一个双行星排，通过操纵 1 个____________或 1 个____________实现前进档和倒档的转换。

二、决策与计划

制订详细的工作计划，确定所需要的检测仪器、工具，并对小组成员进行合理分工。

1. 计划。

2. 需要的检测仪器、工具。

3. 小组成员分工。

三、实施

1）将汽车自动变速器运行，观察其工作状况：______________________________

______________________________。

2）填写下图中大众 CVT 各部件的名称及作用。

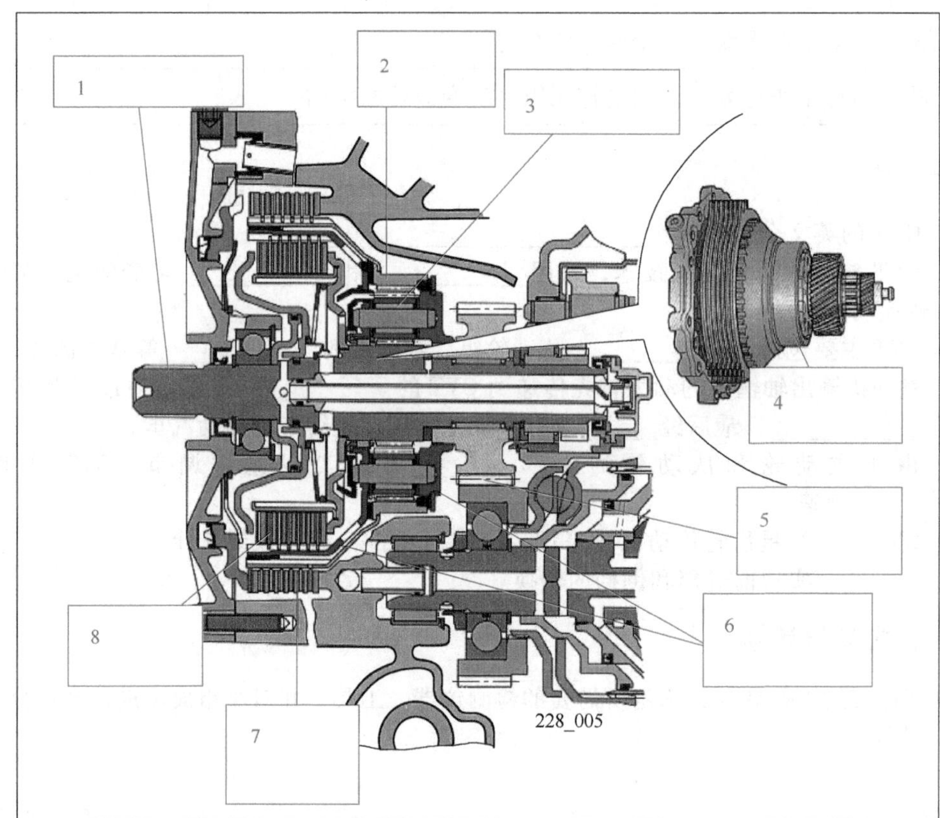

部件 1 的作用及安装位置：______________________________

____

______________________________。

部件 2 的作用及安装位置：______________________________

____

______________________________。

部件 3 的作用及安装位置：______________________________

____

______________________________。

部件 4 的作用及安装位置：______________________________

______________________________。

部件 5 的作用及安装位置：______________________________

______________________________。

部件 6 的作用及安装位置：____

____。

部件 7 的作用及安装位置：____

____。

部件 8 的作用及安装位置：____

____。

四、评估

1. 自我评价及反馈。

1）反馈表：

是否能按规范进行检修	是 □	否 □
工具及材料是否选用合适	是 □	否 □
故障是否排除	是 □	否 □
工具是否摆放整齐	是 □	否 □
修理完毕后，工作台是否整洁干净	是 □	否 □

2）你是否积极学习，不会的内容积极向别人请教，会的内容积极帮助他人学习？（　　）

A. 积极学习　　B. 积极请教　　C. 积极帮助他人　　D. 三者均不积极

3）实施过程中是否注意操作质量和有责任心？（　　）

A. 注意质量，有责任心　　　　B. 不注意质量，有责任心

C. 注意质量，无责任心　　　　D. 全无

4）在操作过程中是否注意清除隐患，有安全隐患时是否提示其他同学？（　　）

A. 注意，提示　B. 不注意，未提示

2. 教师对小组工作情况进行评估，并进行点评。

参照成果展示，给出学生本次任务成绩，在□中画√。

□ 不合格　　□ 合格　　□ 良好　　□ 优秀

教师签名：____________　____年____月____日

【任务工单 3-2】

任务名称	电控机械自动变速器（AMT）检修	学时		班 级	
学生姓名		学生学号		任务成绩	
实训设备		实训场地		日 期	
学习任务	电控机械自动变速器拆装				
任务目的	制订工作计划，利用设备拆装电控机械自动变速器				

一、资讯

1. 加速踏板传感器与限位开关的作用。

____

____。

2. 离合器行程传感器的作用。

____

____。

3. 档位传感器的作用。

____

____。

4. 液压油压力传感器的作用。

____

____。

5. 液压操纵系统的构成。

____

____。

二、决策与计划

制订详细的工作计划，确定所需要的检测仪器、工具，并对小组成员进行合理分工。

1. 计划。

2. 需要的检测仪器、工具。

3. 小组成员分工。

三、实施

1）将汽车自动变速器运行，观察其工作状况：____

____。

2）拆卸 AMT 的执行元件。

① 先拆蓄电池固定架，然后拆卸蓄电池。

是否完成：□是　□否

发现的问题：____

____。

解决的方法：____

____。

② 拆卸蓄电池底座。拆卸蓄电池底座，便于拆卸执行器以及和执行器连接的油泵。

是否完成：□是　□否

发现的问题：____

____。

解决的方法：____

____。

③ 拆卸执行器和变速器连接螺栓。

是否完成：□是　□否

发现的问题：____

____。

解决的方法：____

____。

④ 拆卸油泵。

是否完成：□是　□否

发现的问题：____

____。

解决的方法：____

____。

⑤ 拆连接执行器的附件，包括传感器、螺栓、线卡等。

是否完成：□是　□否

发现的问题：____

____。

解决的方法：____

____。

⑥ 拆除执行器，包括执行器和油泵。

是否完成：□是 □否

发现的问题：____

____。

解决的方法：____

____。

四、评估

1. 自我评价及反馈。

1）反馈表：

是否能按规范进行检修	是 □	否 □
工具及材料是否选用合适	是 □	否 □
故障是否排除	是 □	否 □
工具是否摆放整齐	是 □	否 □
修理完毕后，工作台是否整洁干净	是 □	否 □

2）你是否积极学习，不会的内容积极向别人请教，会的内容积极帮助他人学习？（　　）

A. 积极学习　　B. 积极请教　　C. 积极帮助他人　　D. 三者均不积极

3）实施过程中是否注意操作质量和有责任心？（　　）

A. 注意质量，有责任心　　　　B. 不注意质量，有责任心

C. 注意质量，无责任心　　　　D. 全无

4）在操作过程中是否注意清除隐患，有安全隐患时是否提示其他同学？（　　）

A. 注意，提示　B. 不注意，未提示

2. 教师对小组工作情况进行评估，并进行点评。

参照成果展示，给出学生本次任务成绩，在□中画√。

□ 不合格　　□ 合格　　□ 良好　　□ 优秀

教师签名：____________　____年____月____日

【任务工单 3-3】

任务名称	双离合器式自动变速器（DCT）检修	学时		班 级	
学生姓名		学生学号		任务成绩	
实训设备		实训场地		日 期	
学习任务	双离合自动变速器认知				
任务目的	制订工作计划，认知双离合自动变速器				

一、资讯

1. DCT 的工作系统包括____________、按 DCT 工作原理配置的变速器及换档系统和____________。

2. DCT 液压控制系统包括____________、____________和____________。

3. DCT 的组成是什么？

4. DCT 的结构特点是什么？

二、决策与计划

制订详细的工作计划，确定所需要的检测仪器、工具，并对小组成员进行合理分工。

1. 计划。

2. 需要的检测仪器、工具。

3. 小组成员分工。

三、实施

1. 写出下图中箭头所指零部件的名称。

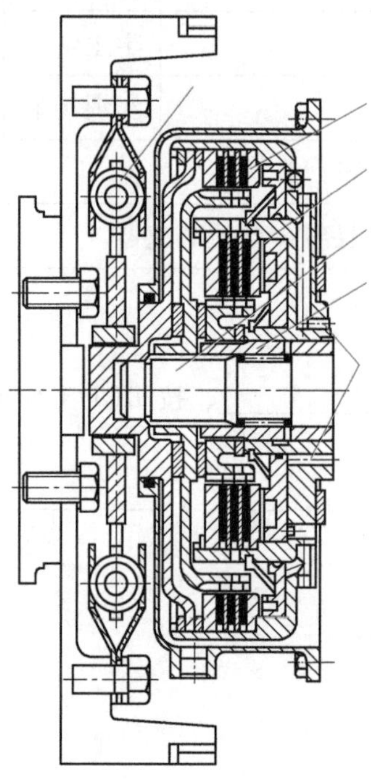

2. 双离合变速器学习功能验证。

1）将智能检测仪 IDS 的语言设置设定为英文，进行变速器学习。

是否完成：□是　□否

发现的问题：____

____。

解决的方法：____

____。

2）通过菜单 Powertrain-Service Function-TCM 进入学习，进行换档拨叉和离合器学习。

是否完成：□是　□否

发现的问题：____

____。

解决的方法：____

____。

3）按系统要求依次画钩进行学习。

是否完成：□是　□否

发现的问题：____

____。

解决的方法：____

____。

4）按照智能检测仪 IDS 的提示起动发动机后进入 IDS 操作界面，此时应同时将制动踏板和加速踏板踩到底。同时踩下制动踏板和加速踏板后，2 个红色菜单会变绿，此时不能松开制动踏板和加速踏板，保持住。保持制动踏板和加速踏板处于踩下状态 2 ~ 3min，能听到拨叉作动时的噪声、感到振动。

是否完成：□是　□否

发现的问题：________________________________。

解决的方法：________________________________

________________________________。

5）当显示成功时，先在屏幕上画钩，再松开制动踏板和加速踏板。

是否完成：□是　□否

发现的问题：________________________________

________________________________。

解决的方法：________________________________

________________________________。

6）关闭点火，完成拨叉学习。离合器的学习方法与拨叉一样。

是否完成：□是　□否

发现的问题：________________________________

________________________________。

解决的方法：________________________________

________________________________。

四、评估

1. 自我评价及反馈。

1）反馈表：

是否能按规范进行检修	是 □	否 □
工具及材料是否选用合适	是 □	否 □
故障是否排除	是 □	否 □
工具是否摆放整齐	是 □	否 □
修理完毕后，工作台是否整洁干净	是 □	否 □

2）你是否积极学习，不会的内容积极向别人请教，会的内容积极帮助他人学习？（　　）

A. 积极学习　　B. 积极请教　　C. 积极帮助他人　　D. 三者均不积极

3）实施过程中是否注意操作质量和有责任心？（　　）

A. 注意质量，有责任心　　B. 不注意质量，有责任心

C. 注意质量，无责任心　　D. 全无

4）在操作过程中是否注意清除隐患，有安全隐患时是否提示其他同学？（　　）

A. 注意，提示　B. 不注意，未提示

2. 教师对小组工作情况进行评估，并进行点评。

参照成果展示，给出学生本次任务成绩，在□中画√。

□ 不合格　　□ 合格　　□ 良好　　□ 优秀

教师签名：＿＿＿＿＿＿　＿＿年＿＿月＿＿日

【任务工单 4-1】

任务名称	防抱死制动系统（ABS）检修	学时		班 级	
学生姓名		学生学号		任务成绩	
实训设备		实训场地		日 期	
学习任务	检修防抱死制动系统				
任务目的	掌握防抱死制动系统的组成及其工作原理，熟练检修防抱死制动系统				

一、资讯

1. 防抱死制动系统（ABS）主要由＿＿＿＿＿＿、＿＿＿＿＿＿和＿＿＿＿＿＿组成。

2. 滑移率的定义。

1）滑移率=

2）试验得知：汽车车轮的滑移率在＿＿＿＿时，轮胎与路面间有最大的附着系数。

3. ABS 的工作原理。

写出下图中 ABS 工作的 4 个阶段。

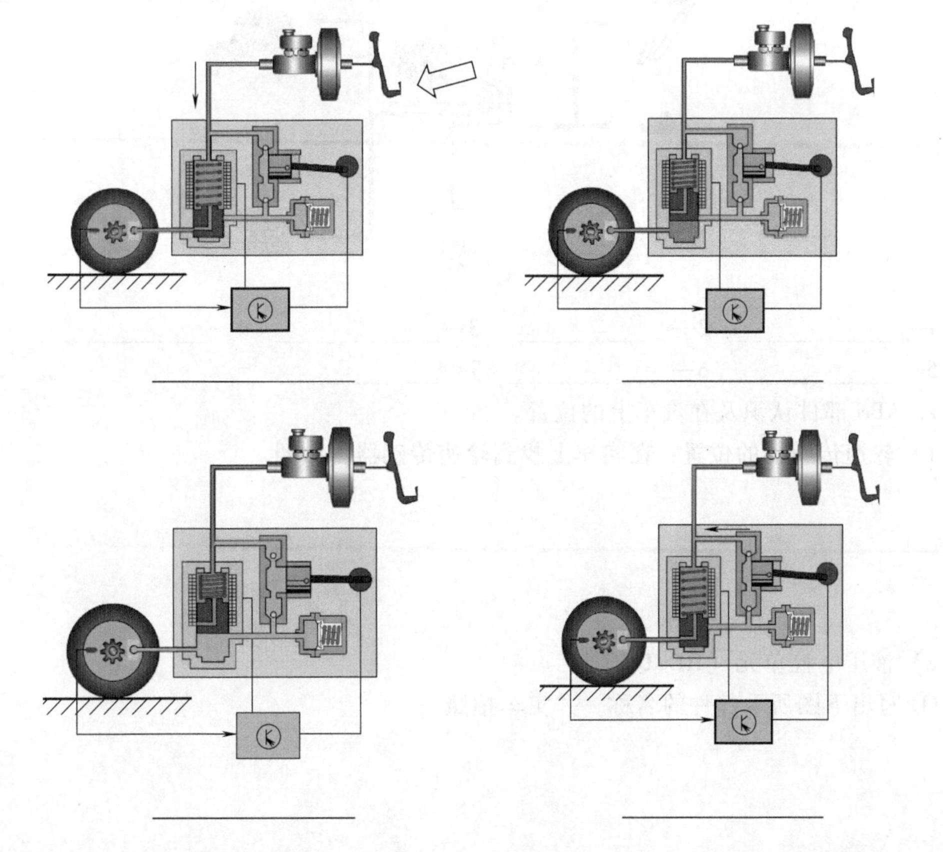

二、决策与计划

制订详细的工作计划，确定所需要的检测仪器、工具，并对小组成员进行合理分工。

1. 计划。

2. 需要的检测仪器、工具。

3. 小组成员分工。

三、实施

1. ABS 的组成。

根据手册，写出下图所示部件的名称。

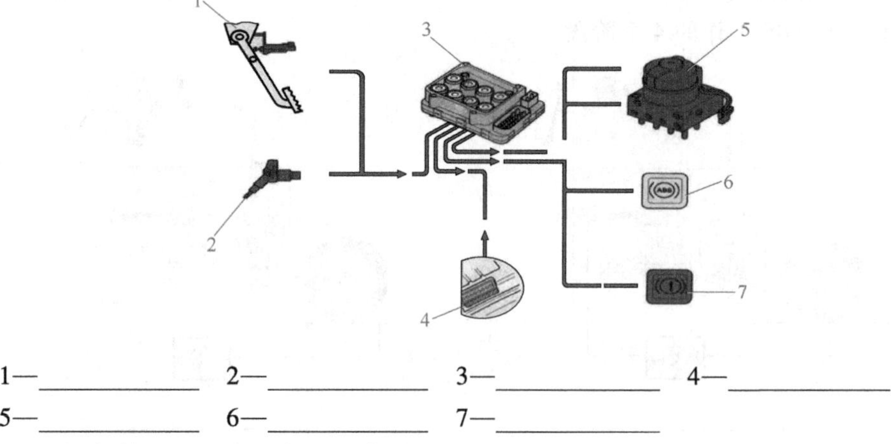

1—____________ 2—____________ 3—____________ 4—____________

5—____________ 6—____________ 7—____________

2. ABS 部件认识及在汽车上的位置。

1）轮速传感器的位置：在实车上找到轮速传感器，拍照。

2）液压电控单元（HECU）。

① 写出下图所示部件的名称，并实车拍照。

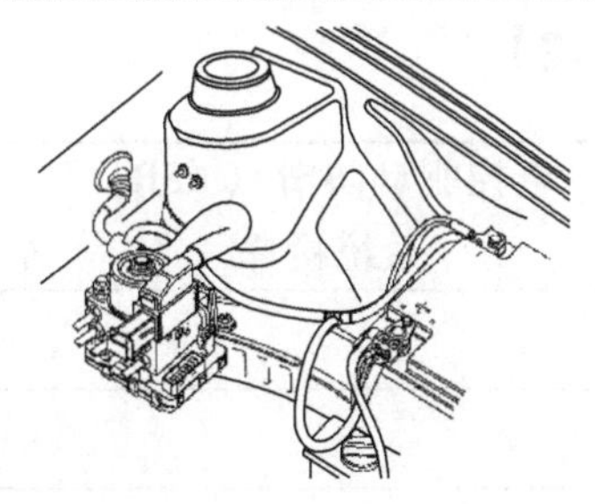

A—＿＿＿＿＿＿ B—＿＿＿＿＿＿ C—＿＿＿＿＿＿

② 手工绘制液压阀液压管路连接简图（标明管路去向）。

3）诊断接口的位置：诊断接口在＿＿＿＿＿＿＿处，本诊断座为＿＿＿＿＿＿针接口。

四、评估

1. 自我评价及反馈。

1）反馈表：

是否能按规范进行检修	是 □	否 □
工具及材料是否选用合适	是 □	否 □
故障是否排除	是 □	否 □
工具是否摆放整齐	是 □	否 □
修理完毕后，工作台是否整洁干净	是 □	否 □

2）你是否积极学习，不会的内容积极向别人请教，会的内容积极帮助他人学习？（　　）

A. 积极学习　　B. 积极请教　　C. 积极帮助他人　　D. 三者均不积极

3）实施过程中是否注意操作质量和有责任心？（　　）

A. 注意质量，有责任心　　B. 不注意质量，有责任心

C. 注意质量，无责任心　　D. 全无

4）在操作过程中是否注意清除隐患，有安全隐患时是否提示其他同学？（　　）

A. 注意，提示　　B. 不注意，未提示

2. 教师对小组工作情况进行评估，并进行点评。

参照成果展示，给出学生本次任务成绩，在□中画√。

□ 不合格　　□ 合格　　□ 良好　　□ 优秀

教师签名：＿＿＿＿＿＿ ＿＿年＿＿月＿＿日

【任务工单 4-2】

任务名称	电控驱动防滑（ASR）系统检修	学时		班 级	
学生姓名		学生学号		任务成绩	
实训设备		实训场地		日 期	
学习任务	检修 ASR 系统				
任务目的	制订工作计划，检修 ASR 系统				

一、资讯

1. 对于车轮和路面的滑移率控制，ASR 和 ABS 控制的车轮滑移率是________的。

2. 驱动时滑转滑移率的计算公式：______________________。

3. ASR 系统主要由____________、ABS 控制单元、____________、TRC 制动执行器（包括隔离电磁阀总成和制动供能总成）、副节气门控制步进电动机和主、副节气门位置（开度）传感器等组成。

4. ASR 的传感器主要是____________和____________。轮速传感器与 ABS 共享，而节气门开度传感器则与____________共享。

5. ASR 制动压力源是____________，通过电磁阀调节驱动车轮制动压力的大小。

6. 副节气门是由步进电动机根据 ABS ECU 的指令进行控制的。在步进电动机旋转轴的________固定有一个齿轮（主动齿轮），步进电动机旋转时由该齿轮带动副节气门轴末端的扇形齿轮旋转，以此控制副节气门的________。

二、决策与计划

制订详细的工作计划，确定所需要的检测仪器、工具，并对小组成员进行合理分工。

1. 计划。

2. 需要的检测仪器、工具。

3. 小组成员分工。

三、实施

1. 识别 ASR 系统。

观察仪表盘是否有 ASR 指示灯：　□是　□否

2. 鉴定 ASR 的技术状况。

1）检查 ASR 指示灯的闪烁情况是否正常。　□是　□否

2）检查车辆制动功能是否正常。　□是　□否

3）检查制动系统管路是否漏气。　□是　□否

3. 检测

（1）安全检查　该项检查的目的是通过测量汽车制动防滑距离是否在标准范围以内，根据需要进行适当调整。按照以下步骤完成检查：

1）准备工作。检查驻车制动器手柄是否完全释放，检查制动液是否渗漏、制动液面是否在规定的范围内，检查蓄电池电压是否在规定范围内，正、负极柱的导线是否连接可靠。

2）检查所有 ASR 系统的熔丝和继电器是否完好、插接是否牢固。

将 ASR 实训台架通电，检查制动液、蓄电池、开关等是否正常，各导线连接是否良好。

经过上述准备工作，使实训台架固定，各部分处于稳定状态后，才可进行相关数据的测量。

（2）副节气门传感器及执行器的检测　该项检查的目的是通过操纵加速踏板控制发动机输出功率，检测副节气门传感器及执行器是否符合操作的要求。

名称	标准值	测量值	结论
副节气门执行器电压			
副节气门位置传感器电压			
ASR 制动执行器电压(电动机继电器、电动机)			
压力传感开关(压力值)			
ASR ECU(是否正常)			

（3）ASR 系统电磁阀检查　该项检查的目的是通过操作 ASR 系统，检查汽车 ASR 各部分控制电磁阀变化的情况是否符合操作的要求和标准值。其检查的具体步骤如下：

名称	标准值	测量值	结论
储液室电磁阀			
蓄能器切断电磁阀			
总泵切断电磁阀			
三位电磁阀			

四、评估

1. 自我评价及反馈。

1）反馈表：

是否能按规范进行检修	是 □	否 □
工具及材料是否选用合适	是 □	否 □
故障是否排除	是 □	否 □
工具是否摆放整齐	是 □	否 □
修理完毕后，工作台是否整洁干净	是 □	否 □

2）你是否积极学习，不会的内容积极向别人请教，会的内容积极帮助他人学习？（　　）

A. 积极学习　　B. 积极请教　　C. 积极帮助他人　　D. 三者均不积极

3）实施过程中是否注意操作质量和有责任心？（　　）

A. 注意质量，有责任心　　B. 不注意质量，有责任心

C. 注意质量，无责任心　　D. 全无

4）在操作过程中是否注意清除隐患，有安全隐患时是否提示其他同学？（　　）

A. 注意，提示　　B. 不注意，未提示

2. 教师对小组工作情况进行评估，并进行点评。

参照成果展示，给出学生本次任务成绩，在□中画√。

□ 不合格　　□ 合格　　□ 良好　　□ 优秀

教师签名：____________　____年____月____日

【任务工单 4-3】

任务名称	车身电子稳定程序（ESP）检修	学时		班 级	
学生姓名		学生学号		任务成绩	
实训设备		实训场地		日 期	
学习任务	ESP 认知与检测				
任务目的	制订工作计划，利用诊断设备完成 ESP 的认知与检测				

一、资讯

1. ESP 的主要作用是防止车辆高速行驶时出现操纵失控状态，增加车辆__________，减少侧滑危险和侧滑事故，减少__________，提高行车安全。

2. ESP 由 ECU、转向盘转角传感器、__________、__________、横/纵向加速度传感器及液压系统等组成。

3. ESP ECU 是控制核心，若出现故障，仍可以按常规制动，但__________________功能失效。

4. 转向盘转角传感器依据__________测量转向盘的转角，ECU 以此获得预定的行驶方向。

5. 制动压力传感器检测实际制动管路压力大小，ECU 由此算出车轮上的__________和整车的__________大小。

6. 横向偏摆率传感器检测车辆绕其纵轴__________和转动速率，ECU 以此获得车辆的实际行驶方向。

二、决策与计划

制订详细的工作计划，确定所需要的检测仪器、工具，并对小组成员进行合理分工。

1. 计划。

2. 需要的检测仪器、工具。

3. 小组成员分工。

三、实施

1. 识别 ESP 类型。

观察仪表盘是否有 ESP 指示灯：　□是　□否

2. 鉴定 ESP 的技术状况。

1）检查 ESP 指示灯的闪烁情况。

2）检查车辆制动功能。

3）检查 ESP 管路是否漏油：　□是　□否

3. 根据下图所示的 ESP 组成填写相应内容。

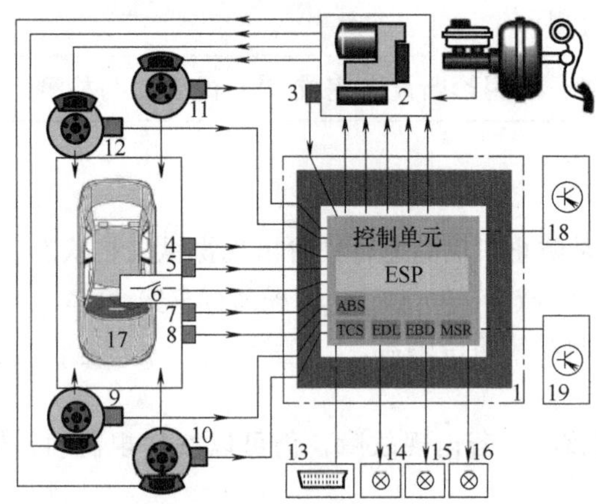

1 的名称：____________，作用：____。

2 的名称：____________，作用：____。

3 的名称：____________，作用：____。

4 的名称：____________，作用：____。

5 的名称：____________，作用：____。

6 的名称：____________，作用：____。

7 的名称：____________，作用：____。

8 的名称：____________，作用：____。

9 的名称：____________，作用：____。

10 的名称：____________，作用：____。

11 的名称：____________，作用：____。

12 的名称：____________，作用：____。

13 的名称：____________，作用：____。

14 的名称：____________，作用：____。

15 的名称：____________，作用：____。

16 的名称：____________，作用：____。

17 的名称：____________，作用：____。

18 的名称：____________，作用：____。

19 的名称：____________，作用：____。

4. 写出 ESP 各个传感器的拆装及设定。

传感器	所需工具	拆装及匹配过程
转向角传感器		
组合传感器 （横向加速度传感器/偏摆率传感器）		
制动压力传感器		

四、评估

1. 自我评价及反馈。

1）反馈表：

是否能按规范进行检修	是 □	否 □
工具及材料是否选用合适	是 □	否 □
故障是否排除	是 □	否 □
工具是否摆放整齐	是 □	否 □
修理完毕后，工作台是否整洁干净	是 □	否 □

2）你是否积极学习，不会的内容积极向别人请教，会的内容热心帮助他人学习？（　　）

A. 积极学习　B. 积极请教　C. 积极帮助他人　D. 三者均不

3）实施过程中是否注意操作质量和有责任心？（　　）

A. 注意质量，有责任心　　B. 不注意质量，有责任心

C. 注意质量，无责任心　　D. 全无

4）在操作过程中是否注意清除隐患，有安全隐患时是否提示其他同学？（　　）

A. 注意，提示　B. 不注意，未提示

2. 教师对小组工作情况进行评估，并进行点评。

参照成果展示，给出学生本次任务成绩，在□中画√。

□ 不合格　□ 合格　□ 良好　□ 优秀

教师签名：__________　____年____月____日

【任务工单 4-4】

任务名称	线控制动（EHB/EMB）系统检修	学时		班级	
学生姓名		学生学号		任务成绩	
实训设备		实训场地		日期	
学习任务	检修线控制动系统				
任务目的	制订工作计划，利用设备完成线控制动系统的检修				

一、资讯

1. 线控制动系统分为湿式线控制动系统和________线控制动系统。

2. EMB 以________为能量来源，通过________驱动制动垫块，由________传递能量，数据线传递信号。

3. EHB 主要由________、________和________组成。电子踏板由制动踏板和踏板传感器（踏板位移传感器）组成。

4. 踏板传感器用于检测踏板________，然后将________转化成________传给 ECU，实现踏板行程和制动力按比例进行调控。

5. 线控制动系统的组成及基本工作原理。

二、决策与计划

制订详细的工作计划，确定所需要的检测仪器、工具，并对小组成员进行合理分工。

1. 计划。

2. 需要的检测仪器、工具。

3. 小组成员分工。

三、实施

1. 识别线控制动系统各部件名称及作用。

观察仪表盘是否有线控制动指示灯：　□是　□否

2. 鉴定线控制动的技术状况。

1）检查线控制动指示灯的闪烁情况。

2）检查车辆制动功能。

3）检查线控制动系统管路是否漏油：　□是　□否

3. 检测。

（1）供电电源测试

名称	状态	标准值	测量值
供电电压			
熔丝			
插座和 EHB 插头 ON 供电电路			

（2）CAN 通信测量

名称	状态	标准值	测量值
EHB 插头 ON 电压值		12V	
EHB-ECU 插头 CAN-H 电压		2.55V	
EHB-ECU 插头 CAN-L 电压		2.48V	
EHB-ECU 插头电路测量		通路	

（3）旋变编码器测量

名称	状态	标准值	测量值
制动旋变编码器插头搭铁针脚与搭铁		通路	
制动旋变编码器供电针脚与搭铁		5V	
制动旋变编码器插头信号针脚 T4/2		1.48V	
制动旋变编码器插头信号针脚 T4/3		3.5V	
制动旋变编码器本体 T4/1 和 T4/2		47Ω	
制动旋变编码器本体 T4/1 和 T4/3		47Ω	
制动旋变编码器本体 T4/1 和 T4/4		6.3Ω	

四、评估

1. 自我评价及反馈。

1）反馈表：

是否能按规范进行检修	是 □	否 □
工具及材料是否选用合适	是 □	否 □
故障是否排除	是 □	否 □
工具是否摆放整齐	是 □	否 □
修理完毕后，工作台是否整洁干净	是 □	否 □

2）你是否积极学习，不会的内容积极向别人请教，会的内容积极帮助他人学习？（　　）

A. 积极学习　B. 积极请教　C. 积极帮助他人　D. 三者均不积极

3）实施过程中是否注意操作质量和有责任心？（　　）

A. 注意质量，有责任心　　B. 不注意质量，有责任心

C. 注意质量，无责任心　　D. 全无

4）在操作过程中是否注意清除隐患，有安全隐患时是否提示其他同学？（　　）

A. 注意，提示　　B. 不注意，未提示

2. 教师对小组工作情况进行评估，并进行点评。

参照成果展示，给出学生本次任务成绩，在□中画√。

□不合格　　□合格　　□良好　　□优秀

教师签名：__________　____年____月____日

【任务工单 5-1】

任务名称	电控悬架系统的认知	学时		班级	
学生姓名		学生学号		任务成绩	
实训设备		实训场地		日期	
学习任务	识别电控悬架系统				
任务目的	制订工作计划，识别电控悬架系统。				

一、资讯

1. 电控悬架系统通过控制________和________，突破传统被动悬架的局限区域，使________与________相适应，以保证________和________两个相互排斥的性能要求都能得到满足。

2. 电控悬架系统的基本功能有________、________和________。

3. 根据电控悬架是否包含动力源，将其分为________和________。其中，半主动悬架不考虑改变悬架的刚度，而只改变________；主动悬架可根据汽车的运动状态和路面状况，实时调节悬架的________，使其处于最佳减振状态。

4. 主动悬架系统主要对________、________和________3 个方面进行控制。

5. 电控悬架系统的组成有哪些？

二、决策与计划

制订详细的工作计划，确定所需要的检测仪器、工具，并对小组成员进行合理分工。

1. 计划。

2. 需要的检测仪器、工具。

3. 小组成员分工。

三、实施

1. 识别电控悬架。

观察仪表盘是否有电控悬架指示灯： □是 □否

2. 鉴定电控悬架的技术状况。

1）检查电控悬架指示灯的闪烁情况： □正常 □异常

具体闪烁情况：________________________________。

2）检查车辆高度功能：□正常 □异常

可以调整的级别：________________________________。

3）检查空气悬架系统管路是否漏气：□是 □否

3. 检测。

1）准备工作。

① 将车辆停于水平地面，LRC 开关置于 NORM 位置，将车身上下跳振几次，使悬架处于稳定状态。□完成 □未完成

② 前后推动汽车，确保车轮处于稳定状态。□完成 □未完成

③ 将变速杆置于空档。□完成 □未完成

④ 松开驻车制动器，固定好车轮，起动发动机。□完成 □未完成

⑤ 将车身高度控制开关拨到 HIGH 位置，等车身升高后停留 60s，再拨至 NORM 位置，等车身下降后停留 50s，重复上述操作 1~2 次。□完成 □未完成

2）车身高度调整。

① 将车身高度控制开关置于 NORM 位置，起动发动机，测量车身高度。

车身高度：________________________________。

② 将车身高度控制开关从 NORM 位置切换到 HIGH 位置，检查完成高度调整所需的时间和汽车高度变化量。

调整时间应为：从车身高度控制开关拨到 HIGH 位置开始到压缩机起动时止，所需时间 T_1 约为 2s；从压缩机起动时到完成高度调整止，所需时间 T_2 为 20~40s。车身高度的变化量 H_1 应为 10~30mm。

T_1：________________________________。

T_2：________________________________。

H_1：________________________________。

3）漏气检查。

① 起动发动机，将车身高度控制开关拨到 HIGH 位置，使车身升高。□正常 □异常

② 车身升至最高位后，将发动机熄火。□正常 □异常

③ 用肥皂水涂在管路接头处及怀疑漏气处，观察是否有气泡产生。□正常 □异常

若有气泡，则证明此处漏气，应及时修复或更换。

四、评估

1. 自我评价及反馈。

1）反馈表：

是否能按规范进行检修	是 □	否 □
工具及材料是否选用合适	是 □	否 □
故障是否排除	是 □	否 □
工具是否摆放整齐	是 □	否 □
修理完毕后，工作台是否整洁干净	是 □	否 □

2）你是否积极学习，不会的内容积极向别人请教，会的内容积极帮助他人学习？（　　）

A. 积极学习　B. 积极请教　C. 积极帮助他人　D. 三者均不积极

3）实施过程中是否注意操作质量和有责任心？（　　）

A. 注意质量，有责任心　　B. 不注意质量，有责任心

C. 注意质量，无责任心　　D. 全无

4）在操作过程中是否注意清除隐患，有安全隐患时是否提示其他同学？（　　）

A. 注意，提示　　B. 不注意，未提示

2. 教师对小组工作情况进行评估，并进行点评。

参照成果展示，给出学生本次任务成绩，在□中画√。

□不合格　　□合格　　□良好　　□优秀

教师签名：____________　____年____月____日

【任务工单 5-2】

任务名称	电控空气悬架系统检修	学时		班级	
学生姓名		学生学号		任务成绩	
实训设备		实训场地		日期	
学习任务	空气悬架系统认知与检测				
任务目的	掌握空气悬架系统的构成以及检测方法、技术参数				

一、资讯

1. 空气悬架作用时________工作，将空气源源不断的输送到气管之内。由 ECU 根据________反馈回来的数据，对分配器进行控制将气体分配到 4 个车轮的减振器中，使之产生变化。同时，减振器内设有________，在不需要的时候，可以排除悬架里面的气体。

2. 主动式空气悬架系统主要由________、干燥器、空气电磁阀、________、带有减振器的空气弹簧、悬架控制执行器、悬架控制选择开关及 ECU 等组成。

3. 对于空气悬架系统，空气压缩机由________驱动产生压缩空气，压缩空气经________干燥后由空气管道经空气电磁阀送至空气弹簧的________气室。

4. 对于空气悬架系统，ECU 根据各传感器输出信号，控制悬架执行器，一方面使空气弹簧主、辅气室之间的________发生改变，改变悬架的弹簧刚度；另一方面，执行器驱动减振器的阻尼力调节杆，改变减振器的阻尼力。

5. 空气压缩机采用________作为动力源驱动压缩机工作。气缸顶端装有进、排气阀。________通常关闭，用来给系统排气；当需要给空气弹簧排气时，空气弹簧阀和排气阀必须同时通电，且压缩机关闭。

二、决策与计划

制订详细的工作计划，确定所需要的检测仪器、工具，并对小组成员进行合理分工。

1. 计划。

2. 需要的检测仪器、工具。

3. 小组成员分工。

三、实施

1. 写出下图所示空气悬架系统各开关的作用及其检测步骤。

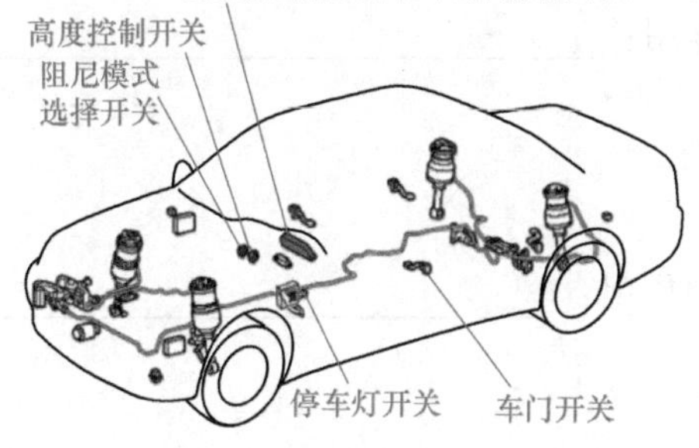

1）高度控制开关的作用：____。
检测步骤：

2）阻尼模式选择开关的作用：____________________________________。
检测步骤：

3）车门开关的作用：____。
检测步骤：

4）停车灯开关的作用：____。
检测步骤：

2. 写出下图所示空气悬架系统各传感器的作用及其检测步骤。

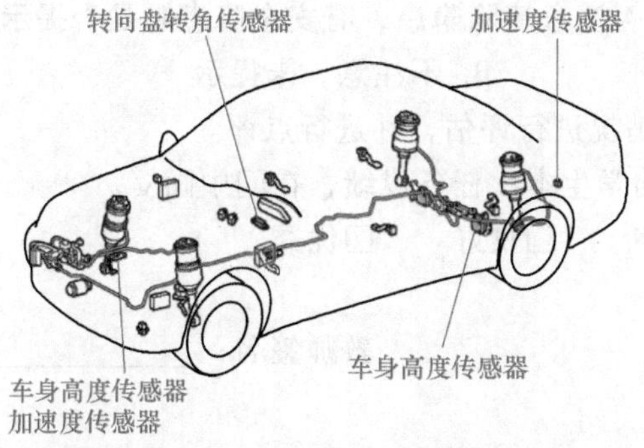

1）转向盘转角传感器的作用：________________。
检测步骤：

2）加速度传感器的作用：________________。
检测步骤：

3）车身高度传感器的作用：________________。
检测步骤：

四、评估

1. 自我评价及反馈。

1）反馈表：

是否能按规范进行检修	是 □	否 □
工具及材料是否选用合适	是 □	否 □
故障是否排除	是 □	否 □
工具是否摆放整齐	是 □	否 □
修理完毕后，工作台是否整洁干净	是 □	否 □

2）你是否积极学习，不会的内容积极向别人请教，会的内容积极帮助他人学习？（　　）

A. 积极学习　B. 积极请教　C. 积极帮助他人　D. 三者均不积极

3）实施过程中是否注意操作质量和有责任心？（　　）

A. 注意质量，有责任心　　B. 不注意质量，有责任心

C. 注意质量，无责任心　　D. 全无

4）在操作过程中是否注意清除隐患，有安全隐患时是否提示其他同学？（　　）

A. 注意，提示　　B. 不注意，未提示

2. 教师对小组工作情况进行评估，并进行点评。

参照成果展示，给出学生本次任务成绩，在□中画√。

□不合格　　□合格　　□良好　　□优秀

教师签名：__________　____年____月____日

【任务工单 5-3】

<table>
<tr><td>任务名称</td><td>电控油气悬架系统检修</td><td>学时</td><td></td><td>班级</td><td></td></tr>
<tr><td>学生姓名</td><td></td><td>学生学号</td><td></td><td>任务成绩</td><td></td></tr>
<tr><td>实训设备</td><td></td><td>实训场地</td><td></td><td>日期</td><td></td></tr>
<tr><td>学习任务</td><td colspan="5">检修油气悬架系统故障</td></tr>
<tr><td>任务目的</td><td colspan="5">制订工作计划，利用诊断设备确定故障位置，并对故障部件进行检测和更换</td></tr>
<tr><td colspan="6">

一、资讯

1. 在密闭的容器中充入________和________，利用气体的可压缩性实现弹簧作用的装置称为油气悬架。

2. 油气弹簧以________作为弹性介质，用________作为传力介质。

3. 油气弹簧一般由________和相当于液力减振器的________组成。它通过油液压缩气室中的空气实现变________特性，通过电磁阀控制油液管路中的小孔节流实现________特性。

4. 油气悬架系统加油及充气方法是什么？

5. 油气悬架系统液压泵的检修步骤是什么？

二、决策与计划

制订详细的工作计划，确定所需要的检测仪器、工具，并对小组成员进行合理分工。

1. 计划。

2. 需要的检测仪器、工具。

</td></tr>
</table>

3. 小组成员分工。

三、实施

1）观察油气悬架系统的工作状况：____。

2）基本检查。

① 悬架高度检查：____

____

____。

② 悬架漏油检查：____

____

____。

③ 悬架功能检查：____

____

____。

3）悬架系统加油：____

____

____。

4）悬架系统充气：____

____

____。

5）车高水平控制阀检查：____

____

____。

四、评估

1. 自我评价及反馈。

1）反馈表：

是否能按规范进行检修	是 □	否 □
工具及材料是否选用合适	是 □	否 □
故障是否排除	是 □	否 □
工具是否摆放整齐	是 □	否 □
修理完毕后，工作台是否整洁干净	是 □	否 □

2）你是否积极学习，不会的内容积极向别人请教，会的内容积极帮助他人学习？（　　）

A. 积极学习　B. 积极请教　C. 积极帮助他人　D. 三者均不积极

3）实施过程中是否注意操作质量和有责任心？（　　）

A. 注意质量，有责任心　　　B. 不注意质量，有责任心

C. 注意质量，无责任心　　　D. 全无

4）在操作过程中是否注意清除隐患，有安全隐患时是否提示其他同学？（　　）

A. 注意，提示　　　　　　　B. 不注意，未提示

2. 教师对小组工作情况进行评估，并进行点评。

参照成果展示，给出学生本次任务成绩，在□中画√。

□不合格　　□合格　　□良好　　□优秀

说明：

____

____

教师签名：__________　____年____月____日

【任务工单 6-1】

任务名称	液压式电控动力转向系统检修	学时		班级	
学生姓名		学生学号		任务成绩	
实训设备		实训场地		日期	
学习任务	检修液压式电控动力转向系统				
任务目的	制订工作计划，利用诊断设备对部件进行检测和更换				

一、资讯

1. 液压式 EPS 是在传统的液压动力转向系统的基础上增设了控制________的电磁阀、________和电控单元等。

2. 流量控制式 EPS 根据________信号调节动力转向装置供应的压力油液，改变油液的________，以控制转向力。

3. 流量控制式 EPS 在一般液压动力转向系统上增加了旁通流量控制阀、________、________、ECU 和控制开关等。

4. 根据________、转向角速度传感器和________等的信号，ECU 按照汽车的行驶状态向旁通流量控制阀发出控制信号，控制旁通流量，从而调整转向器供油的流量。

5. 电磁阀的作用是根据需要将油压反力室一侧的机油流回________，电控单元（ECU）根据________的高低线性控制电磁阀的开口面积。

二、决策与计划

制订详细的工作计划，确定所需要的检测仪器、工具，并对小组成员进行合理分工。

1. 计划。

2. 需要的检测仪器、工具。

3. 小组成员分工。

三、实施

1. 将汽车转向运行，观察转向的状况：________________________________。

2. 鉴定电控液压转向系统的技术状况

1）检查储液罐液面高度：__________。

2）检查转向油是否泄漏：　□是　□否

3）检查液压油中是否混有空气：□是　□否

4）检查电控液压转向系统中液压油的品质情况：__________。

5）汽车静态，检查转向盘的旋转力__________。

6）转向盘是否正常回位：　□是　□否

7）行驶时，转向力是否随车速变化：　□是　□否

8）鉴定结论：____
____。

3. 检测

1）调取故障码：____。

2）检查电磁阀：____
____。

3）在发动机怠速运转（1000r/min）的条件下观察油压表指示的油压，其数值为________；应不低于7.355 MPa，否则，电磁阀有故障（电磁阀关闭不良）。将电磁阀侧插接器两端子直接与蓄电池连接（连接时间不得过长），同时观察油压表指示的油压，该油压值为________；应不高于3.924MPa，否则，电磁阀有故障（电磁阀开启不良）。

4）动力转向 ECU 的检测：____
____
____。

5）故障排除后，将汽车转向运行，观察转向的状况：__________________。

四、评估

1. 自我评价及反馈。

1）反馈表：

是否能按规范进行检修	是 □	否 □
工具及材料是否选用合适	是 □	否 □
故障是否排除	是 □	否 □
工具是否摆放整齐	是 □	否 □
修理完毕后，工作台是否整洁干净	是 □	否 □

2）你是否积极学习，不会的内容积极向别人请教，会的内容积极帮助他人学习？（　　）

A. 积极学习　B. 积极请教　C. 积极帮助他人　D. 三者均不积极

3）实施过程中是否注意操作质量和有责任心？（　　）

A. 注意质量，有责任心　　　B. 不注意质量，有责任心

C. 注意质量，无责任心　　　D. 全无

4）在操作过程中是否注意清除隐患，有安全隐患时是否提示其他同学？（　　）

A. 注意，提示　　　B. 不注意，未提示

2. 教师对小组工作情况进行评估，并进行点评。

参照成果展示，给出学生本次任务成绩，在□中画√。

□不合格　　□合格　　□良好　　□优秀

教师签名：＿＿＿＿＿＿　＿＿年＿＿月＿＿日

【任务工单 6-2】

任务名称	电动式电控动力转向系统检修	学时		班级	
学生姓名		学生学号		任务成绩	
实训设备	电动式动力转向系统	实训场地		日期	
学习任务	检修电动式电控动力转向系统				
任务目的	制订工作计划，利用诊断设备对部件进行检测和更换				

一、资讯

1. 电动式 EPS 利用直流电动机作为动力源，电控单元根据________和________等信号，控制电动机转矩的大小和方向。

2. EPS 电动机的转矩由________通过________减速增大转矩后，加在汽车的转向机构上，使之得到一个与工况相适应的转向作用力。

3. 电动式 EPS 由电动机提供辅助转矩，该系统仅需要控制电动机________的方向和________。

4. 转矩传感器的作用是测量________与________之间的相对转矩，以作为电动助力的依据之一。

5. 根据下图说明电动式 EPS 的组成。

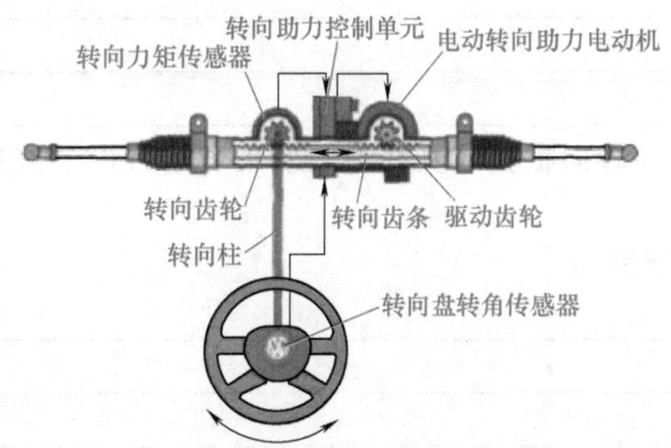

二、决策与计划

制订详细的工作计划，确定所需要的检测仪器、工具，并对小组成员进行合理分工。

1. 计划。

2. 需要的检测仪器、工具。

3. 小组成员分工。

三、实施

1）将汽车转向运行，观察转向的状况：________________。

2）拆装电动转向系统。

① 锁定转向盘止动装置，将转向盘回正并拔出点火钥匙。

是否完成：□是　□否

发现的问题：________________。

解决的方法：________________。

② 断开蓄电池搭铁线。

是否完成：□是　□否

发现的问题：________________。

解决的方法：________________

________________。

③ 降下副车架，松开转向横拉杆头螺母，使用球形万向节按压器压出横拉杆球头，再拧下螺母拉出球头。

是否完成：□是　□否

发现的问题：________________。

解决的方法：________________

________________。

④ 小心放置电动转向总成，将控制单元朝上，以免损坏控制单元。

是否完成：□是　□否

发现的问题：________________。

解决的方法：________________

________________。

⑤ 取下转向器上的隔热板，拔下转向器上的插头 1、2，并将线束从转向器上取下。

是否完成：□是　□否

发现的问题：________________。

解决的方法：________________

________________。

⑥ 用发动机和变速器举升装置将副车架降下，抬下副车架上的转向器并向后取出。

是否完成：□是　□否

发现的问题：____。

解决的方法：____

____。

⑦ 小心放置电动转向器总成，将控制单元朝上，以避免损坏控制单元。

是否完成：□是　□否

发现的问题：____。

解决的方法：____

____。

四、评估

1. 自我评价及反馈。

1）反馈表：

是否能按规范进行检修	是 □	否 □
工具及材料是否选用合适	是 □	否 □
故障是否排除	是 □	否 □
工具是否摆放整齐	是 □	否 □
修理完毕后，工作台是否整洁干净	是 □	否 □

2）你是否积极学习，不会的内容积极向别人请教，会的内容积极帮助他人学习？(　　)

A. 积极学习　B. 积极请教　C. 积极帮助他人　D. 三者均不积极

3）实施过程中是否注意操作质量和有责任心？(　　)

A. 注意质量，有责任心　　B. 不注意质量，有责任心

C. 注意质量，无责任心　　D. 全无

4）在操作过程中是否注意清除隐患，有安全隐患时是否提示其他同学？(　　)

A. 注意，提示　　B. 不注意，未提示

2. 教师对小组工作情况进行评估，并进行点评。

参照成果展示，给出学生本次任务成绩，在□中画√。

□不合格　□合格　□良好　□优秀

教师签名：____________　____年____月____日

【任务工单 6-3】

任务名称	线控转向系统检修	学时		班级	
学生姓名		学生学号		任务成绩	
实训设备		实训场地		日期	
学习任务	认知线控转向系统，拆装线控转向系统				
任务目的	制订工作计划，掌握拆装线控转向系统的方法				

一、资讯

1. 线控转向系统的组成及其各部分作用是什么？

2. 线控转向系统的工作原理是什么？

二、决策与计划

制订详细的工作计划，确定所需要的检测仪器、工具，并对小组成员进行合理分工。

1. 计划。

2. 需要的检测仪器、工具。

3. 小组成员分工。

三、实施

1. 识别线控转向系统。

观察仪表盘是否有线控转向系统指示灯： □是 □否

2. 拆装线控转向系统。

步骤 1：断开蓄电池负极连接，等待 2min；

是否完成：□是 □否

步骤 2：拆卸安全气囊，然后分离气囊、喇叭插接器，并取出安全气囊。注意，拆卸后的安全气囊必须正面向上摆放。

是否完成：□是 □否

步骤 3：确定轮胎朝向正前方，拆卸转向盘固定螺母，并取下转向盘。

是否完成：□是 □否

步骤 4：拆卸转向管柱上、下装饰板固定螺栓，并取下上下装饰板。

是否完成：□是 □否

步骤 5：分离安全气囊游丝插接器。

是否完成：□是 □否

步骤 6：分离灯光和刮水器线束的插接器。

是否完成：□是 □否

步骤 7：拆卸灯光和刮水器组合开关固定螺栓，并取下组合开关。

是否完成：□是 □否

步骤 8：分离点火开关插接件。

是否完成：□是 □否

步骤 9：拆卸点火开关固定螺栓，并取下点火开关。

是否完成：□是 □否

步骤 10：拆卸线控转向系统的控制器固定螺栓，然后分离控制器上所有的插接器，并取出控制器。注意：先分离供电插接器。

是否完成：□是 □否

步骤 11：拆卸转向管柱的 4 颗固定螺栓，并取下转向管柱。

是否完成：□是 □否

步骤 12：拆卸转向电动机万向固定轴一端的螺栓，并取下电动机。

是否完成：□是 □否

步骤 13：拆卸万向传动轴至转向器花键上的固定螺栓，并取下传动轴。

是否完成：□是 □否

步骤 14：利用轮胎与地面的附着力，按对角线分别松开两前轮轮胎固定螺栓。

是否完成：□是 □否

步骤 15：操作举升机，将车辆举升离开地面位置，按对角线拆卸两前轮胎螺栓，分别取下前轮。

是否完成：□是 □否

步骤 16：用尖嘴钳分别拆卸两侧螺栓锁紧销，分别拆卸两侧转向横拉杆球头固定螺母。

是否完成：□是　□否

步骤 17：操作举升机，分别拆卸转向器左、右两个固定卡箍的锁紧螺栓，并取下卡箍。

是否完成：□是　□否

步骤 18：取出转向器。

是否完成：□是　□否

3. 分析总结。

发现的问题：____

____。

解决的方法：____

____。

四、评估

1. 自我评价及反馈。

1）反馈表：

是否能按规范进行检修	是 □	否 □
工具及材料是否选用合适	是 □	否 □
故障是否排除	是 □	否 □
工具是否摆放整齐	是 □	否 □
修理完毕后,工作台是否整洁干净	是 □	否 □

2）你是否积极学习，不会的内容积极向别人请教，会的内容积极帮助他人学习？（　　）

A. 积极学习　B. 积极请教　C. 积极帮助他人　D. 三者均不积极

3）实施过程中是否注意操作质量和有责任心？（　　）

A. 注意质量，有责任心　　B. 不注意质量，有责任心

C. 注意质量，无责任心　　D. 全无

4）在操作过程中是否注意清除隐患，有安全隐患时是否提示其他同学？（　　）

A. 注意，提示　　B. 不注意，未提示

2. 教师对小组工作情况进行评估，并进行点评。

参照成果展示，给出学生本次任务成绩，在□中画√。

□不合格　□合格　□良好　□优秀

教师签名：____________　____年____月____日